「不屈の両殿」島津義久・義弘

関ヶ原後も生き抜いた才智と武勇

新名一仁

角川新書

はじめに

島津義久《しまづよしひさ》（一五三三〜一六一一）・義弘《よしひろ》（一五三五〜一六一九）兄弟は、戦国末から豊臣《とよとみ》政権期にかけての戦国大名・豊臣大名である。現在、東京大学史料編纂《へんさん》所と尚古集成館《しょうこしゅうせいかん》が所蔵する「島津氏正統系図」では、それぞれ一六代・一七代家督とされる。戦国末には当主義久のもと薩摩《さつま》・大隅《おおすみ》・日向《ひゅうが》の九州南部三か国を統一し、九州全土に進出した。しかし、天下統一を目指す豊臣秀吉《ひでよし》に敗れてその軍門に降《くだ》り、薩摩・大隅・日向諸県《もろかた》郡を支配する豊臣大名として存続する。豊臣政権期には、義久・義弘兄弟が「両殿《りょうとの》」としてならびたち、文禄《ぶんろく》・慶長《けいちょう》の役、関ヶ原《せきがはら》の戦いを乗り切り、近世大名として生き残った。

島津家は九州を代表する戦国・豊臣期の大名であるが、今ひとつ知名度が上がらない。戦国ファンはともかく、東国の武田信玄《たけだしんげん》、上杉謙信《うえすぎけんしん》、天下人となる織田信長《おだのぶなが》、豊臣秀吉、徳川《とくがわ》家康《いえやす》と比べると、一般への知名度はかなり低いといっていいだろう。その証拠にネットで検索すると、「関ヶ原で敵中突破した島津義久」と書かれていたり、島津義久として義弘画像が掲載されていたりと、義久と義弘の区別もついていない人が意外と多いのに驚かされる。

島津家の知名度が上がらない原因のひとつに、まともな伝記が無いことがあげられる。戦前の大正七年（一九一八）に『島津義弘公記』が出版され、『島津中興記』（青潮社、一九七九年）として復刊されているが、近世の家譜や軍記物、編纂物を典拠としており、当然近年の研究成果をふまえたものではない。なかにはこの本でしか確認できない怪しげなエピソードも盛り込まれている。それでも義弘は伝記があるだけましで、義久に至っては明治以降、一度も伝記は出版されていない。歴史愛好家向けの雑誌やムックで戦国島津を特集するものはたまに見かけるが、義久・義弘兄弟の生涯を通覧した単行本はほとんど無いと言ってよい。

豊臣秀吉に降伏して以降の島津家については、山本博文《やまもとひろふみ》氏の名著『島津義弘の賭け』があり、好評だったのか文庫にもなっている。この本は山本氏の研究論集をベースに、そのエッセンスを分かりやすく一般向けに書き下ろしたものである。ここで描かれる島津義久・義弘像は、ゲームや小説・漫画で戦国島津を知った人からすると、驚くべき内容である。

いわゆる戦国ファンのもつ義久・義弘ら島津四兄弟のイメージは、〝耳川《みみかわ》の戦い、沖田畷《おきたなわて》の戦い、戸《へ》次川《つぎがわ》の戦いでの見事な大逆転勝利〟〝泗川《サチヨン》の戦いでの、明《みん》軍相手の奇跡的大勝利〟〝関ヶ原の戦いでの敵中突破、西軍唯一の本領安堵《あんど》〟といったところであろう。合戦に関しては無類の強さを誇る島津家のイメージである。そして、こうした合戦での無類の強さは、島津四兄弟の強い絆《きずな》と、死をも恐れない家臣団の四兄弟への忠誠心の高さが強調されがちであった。それとともに、帷幄《いあく》の内にあって全体に指示を出す〝静〟の義久と、常に前線で指揮を執り勝利を勝ち取る〝動〟の義弘の連携というイメージも強い。

これに対し『島津義弘の賭け』は、豊臣政権下の義久・義弘兄弟は路線の違いから反目しあう存在であったとする。つまり、義久を戦国時代の支配体制に固執する守旧派、義弘を島津家を豊臣大名として脱皮・生まれ変わらせようとする改革派として描き、改革に抵抗し続け軍役に応じない頑迷な家臣団のダメっぷりを描くことで、それまでの兄弟の絆、主従の固い結束というイメージを、確かな史料をもとに否定したのである。ただ、この本はあくまでも豊臣政権下での義弘の立場をメインに描いたものであり、それ以前の戦国期の兄弟関係やそれとのギャップは埋め切れていない。九州統一まであと一歩まで迫った戦国期の強さはまったく無視していると言ってよい。

その九州統一に向かっていった戦国期の島津家については、拙著『島津四兄弟の九州統一戦』（星海社新書、二〇一七年）で、四兄弟の考えは必ずしも一致しておらず、家臣団もそれぞれの思惑から勝手気ままな行動を取り続け、当主義久は彼らの統制にかなり苦労していたことを明らかにした。戦国期と豊臣期のギャップは少しずつ埋まりつつあるが、『島津義弘の賭け』が出てから早二四年。その後島津家の研究も進んでいる。義久＝守旧派・中世的、義弘＝改革派・近世的というイメージのままで良いのか、そろそろ戦国期から近世初頭を通した義久・義弘兄弟の生涯を再検討する本があってもいいだろう。本書の目的はそこにある。

まとまりにかける家臣団を制御して島津家を九州最大の戦国大名に成長させた島津義久に対し、戦国期においては「名代」として兄を支える立場に終始した義弘を、豊臣政権、特に秀吉と石田《いしだ》三成《みつなり》は、義久に代わる豊臣大名島津家の代表として扱い、豊臣大名への脱皮を迫ったのは事実である。中世から近世への移行期において、ややもすると近世大名化こそが〝進歩〟であるとの考えをもとに、豊臣政権の支持を得た義弘の「改革」こそが正しい道であったと考えられてきた。本書ではそうしたバイアスを抜きに、義久・義弘がそれぞれの立場でどのように島津家の生き残りを図ろうと模索していったのか、ふたりの方針・考え方の違いをその生い立ちとともに描くことで、ふたりの人物像を明らかにしていきたい。

本書をきっかけに少しでも島津義久・義弘、そして島津家の知名度が上がり、戦国期・豊臣期の九州南部に興味を持つ方が増えることを願っている。

なお、本書では原文をそのまま引用した史料のみ、その出典史料と文書番号を注記した。その略称は以下のとおりである。

・『島津』＝『大日本古文書 家わけ第十六 島津家文書』
・『黒田』＝『黒田家文書 第一巻本編』

・『旧記前』＝『鹿児島県史料 旧記雑録前編』
・『旧記後』＝『鹿児島県史料 旧記雑録後編』
・『旧記附』＝『鹿児島県史料 旧記雑録附録』
・『秀吉』＝『豊臣秀吉文書集』
・『上井』＝『大日本古記録 上井《うわい》覚兼《かくけん》日記』

肥前国
佐賀
筑後国
柳川
臼杵
豊後国
高瀬
隈本
肥後国
島原
宇土
御船
矢部
高知尾
日野江
堅志田
縣
八代
門川
塩見
日智屋
佐敷
日向国
水俣
人吉
高城
都於郡
財部
大口
真幸院
出水
飯野
綾
佐土原
馬越
三之山
野尻
祁答院
栗野
宮崎
高原
平佐
蒲生
富隈
穆佐
清水
串木野
帖佐
廻
都城
市来
加治木
伊集院
飫肥
御内
伊作
薩摩国
垂水
志布志
加世田
知覧
鹿屋
櫛間
大隅国
鹿籠
頴娃
根占
赤尾木
種子島

図１　島津家関係地図

目次

第二部　豊臣政権との関係
――義久・義弘兄弟の反目――

図表作成／小林美和子

第一部

戦国期の義久・義弘兄弟

――ふたりが目指したもの――

第一章　島津氏の源流と戦国大名島津氏

戦国期の島津氏

島津《しまづ》氏は鎌倉《かまくら》初頭に、源《みなもとの》頼朝《よりとも》から島津荘下司職《しまづのしょうげしき》や薩摩《さつま》・大隅《おおすみ》・日向《ひゅうが》三か国守護職などに任じられた惟宗忠久《これむねただひさ》が、荘名から島津氏と名乗ったことにはじまる。室町《むろまち》初頭の島津奥州《おうしゅう》家当主元久《もとひさ》（一三六三～一四一一）が、応永《おうえい》一一年（一四〇四）六月二九日に大隅・日向両国守護職を安堵《あんど》（土地の所有権・領有権などを幕府に公認）され、同一六年九月一〇日には、薩摩国守護職に補任されたことで、薩隅日三か国守護職は島津奥州家が兼帯することとなった。これ以降、室町幕府滅亡まで三か国守護職は奥州家が代々務め、奥州家当主は「三州太守」を自認する。

文明《ぶんめい》八年（一四七六）、桜島《さくらじま》大噴火による政情不安を背景に、九州南部は争乱が頻発し戦国期に突入していく。島津奥州家は、数度の大規模な反乱によって次第に弱体化。永正《えいしょう》五年（一五〇八）二月一五日には、ついに当主島津忠昌《ただまさ》（一四六三～一五〇八）が鹿児島の守護所清水城《しみず》（鹿児島市稲荷町《いなりちょう》）にて自害した。

島津忠昌の跡は、長男忠治《ただはる》、次いで二男忠隆《ただたか》が継ぐものの、どちらも二〇代の若さで没したため、永正一六年（一五一九）に三男忠兼《ただかね》（一五〇三〜一五七三）が継承した。のちの勝久《かつひさ》である。この混乱した状況下、薩摩国で勢力を拡大していったのが、一五世紀に奥州家から分出した庶子家の島津薩州家忠興《ただおき》と、島津相州《そうしゅう》家運久《ゆきひさ》・忠良《ただよし》（日新斎《じっしんさい》、一四九二〜一五六八）父子であった。島津氏庶子家のうち、ある程度の所領と城を持つものは「御一家《ごいっか》」、島津氏一族ではない有力領主は「国衆《くにしゅう》」とよばれている。

薩州家は薩摩国出水《いずみ》（鹿児島県出水市）、同国加世田《かせだ》や川辺郡《かわなべ》（同県南九州市・南さつま市・枕崎市《まくらざき》）を領する最有力御一家であった。一方、相州家は薩摩国伊作《いざく》（同県日置市《ひおき》）・田布施《たぶせ》（南さつま市金峰町《きんぽうちょう》）などを領し、御一家筆頭の家格であった。島津氏勢力圏内各地の有力御一家・国衆と姻戚《いんせき》関係にあった薩州家忠興は、嫡男実久《さねひさ》（一五一二〜五三）を凋落《ちょうらく》著しい奥州家忠兼の養子とし、守護家を乗っ取ろうとしていたが、大永《だいえい》五年（一五二五）に没してしまう。

この間隙《かんげき》をぬって相州家運久・忠良父子は、大永六年末、忠良の嫡男貴久《たかひさ》（一五一四〜七一）を忠兼の養嗣子とし、翌年には忠兼を隠居させることに成功する。このまま奥州家を奪取するかにみえたが、大永七年五月、島津薩州家実久は奥州家忠兼を庇護《ひご》し、鹿児島から忠良・貴久父子を追放した。忠兼は「勝久」と改名し、奥州家当主＝三州太守の座に返り咲いた。しかし、薩州家実久の真意は自らの守護家継承にあり、天文《てんぶん》四年（一五三五）四月頃、薩州家実久は守護所鹿児島を占拠し、奥州家勝久は各地を転々として薩州家との抗争に突入する。島津本宗家家督をめぐって、奥州家・薩州家・相州家による三つ巴《どもえ》の抗争が勃発《ぼっぱつ》した。

島津義久・義弘の誕生と島津貴久の奥州家継承

この抗争のまっただなか、天文二年（一五三三）二月九日に誕生したのが、島津貴久の長男義久《よしひさ》である。幼名は虎寿丸《とらじゆまる》で、元服後は忠良《ただよし》、義辰《よしとき》、そして義久と改名するが、本書では便宜上義久で統一する。二年後の天文四年七月二三日には、二男義弘《よしひろ》が誕生している。初名は忠平《ただひら》で、天正《てんしょう》一三年（一五八五）に義珍《よしまさ》、同一五年に義弘と改名するが、本書では便宜上義弘で統一する。ふたりの母は薩摩国の有力国衆入来院重聡《いりきいんしげさと》の娘（?～一五四四）である。

鹿児島占拠後、島津薩州家実久は日向国都城《みやこのじょう》（宮崎県都城市）を本拠とする北郷《ほんごう》氏、日向国飫肥《おび》・櫛間《くしま》（同県日南《にちなん》市・串間《くしま》市）を領する島津豊州《ほうしゅう》家の支持を受け、事実上「三州太守」の地位を継承したと考えられている。

一方、鹿児島から追われ、入来院氏と同族の祁答院良重《けどういんよししげ》の庇護下にあった奥州家勝久は、入来院氏を通じて島津貴久に接近し、連携して薩州家実久に対抗した。反転攻勢に転じた島

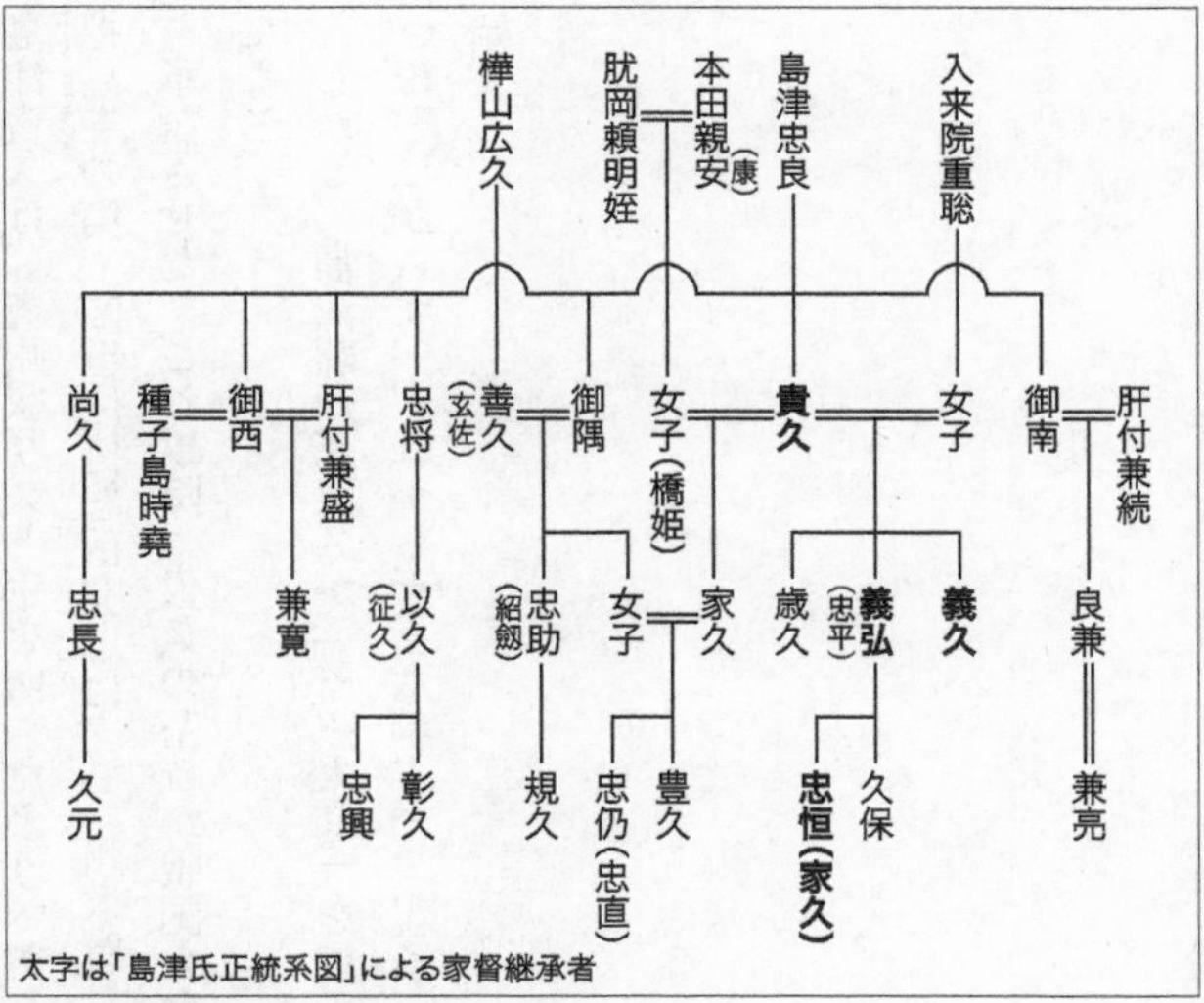

図２　戦国島津氏略系図

津相州家忠良、出家して日新斎・貴久父子は、天文七年一二月、島津薩州家の薩摩半島における拠点である加世田別府《べっぷ》城（鹿児島県南さつま市加世田武《たけ》田《だ》）を攻略。同八年三月には、島津貴久が守護所鹿児島の南方に位置する谷《たに》山《やま》の薩州家方諸城を、父日新斎が川辺郡内の薩州家方諸城を攻略し、薩摩半島統一に成功する。同年八月には、入来院氏と連携して薩摩国市来《いちき》（同県日置市東市来町・いちき串木野《くしきの》市）に進攻して、市来城・串木野城を制圧した。これによって、島津薩州家の組織的抵抗は終息し、島津相州家貴久は本宗家継承をめぐる抗争に勝利したのである。

　薩摩半島と守護所鹿児島を制圧した

島津貴久は、奥州家勝久と手を切ったようであり、天文九年三月、島津奥州家菩提《ぼだい》寺である福昌寺《ふくしょうじ》の第一四世住持恕岳文忠《じょがくもんちゅう》に、「三州大府君」つまり三州太守＝奥州家当主であることを承認させた。これ以降、貴久の系統が戦国大名、豊臣大名、近世大名へと続いていくことになる。

しかし、島津薩州家実久が「三州太守」を継承しようとした時と異なり、貴久への支持はさほど広がらず、これから天正六年まで、親子二代にわたる三八年間の〝三州統一〟事業が始まる。

第二章　義久・義弘兄弟の三州統一戦

一、兄弟の初陣から大隅国始羅郡平定

島津貴久の大隅進出

最大のライバルであった島津薩州家実久こそ薩摩北端の出水に退《しりぞ》いたものの、前当主島津勝久は薩州家方であった日向庄内《しょうない》＝都城盆地の有力御一家北郷忠相《ただすけ》（一四八七～一五五九）・時久《ときひさ》（忠相の孫、一五三〇～九六）に匿《かくま》われており、彼らは島津貴久の家督継承を認めていなかった。

貴久はまず、錦江湾《きんこう》沿岸部の制圧をめざす。天文一七年（一五四八）、貴久は大隅国府周辺に進攻し、独自に近衛《このえ》家と結んで官位を獲得するなど自立化しつつあった本田董親《ほんだただちか》・重親《しげちか》父子を追放。その居城清水《きよみず》城（同県霧島市国分《こくぶ》清水《きよみず》）に次弟忠将《ただまさ》（一五二〇～六一）を配置す

る。次いで貴久は、忠将と連携して大隅国府と鹿児島の中間、大隅国始羅郡《しら》（鹿児島県始良《あいら》市）の制圧を図った。

天文一八年一二月、まず始羅郡の東部加治木《かじき》を領していた肝付兼演《きもつきかねひろ》・兼盛《かねもり》父子と和睦《わぼく》した貴久は、兼盛に妹御西《おにし》（？～一五八三）を嫁がせて関係を強化する。さらに、天文一九年一二月、島津貴久は島津奥州家代々の守護所であり、錦江湾に面する港町でもあった鹿児島に「御内《みうち》」（内城《うちじょう》、鹿児島市大竜町《だいりゅうちょう》）を築き、伊集院一宇治城《いじゅういんいちうじ》から居城を移した。この「御内」は、貴久の孫忠恒《ただつね》（家久《いえひさ》、一五七六～一六三八）が鹿児島城（鶴丸城《つるまる》、鹿児島市城山町《しろやまちょう》）を築くまで、六〇年にわたり島津本宗家の居城として機能する。

義久・義弘の元服・婚姻

父貴久が大隅支配を進めている間に、長男義久は成人している。天文一五年（一五四六）二月一八日、義久は一四歳で元服し、加冠（元服時に初めて冠を付けること）は直前まで貴久の奥州家継承に反対していた北郷忠相が務めた。

そして、天文二〇年八月二二日、義久の長女御平《おひら》（一五五一～一六〇三）が誕生している。義久一九歳の時である。元服からまもなく、義久は室を迎えたのであろう。その室＝御平生母とは島津日新斎の娘、つまり義久の叔母《おば》であった。父貴久とは母が異なり、側室の上木筑《かみきちく》

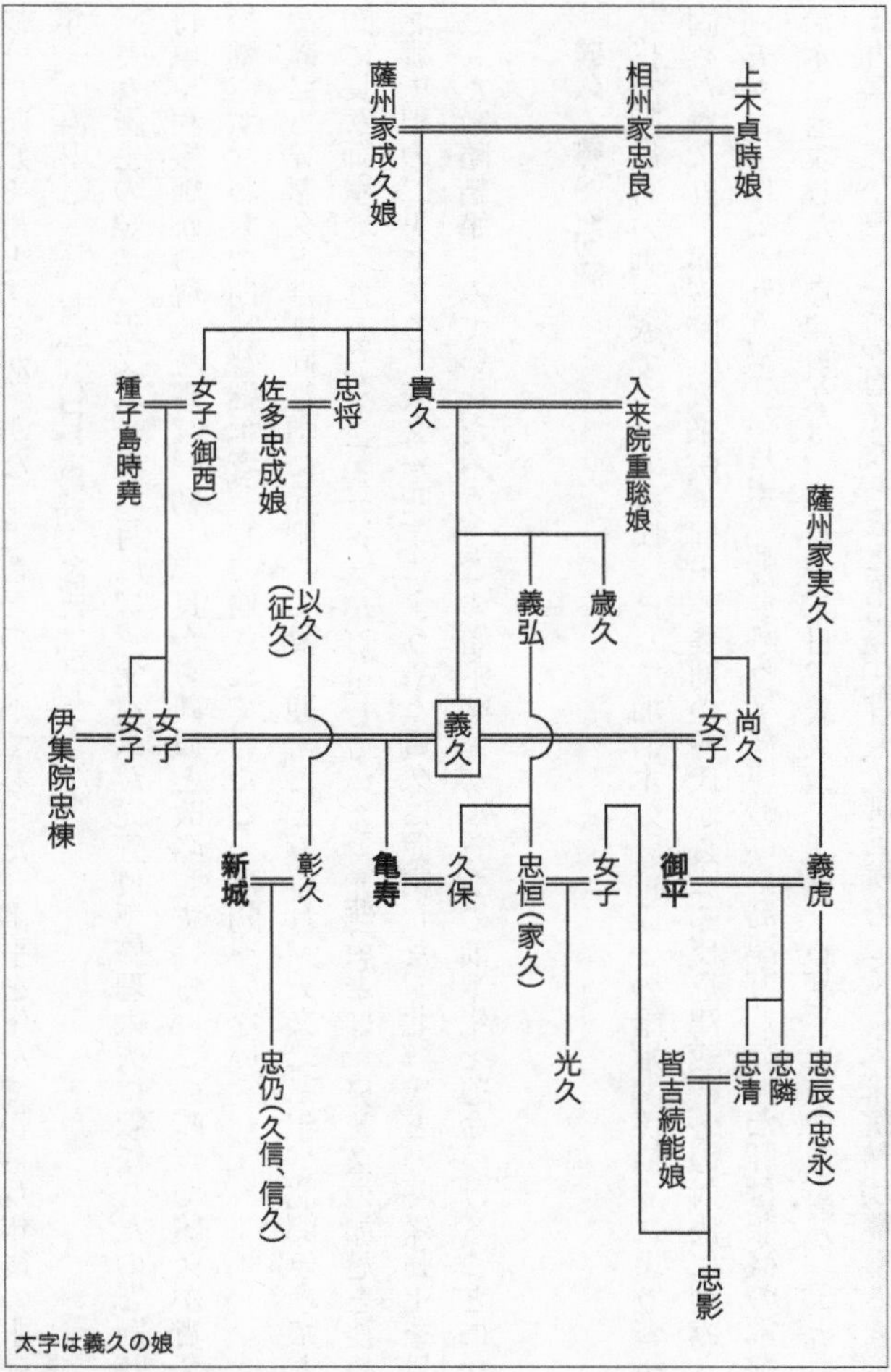

図3　島津義久婚姻関係図

後守貞時《ごのかみさだとき》娘を母とするが、かなり近親との婚姻であった。御平を生んでから八年後の永禄《えいろく》二年（一五五九）二月一八日、最初の室は没している。

長女誕生の翌年、天文二二年六月には、父貴久が従五位下修理大夫《しゅりのだいぶ》に叙任したのと同時に、将軍足利義輝《あしかがよしてる》から偏諱《へんき》を賜り、初名忠良から義辰と改名している。この時点で義久が貴久の後継、すなわち次期家督継承者として遇されていたことは間違いない。

義弘も兄義久とほぼ同じ頃に元服して妻を迎えたとみられ、天文二三年、北郷忠孝《ただたか》娘との間に長女御屋地《おやぢ》（一五五四～一六三六）が誕生している。北郷忠孝は、兄義久の加冠を務めた北郷忠相の二男である。天文一四年にようやく貴久に従属した、北郷氏との関係強化を目的とした政略結婚とみていいだろう。この婚姻関係が、義弘の前半生を運命づけることになる。

義久・義弘の初陣

日向国最有力御一家である北郷氏、そして加治木の肝付氏との婚姻関係樹立により背後を固めた貴久は、祁答院・入来院・蒲生《かもう》・菱刈《ひしかり》の各氏からなる反島津連合との対決に踏みきる。

天文二三年（一五五四）八月末、祁答院ら反島津勢は、島津方となった肝付兼盛の本拠加治木に進攻した。島津貴久は、九月一二日、義久（二二歳）・義弘（二〇歳）・歳久《としひさ》（一五三七～九二、一八歳）三人の息子たちとともに出陣し、祁答院もしくは入来院勢が籠《こ》もる岩剱《いわつるぎ》城

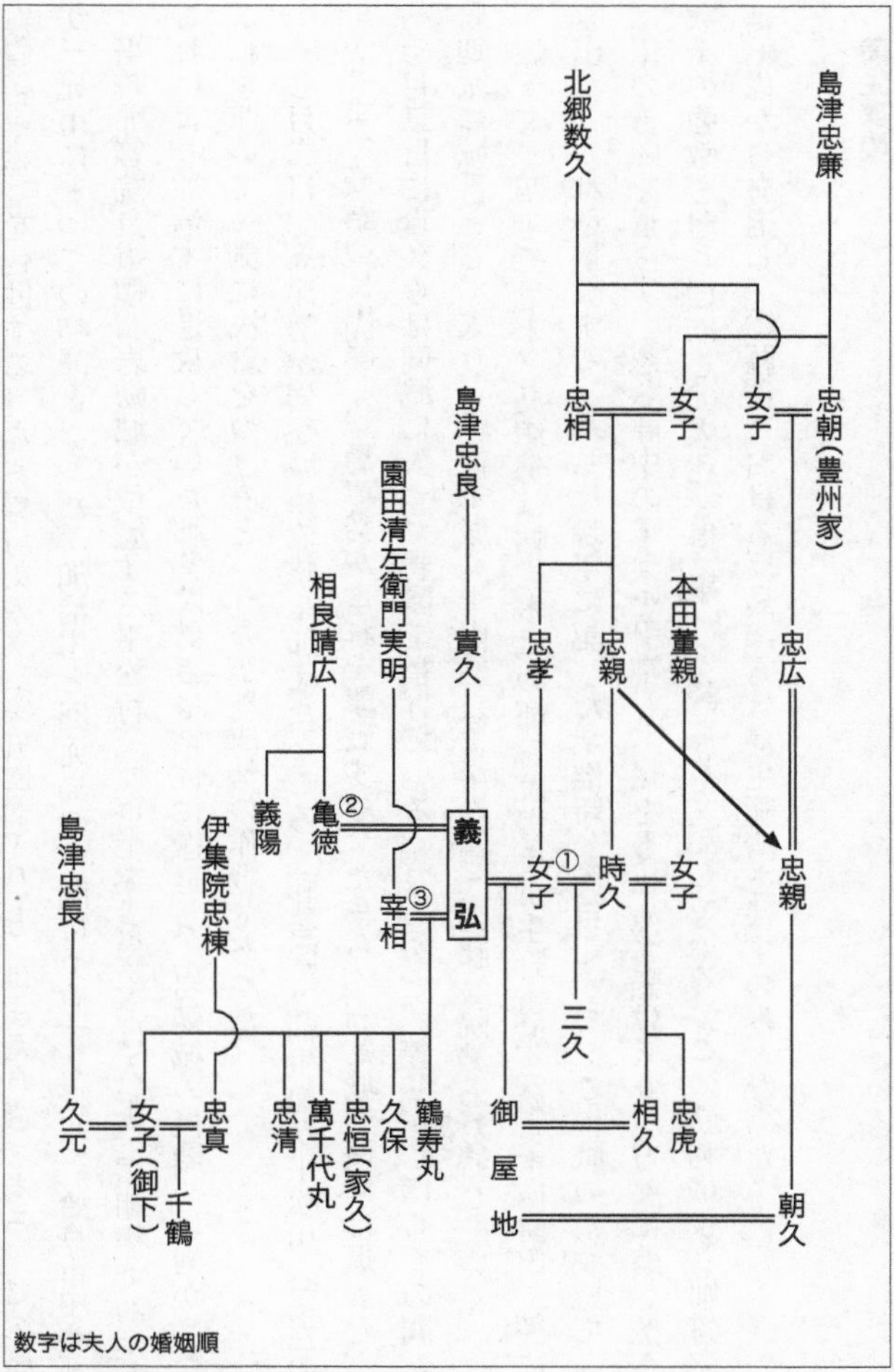

図４　島津義弘婚姻関係図

（姶良市平松《ひらまつ》）を包囲する。なお異母弟家久《いえひさ》（一五四七〜八七）はまだ八歳である。この戦いが三兄弟にとっての初陣となった。加治木と鹿児島の中間に位置する帖佐《ちょうさ》（姶良市中心部）は当時祁答院良重領、岩剱城が位置する平松村（同市平松・重富）は入来院重朝《しげとも》領であった。これにより加治木に進攻していた祁答院勢らは帖佐に撤退し、岩剱城の後詰《ごづ》めに向かった。これを叩《たた》いて一気に決着をつけるというのが島津勢の作戦であった。

一〇月二日、島津勢が岩剱城に攻撃を加えたところ、祁答院・蒲生勢が平松川（現在の思《おも》川《がわ》か）まで後詰めに出陣し、島津勢がこれを撃破する。たまらず岩剱城の城衆は退去し、翌一〇月三日に貴久らは同城に入って勝鬨《かちどき》を挙げている。このあと、義弘がしばらくの間この岩剱城に城番として入り、帖佐本城（平山城、姶良市鍋倉《なべくら》）の祁答院勢と対峙《たいじ》していく。

翌天文二四年三月末、島津勢は帖佐本城の祁答院勢を瓜生野《うりゅうの》古城（姶良市西餅田《にしもちだ》）麓《ふもと》に誘《おび》き出し、これを撃破する。義弘は晩年に記した「惟新公御自記《いしんこうおんじき》」で、この戦いについて「予は軍の吉凶を量らず、忽《たちま》ち陣中の軍兵を引卒し、足をも止めず懸け入り、方々に追い散らし、数千の強敵を討ち亡《ほろ》ぼし、大利を得畢《おわんぬ》」と誇らしく記している。この勝利により祁答院勢は帖佐から撤退し、始羅郡における反島津方は蒲生範清《のりきよ》を残すのみとなった。

蒲生攻め

天文二四年（一五五五）四月から、足かけ三年に及ぶ蒲生攻めが開始される。蒲生範清の居城蒲生城（始良市蒲生町久末《かもうちょうひさすえ》）は、標高一六二・五メートルの龍ケ山《りゅうがやま》に築かれた天然の要害である。貴久はこれを力攻めにはせず、東側の尾根に新栫《がこい》を築き持久戦をとった。そしてまず蒲生氏の支城の攻略を目指した。弘治《こうじ》二年（一五五六）一〇月一八日、義弘は叔父《おじ》忠将・尚久《なおひさ》らとともに支城のひとつ松坂城《まつざかじょう》（始良市蒲生町米丸《よねまる》）を攻略している。この時、義弘は三尺の太刀を振るって城攻めの先頭に立ち、矢を四、五か所受けながら初めて敵将の首を獲《と》ったという。この頃の義弘はまさに猪武者そのものであった。

松坂城攻略後、島津勢は城の北側に馬立陣《うまたて》（蒲生町上久徳《かみぎゅうとく》）、南側に荒比良陣《あらひら》（同町久末）を築き包囲網を築く。これに対し反島津方は菱刈氏が後詰めに兵を出し、蒲生城の北西の丘陵上に布陣した（同町米丸）。

弘治三年（一五五七）四月一五日、義弘率いる軍勢が菱刈陣に攻め寄せ、菱刈重豊《しげとよ》ら敵三〇〇を討ち取り、これを攻め落とした。この時義弘は、敵将の一人楠原《くすはら》氏と一騎打ちとなり、その首を獲っている。菱刈勢敗退により敗北を悟った蒲生範清は、四月二〇日、蒲生城を退去して祁答院良重のもとに出奔する。こうして蒲生城攻撃は島津氏の勝利に終わり、貴久は大隅国始羅郡平定に成功したのである。一連の戦いは、二男義弘の猛将ぶりを家中内外に知らしめるものとなった。

二、義弘の日向飫肥入城と撤退

島津豊州家・北郷氏の苦境と義弘の飫肥入城

日向国南部の飫肥・櫛間（宮崎県日南市・串間市）を領する島津豊州家と同国庄内＝都城盆地を領する北郷氏は、先述のように島津貴久が天文九年（一五四〇）に島津奥州家家督相続を宣言したのちも、前当主勝久を擁していた。しかし、天文一四年三月、北郷忠相は、甥《おい》の島津豊州家忠広《ただひろ》もしくはその養嗣子で、忠相長男の忠親《ただちか》を伴い、島津貴久の居城である伊集院（鹿児島県日置市伊集院町《いじゅういんちょう》）に赴いて貴久に拝謁。貴久を三州太守＝奥州家当主として承認し、これに従属する。その後、北郷忠相が島津義久の烏帽子《えぼし》親となり、忠相の二男忠孝の娘が島津義弘の妻となったことは既述のとおりである。

なぜ両氏は突然島津貴久に従属し関係を強化したのか。それは、北からの軍事的脅威に晒《さら》されたためであった。文明年間（一四六九〜八七）以降、飫肥進攻を狙っていた日向山東《さんとう》（宮崎平野）の有力国衆伊東《いとう》氏は、伊東義祐《よしすけ》（一五一二〜八五）が家督を継承すると積極的に飫肥進攻を進めていった。この頃、頻繁に明《みん》の民間商船が交易を求めて九州南部の沿岸部に来航するようになり、天文一二年（一五四三）にはこうした商船に搭乗したポルトガル人が種子《たねが》島《しま》に鉄砲をもたらしている。こうした貿易の利権を狙い、伊東義祐の飫肥進攻が本格化したのである。天文一四年二月、伊東勢は島津豊州家の居城飫肥城を見下ろす位置にある要衝中《なか》ノ尾砦《おとりで》（宮崎県日南市殿所《とのところ》）を攻略し、飫肥城を直接攻撃するに至った。このため、島津豊州家忠広とその叔父北郷忠相は、島津貴久の救援を求めるべく、その従属下に入ったのである。

島津貴久が蒲生城攻略に苦心していた弘治年間（一五五五～五八）、伊東勢は飫肥に進攻し、目《め》井《い》城（日南市南郷町《なんごうちょう》）・東光寺《とうこうじ》砦（日南市平野《ひらの》）を攻略し、徐々に飫肥城包囲網を築いていった。一方、北郷時久との関係が悪化していた大隅国最大勢力を誇る国衆肝付兼続《かねつぐ》（一五一一～六六）は、永禄元年（一五五八）三月、大隅国宮ケ《みやが》原《はら》（鹿児島県曽於《そお》市大隅町《おおすみちょう》大谷《おおたに》）で北郷・島津豊州家連合軍を撃破する。肝付兼続の長男良兼《よしかね》（一五三五～七一）は室に伊東義祐の長女高城を迎えており、伊東・肝付連合が北郷・豊州家連合を挟み撃ちにする戦略であった。同年一〇月、肝付勢は豊州家領の志布志《しぶし》（同県志布志市）を攻略する。さらに、同年一一月、伊東勢は飫肥城を北に見下ろす位置にある要衝新山《にいやま》城（宮崎県日南市星倉《ほしくら》）を攻略し、守将の北郷忠孝が討死している。忠孝は豊州家忠親の実弟であり、島津義弘の舅《しゅうと》にあたる。

永禄三年三月頃、島津貴久は島津義弘（二六歳）を飫肥城に送り込む。島津豊州家を決して見捨てないという貴久の誠意の表れであるとともに、豊州家忠親の養嗣子として入城したとも伝えられる。

肝付兼続の奇襲と島津忠将の討死

永禄四年（一五六一）五月、肝付兼続は同盟関係にあった祢寝清年《ねじめきよとし》・伊地知重興《いじちしげおき》とともに大隅国府近隣の要衝廻城《めぐり》（鹿児島県霧島市福山町《きりしまふくやまちょう》）に夜襲をかけ、これを攻略する。肝付兼続の室御南《おみなみ》は島津貴久の実姉であり、嫡男良兼を生んでいる。両氏は姻戚関係にあったが、肝付良兼は室に伊東義祐の娘を迎え、北郷・島津豊州家連合と抗争を繰り広げていた。島津貴久は北郷・豊州家連合支持を明確にしており、肝付兼続との抗争は避けられない状況にあった。

廻城は大隅国府から庄内（都城盆地）に向かう街道を押さえる要衝であり、この地を肝付勢が制圧したのは、北郷氏への支援ルートを断つ狙いがあったとみられる。すぐさま島津貴久は、嫡男義久・大隅清水領主の弟忠将らを率いて廻城奪回を図り、同年六月にこれを包囲する。しかし、同年七月一二日、攻城側の島津忠将が廻城側の挑発にのって出撃し、多くの将兵とともに討死してしまう。貴久の片腕として大隅国府周辺の安定をになっていた忠将の討死は大きな痛手であった。

これにより、島津本宗家からの軍事支援が見込めないと判断した島津豊州家忠親は、伊東義祐との和睦を模索し始めたようである。豊州家側は飫肥城の曲輪《くるわ》のひとつを伊東側に割譲し、忠親の実子亀殿《かめどの》（朝久《ともひさ》か）の妻に伊東氏の娘を迎えたいと提案している。当然、本宗家から養嗣子として迎えられていた義弘の立場は微妙なものになったとみられる。

永禄四年（一五六一）、島津貴久は義弘に帰国を要請したが、義弘は豊州家を見捨てることは出来ないと拒んだところ、豊州家忠親が涙を流してこれを諭して帰国させたという。義弘二七歳のときである。義弘の飫肥退去と同時期に、義弘は最初の室（北郷忠孝娘）と離縁しており、彼女はまもなく豊州家忠親の長男北郷時久に再嫁している。伊東氏との和睦に伴い、貴久との同盟関係がいったん解消されたのであろう。

三、義久の家督継承と真幸院進出

義久の家督継承

永禄年間に入った頃から、島津貴久は嫡男義久への家督譲渡を意識していたとみられる。島津忠将が討死して間もない永禄四年一〇月には、祖父日新斎が義久に対し五か条の教訓状を与えている（『旧記後』一―一九〇）。その四条目には、「為国家には身をおしまず、あやまちをあらため、腹立なきに忿《（怒）》度をこらへ、聖人のこと葉《（言）》を恐れ、被任心底《しんてい》候者、則天道神慮も仏法も他所ニ有へからざるもの也」とあり、「国家」を統治するものの心得＝帝王学を授けている。日新斎は義久の家督継承を前提としてこうした教訓を授けたのであろう。

永禄七年三月一四日、島津貴久は「陸奥守《むつのかみ》」に、義久は「修理大夫」に朝廷から任じられる。島津奥州家の由来である「陸奥守」に任じられることで守護家としての正統性をアピールするとともに、貴久がそれまで任じられていた「修理大夫」に義久が任じられることで、後継者であることを内外にアピールした。

永禄九年二月彼岸、永禄の変で非業の最期を遂げた前将軍足利義輝の一周忌にあわせて、島津貴久（五三歳）は出家して「伯囿《はくゆう》」となのり、家督を義久（三四歳）に譲って隠居する。

北原氏内紛への介入

義弘が飫肥から鹿児島に戻ったのと同じ永禄五年（一五六二）、日向国西端の真幸院《まさきいん》（宮崎県えびの市・小林《こばやし》市）で内紛が勃発する。同年、真幸院を中心に霧島山《きりしまやま》を挟んで西側の吉松《よしまつ》・栗野《くりの》（鹿児島県姶良郡湧水町《ゆうすいちょう》）・横川《よこがわ》・踊《おどり》（同県霧島市）に至る広大な領域を勢力圏としていた有力国衆北原兼守《きたはらかねもり》が早世した。兼守には男子が無く、兼守の舅伊東義祐が家督相続に介入し、真幸院東部の三之山《みつのやま》城（宮崎県小林市）を制圧する。一方、北原氏家臣だった踊（霧島市牧園町《まきぞのちょう》宿窪田《しゅくくぼた》）城主の白坂佐渡介《しらさかさどのすけ》が樺山善久《かばやまよしひさ》を通じて島津家に帰順する。これを好機と見た島津貴久は、同年六月には伊東方についた北原伊勢守《いせのかみ》が守る横川を攻略し、大隅北部へと進出を果たす。同時に肥後《ひご》人吉《ひとよし》の相良頼房《さがらよりふさ》（義陽《よしひ》、一五四四〜八一）のもとに匿われていた北原又太郎兼親《またたろうかねちか》を担ぎ出し、相良・島津両家でこれを支援することとなった。

島津義弘の飯野入城と菱刈氏の離反

永禄六年（一五六三）四月、相良頼房は突如伊東義祐と和睦し、一転して伊東氏と共に真幸院西部の攻略を目指すようになる。永禄七年、島津貴久は真幸院を直接支配する決断を下し、北原兼親を伊集院上神殿《いじゅういんかみこうどの》（鹿児島県日置市伊集院町）に移封する。かわって真幸院領主に抜擢《ばってき》されたのが島津義弘であった。義弘は北原氏の居城であった飯野《いいの》城（宮崎県えびの市原田《はらだ》）に入り、以後天正一八年（一五九〇）に大隅国栗野城に移るまで、二六年にわたってここを居城とした。

大隅国南部の肝付氏らが伊東方につくなか、真幸院の確保は日向国で孤軍奮闘する北郷・島津豊州家を支援するためにも極めて重要であった。島津義久が当主として初めて大規模な軍事行動をおこしたのも真幸院である。永禄九年一〇月、義久は弟歳久とともに真幸院に出陣し、義弘とともに三之山城攻めに乗り出す。同月一五日、島津勢は三之山城を激しく攻め立てたが、城主米良筑後守重方《めらちくごのかみしげかた》・美濃守矩重《みののかみのりしげ》兄弟はこれを死守する。多くの兵が死傷し、義弘も負傷して飯野に撤退している。

『樺山玄佐自記』はこの敗戦を菱刈氏が伊東側に内通したためとする。島津氏に従属していた菱刈重州《しげくに》は永禄七年（一五六四）九月に没しており、三之山城攻めの直後の永禄九年一一月八日には、重州の子重猛《しげたけ》も三五歳の若さで没している。重猛の嫡男鶴千代丸《つるちよまる》（のちの重広《しげひろ》）を補佐する叔父の菱刈隆秋《たかあき》は、一転して島津氏に背き、渋谷《しぶや》一族の入来院・東郷《とうごう》両氏とともに島津家包囲網の一角を担うに至った。島津家の真幸院支配は菱刈氏の従属が大前提となっており、栗野・横川を領する菱刈氏が敵側に寝返ると、飯野の島津義弘は完全に孤立してしまう。そこで隠居の島津貴久と当主義久は、起死回生の策に出る。

菱刈攻略と大口籠城戦

永禄一〇年（一五六七）一一月、島津貴久は三男歳久・新納忠元《にいろただもと》らを率いて飯野に入る。そして、同月二三日から翌二三日にかけて、貴久・義弘・歳久らは菱刈氏の支城のひとつ馬越《まごし》城（鹿児島県伊佐《いさ》市菱刈前目《ひしかりまえめ》）に夜襲をかけ、これを攻略する。菱刈隆秋は菱刈院内の諸城を放棄し、盟友相良氏の支城であった大口《おおくち》城（同市大口里《おおくちさと》）に籠城する。相良頼房は援軍を大口に送り、永禄一二年（一五六九）九月まで二年に及ぶ籠城《ろうじょう》戦が始まる。これにより、真幸院の孤立は避けられたものの、大口で相良・菱刈連合軍、真幸で伊東勢、錦江湾を挟んで肝付・伊地知・祢寝連合軍、三方向での作戦を余儀なくされた。

　永禄一一年六月、伊東義祐は長年にわたる攻防に勝利して島津豊州家の居城飫肥を開城させることに成功する。豊州家忠親は嫡男朝久とともに都城に退去している。飫肥攻略に成功した伊東義祐はいよいよ真幸進攻に専念できる状況となり、八月一九日、伊東勢は菱刈氏に呼応して飯野城の南四キロ弱の距離にある桶比良《おけひら》（宮崎県えびの市原田《はらだ》字田原陣《たばるじん》）に出陣した。いよいよ飯野城を攻撃目標としてきたのである。やむなく島津貴久は義弘を大口攻めからはずし、飯野城に戻している。

　この危機的状況に対し、同年八月末、島津日新斎は貴久・義久を説得して相良氏との和睦を提案し、島津薩州家義虎《よしとら》の仲介で相良頼房と和睦を結ぶ。しかしこの年一二月一三日、日新斎は加世田保泉寺《ほうせんじ》（のちの日新寺《じっしんじ》、現竹田《たけだ》神社）にて亡くなっている（享年七七）。これを好機と見たのか、翌年正月、相良頼房は島津家に手切れの証文を送り、再び大口での籠城戦が始まる。

四、薩摩統一と木崎原の戦い

戸神尾の戦いから木崎原の戦いへ

二年に及ぶ大口城籠城戦に決着がついたのは永禄一二年（一五六九）五月のことであった。義久・義弘の末弟家久は、新納忠元・肝付兼寛《かねひろ》ら在番衆と謀り、兵糧を運ぶふりをして大口城衆を誘き出し、戸神尾《とがみお》（伊佐市大口鳥巣《とりす》）にて相良・菱刈連合軍を撃破する。この勝利により大勢は決した。同年八月、島津義久は菱刈重広に本領の内本城・曽木《そぎ》を安堵し、九月に和睦が成立する。相良勢は大口城から退去し、島津家は薩摩北部の平定に成功する。さらに同年末、島津家は東郷重尚《しげなお》に降伏勧告をおこない、同氏は入来院重豊《しげとよ》と共に軍門に降《くだ》った。これにより島津家は薩摩一国の統一をようやく成し遂げたのである。

元亀《げんき》二年（一五七一）六月二三日、島津貴久（伯囿）が加世田で没し（享年五八）、その直後、七月三〇日には、反島津方の盟主の一人肝付良兼（伊東義祐娘婿）も没している。良兼の弟兼亮《かねすけ》（一五五八～一六三四）は良兼の二女（伊東義祐孫）を室として家督を継承した。島津家包囲網が薩摩・肥後で崩壊したことで焦った兼亮は、甥の伊地知重政《しげまさ》（一五四〇～一六一八）、兼続の娘婿祢寝重長《しげたけ》（一五三六～八〇）と共に起死回生の策にでる。同年一一月、肝付・伊地知・祢寝・伊東四氏の兵船三百余艘《そう》は、錦江湾を渡り桜島および鹿児島の奇襲を試みたが、島津家久らによって撃退された。

さらに翌元亀三年、伊東義祐が一発逆転を狙っておこしたのが「木崎原《きさきばる》の戦い」、伊東側がいうところの「覚頭《かくとう》合戦」である。同年五月、伊東義祐は一門の伊東新次郎《しんじろう》・伊東加賀《かがの》守《かみ》・伊東又次郎《またじろう》・伊東修理亮《しゅりのすけ》（祐青《すけはる》、義祐娘婿、天正遣欧少年使節の伊東マンショの父）の四人を大将として山東＝宮崎平野の精鋭を真幸院に派遣する。島津側の史料「箕輪伊賀入道覚《みのわいがにゅうどうおぼえ》書《がき》」によると、伊東勢は八千余騎という。

五月四日、大河平《おこびら》城（えびの市大河平《おおこうびら》）を拠点とする伊東勢は、加久藤《かくとう》城（えびの市小田《おだ》）を奇襲した。しかし、加久藤城では樺山常陸坊浄慶《ひたちぼうじょうけい》らが奮戦し、伊東勢は撤退を余儀なくされる。伊東側は撤退を主張するものもあったが、伊東又次郎らは鳥越《とりごえ》城（えびの市池島《いけじま》）に留《とど》まり、池島川《いけじまがわ》で水浴びをしていた兵もいたという。

加久藤城襲撃の報を受け、吉田《よしだ》・吉松・菱刈方面から援軍が駆けつけ、島津勢は飯野衆とあわせて四、五千騎になっていた。義弘は紺糸縅《こんいとおどし》の鎧《よろい》を着て、のちに「膝付栗毛《ひざつきくりげ》」（膝跪騂）と呼ばれる愛馬に白覆輪の鞍《くら》をつけて出撃し、兵を三手に分けて鳥越城の伊東勢に攻めかかった。激戦の末、義弘はみずから敵将柚木崎丹後守《ゆのきざきたんごのかみ》を討ち取り、大将伊東又次郎も討死した。それでも伊東加賀守・同新次郎らは三千余騎で「古陣原」（えびの市上江《うわえ》字古城《こじょう》か）に踏みとどまっていたが、勢いに勝る島津勢は、義弘側近の有川貞真《ありかわさだざね》・川上忠智《かわかみただとも》や鎌田政広《かまたまさひろ》らが奮戦してこれを突き崩し、伊東加賀守を始めとして大将格が次々と討死していったという。島津側の記録では討ち取った伊東方の首は二九六、伊東側の『日向記《ひゅうがき》』によると御一家大将分五人を含む二五〇人の武将が討ち取られたという。これが木崎原の戦い（覚頭合戦）の概要である。

住吉原の戦いと大隅統一

木崎原での大勝をうけ、元亀三年（一五七二）九月、島津歳久を大将とする島津勢は桜島から下大隅（鹿児島県垂水《たるみず》市）に進攻し、小浜《おはま》・早崎《はやさき》両城（同市海潟《かいがた》）を攻略して大隅半島攻略を本格化させる。さらにこれに呼応して、庄内の北郷時久は肝付兼亮と手切れし、肝付領の櫛間（宮崎県串間市）・槻野《つきの》（鹿児島県曽於市大隅町月野《つきの》）に進攻する。そして、元亀四年正月、北郷時久・相久《すけひさ》・忠虎《ただとら》父子は、末吉《すえよし》住吉原（同市末吉町二之方《にのかた》）にて肝付勢を撃破する。

肝付氏の弱体化をうけ、同年二月祢寝重長が島津家の調略に応じ、反島津連合から離脱する。そして天正二年（一五七四）二月、義久の重臣新納忠元は肝付兼亮・伊地知重興両氏に対し和睦交渉をおこなう。同年四月、伊地知重興は下大隅五か所を進上して降伏し、肝付兼亮も同時期に廻（霧島市福山町）・市成《いちなり》（鹿屋市輝北町《きほくちょう》市成）を割譲して島津家と和睦するに至った。これにより、ついに島津家は大隅統一にも成功したのである。残る反島津方は伊東義祐のみとなった。

五、日向進攻、伊東義祐の没落

伊東領進攻に向けて

薩摩・大隅二か国を平定したことにより、島津家中には暫時の平安が訪れる。天正三年（一五七五）には、当主義久の弟家久と歳久が相次いで上洛《じょうらく》し、寺社参詣《さんけい》や連歌・蹴鞠《けまり》などにいそしんでいる。これまで飯野（宮崎県えびの市）にあって常に伊東勢の進攻に耐えてきた義弘も、比較的安定した地に移そうとの兄の配慮であろうか、同年一一月一九日、いったん薩摩国祁答院（鹿児島県薩摩郡さつま町）への移封が決定している（『上井』）。しかし、義弘の祁答院移封は実現しておらず、真幸院に留まっている。恐らく、飫肥を退去して以来伊東義祐打倒に執念を燃やす義弘は、そのまま伊東氏との最前線で指揮を執ることを望んだのであろう。

木崎原の戦いでの大勝後、義弘は三之山攻略をめざして着々と手を打っていたようである。元亀四年（一五七三）四月には、湯前対馬守正吉《ゆのまえつしまのかみまさよし》、米良美濃守重直（矩重か）ら伊東氏家臣が島津家への「奉公」を誓う起請文《きしょうもん》を提出しており、着実に調略（寝返り工作）を進めていたことがうかがえる。

天正二年九月二〇日には、義久、義弘、島津家老中（伊集院忠金《ただかね》・平田昌宗《ひらたまさむね》・村田経定《むらたつねさだ》・川上意釣《かわかみいちょう》）がそれぞれ庄内の北郷一雲《いちうん》（時久）と起請文を交わし、伊東氏との弓箭《きゅうせん》（合戦）についての談合をおこなったことを秘密にすることなどを約している。北郷時久にとっても伊東氏は実父豊州家忠親を飫肥から追い出した憎き仇《かたき》であった。真幸の義弘と都城の北郷氏が一体となって伊東領攻略を目指す体制が整えられたようである。

弟家久が旅立った直後の天正三年二月一一日、義弘は兄義久に対して、伊東領三之山の三〇町ほどに対し、「麦作《むぎさく》」とよばれる収穫前の麦を刈り取って挑発する作戦と村七つほどの破却を提案し、談合を求めている。義弘は三之山攻略に前のめりになっていた。

近衛前久下向と義弘の動き

上洛中の島津歳久と面会した近衛前久《このえさきひさ》（一五三六〜一六一二）は、天正三年（一五七五）末、織田信長《おだのぶなが》の命を受けて薩摩下向を果たす。その命とは伊東義祐と島津義久の和睦仲介であったと推測されている。義久は前久から古今伝授を受けるなど文化交流に励んだが、和睦交渉に応じる気は全く無かった。

　前久滞在中の天正四年三月二五日、前久接待のための犬追物《いぬおうもの》を断り三之山攻撃の準備を進めていた飯野の義弘に対し、兄義久は気遣い無用との書状を送っている（『旧記後』一―八三三）。そのなかで義久は「来る六月頃には伊東領との境目でひと合戦されるとのこと油断無きよう。伊東家は焦っているようなのでいい機会です」とか、「各地の鉄砲衆を飯野に派遣するよう年寄＝老中から諸所に命じた」などと記しており、和睦調停の使者である近衛前久を接待する裏で、着々と伊東領進攻の準備を進める義弘を支援していたことがうかがえる。

高原城攻め

　天正四年（一五七六）七月一六日、義久は義弘に対し、談合の結果どこに出陣するか鬮《くじ》を引く旨伝えている。島津家では大きな合戦に挑む際、鬮を引くことで家中の異論を封じ、家中の結束を強めるのに利用していた。その鬮の結果は、三之山と庄内都城の中間に位置する高原城《たかはる》（宮崎県西諸県郡《にしもろかた》高原町《たかはるちょう》）攻めであった。

　高原城攻めは同年八月一六日に開始される。当主義久みずから出陣し、飯野の義弘、大隅吉田の歳久、薩摩串木野領主となっていた家久、薩摩国鹿籠《かご》（枕崎市）の島津忠長《ただたけ》（一五五一～一六一〇）ら薩隅二か国に大動員をかけ、庄内から北郷勢も加わった。伊東氏としては三之山攻撃は想定していたが、高原城を急襲されるとは想定していなかったようである。八月一九日、同城「下栫」（城の麓《ふもと》の防御施設か）を破却・放火して完全包囲すると、後詰め、つまり高原城救援のために出陣した伊東勢は、高原東方の猿瀬《さるぜ》（宮崎県小林市野尻町東麓《のじりちょうひがしふもと》）に留まり島津勢に決戦を挑むことなく城を見捨てた。孤立無援となった高原城の城代伊東新次郎は島津氏に和睦を請い、同月二三日に城から退去していった。

戦いらしい戦いもなく高原城が開城した結果、後詰めが期待できないと判断した伊東方の三之山城、須木城（同県小林市須木下田）は翌二四日には開城し、城衆は退去していった。こうして永禄七年（一五六四）以来、一三年にわたって義弘が対峙してきた真幸院の伊東方諸城は、数日の内に島津家の手に落ちたのである。

伊東崩れ・山東制圧

島津勢の真幸院制圧を許してしまった伊東義祐の求心力は、急激に低下していく。開城した高原城に地頭として入った上原尚近《うえはらなおちか》（？～一五九二）は、早速島津領との境目となった地域の調略を進める。天正五年（一五七七）一一月、野尻城主福永丹波守祐友《ふくながたんばのかみすけとも》は、上原の調略に応じ島津家に内応する。上原は折良く大隅正八幡宮《しょうはちまんぐう》に参詣中だった義久にこれを通報。義久は一二月五日付で福永祐友に対して内応を賞して野尻の安堵を約束すると、そのまま各地に出陣を命じた。

　義弘も飯野城からただちに出陣し、野尻城（宮崎県小林市野尻町東麓）に入城する。伊東義祐は福永祐友内応を知るとすぐさま紙屋《かみや》城（小林市野尻町紙屋）まで出陣するが、義弘の野尻入城を知ると戦わずして居城佐土原《さどわら》城（宮崎市佐土原町上田島《かみたじま》）へと撤退していった。すると、福永氏と縁戚の内山《うちやま》（宮崎市高岡町《たかおかちょう》内山）城主野村備中守文綱《のむらびっちゅうのかみふみつな》も島津家に寝返り、野尻から山東（宮崎平野）への進攻ルートが開いてしまう。ここに至り伊東義祐は、一門・重臣らに説得され、佐土原城を密《ひそ》かに退去し、嫡孫義賢《よしかた》・祐勝《すけかつ》、外孫マンショ、飫肥から退去した二男祐兵《すけたか》らを引き連れ、豊後《ぶんご》の大友宗麟《おおともそうりん》を頼って落ち延びていった。

　島津義久は、同年一二月一八日、弟義弘・歳久・家久らを従え、無人の都於郡《とのこおり》城（宮崎県西都《さいと》市鹿野田《かのだ》）に入城を果たす。それまで伊東氏に従属していた日向国内各地の国衆らは雪崩を打って義久への従属を申し出た。そのうちの一人、日向国北端の縣《あがた》（延岡《のべおか》市）を領する土持親成《つちもちちかしげ》は、隣接する豊後国佐伯《さいき》の佐伯宗天《さえきそうてん》を取次として大友氏にも従属しており、伊東義祐を匿った大友宗麟を刺激し、日向進攻の大義名分を与えてしまう。

六、高城・耳川合戦

大友義統の縣攻略

天正六年（一五七八）正月二日、土持親成は、いまだ都於郡に留まっていた島津義久に対して奉公を誓う。ほぼ同時に、大友宗麟（一五三〇〜八七）・義統《よしむね》（一五五八〜一六〇五）父子からも土持親成に対し、伊東義祐父子がどうなったのか安否を尋ねる書状が届いている。大友家はいまだ土持親成をみずからの従属国衆と認識していた。その後、伊東義祐父子が大友氏のもとに庇護されると、大友家は日向進攻に向けて動き出す。同年二月一一日、大友家年寄《とし より》（加判衆《かはんしゅう》）吉岡鑑興《よしおかあきおき》・佐伯宗天は土持親成に書状を送って叱責《しっせき》し、島津勢出陣の際はこれを撃つよう命じている（『旧記後』一—九六二・九六三）。

同月一二日、大友義統は日向国門川《かどがわ》の伊東氏旧臣米良四郎右衛門《しろうえもんのじょう》尉に対し周辺の調略を命じる。まもなく、門川・日智屋《ひちや》・塩見《しおみ》の三城（宮崎県東臼杵郡《ひがしうすき》門川町、日向市《ひゅうが》）は島津家に反旗を翻して蜂起《ほうき》し、大友水軍が援軍として入ったようである。そして同年三月、大友義統はみずから国境まで出陣し、四月には土持氏の居城松尾城《まつお》（同県延岡市松山町《まつやままち》）を攻略し、土持親成を殺害している。

同年六月には新納院石城《にいろいんいし》（同県児湯《こゆ》郡木城町石河内《きじょうちょういしかわち》）に伊東氏旧臣長倉勘解由左衛門尉《ながくらかげゆさえもんのじょう》らが籠城して蜂起する。ここは難攻不落の城であり、七月には島津忠長・伊集院忠棟《ただむね》らが攻め寄せたが撃退されている。こうして伊東氏旧臣の蜂起に島津氏が手を焼くなか、大友宗麟がいよいよ日向に進攻する。

大友宗麟の日向進攻と高城・耳川合戦

天正六年（一五七八）九月、大友宗麟が五万ともいわれる大軍を率いて日向に出陣した。伊東義祐の日向復帰を大義名分とするが、八木直樹《やぎなおき》氏は「境目地域の城を争奪する典型的な境界紛争以外の何物でもない」とする。南蛮船の寄港地である日向南部の要港を島津家に独占されることは宗麟にとっては不都合であり、島津家との対決は避けられなかったのであろう。

九月上旬、宗麟は縣の務志賀《むしか》（宮崎県延岡市無鹿町《むしかまち》）に本陣を置くと、周辺の寺社を徹底的に破壊したという。宗麟の義兄田原紹忍《たはらじょうにん》（親賢《ちかかた》）を総大将とする本隊は、九月末までに耳《みみ》川《かわ》を渡河して南下し、一〇月二五日までに新納院高《たか》城（同県児湯郡木城町）を包囲する。同城地頭は山田有信《やまだありのぶ》（一五四四～一六〇九）であったが、急遽《きゅうきょ》島津家久や鎌田政近《まさちか》らが救援のため入城し、これを迎え撃った。大友勢は高城から切原川《きりはらがわ》を挟んだ東側の河岸段丘上に五つの陣地を構築し、島津勢の後詰めに備えている。

同年一〇月二五日、鹿児島の義久は急報を受けて出陣。一一月二日には佐土原城に入っている。これより前に、飯野の義弘、大隅吉田の歳久、庄内の北郷忠虎も出陣しており、財部《たからべ》城（同県児湯郡高鍋町《たかなべちょう》）に集結している。今までにない強敵の進攻により、薩隅日三か国全域から動員し総力を挙げて迎え撃った。

一一月一一日、先に島津勢が仕掛け、義弘・歳久・征久《ゆきひさ》（のちの以久《もちひさ》、一五五〇〜一六一〇）らは、財部城と根白坂《ねじろざか》（同郡木城町椎木《しいのき》）両口から「野伏《のぶせり》」＝囮《おとり》部隊を出し、「松山陣」から出てきた大友勢を撃破している。この緒戦の勝利で大友勢は諸陣の連携を失い、一部の軍勢は島津家に内通している。そのまま義弘勢らは、大友勢と小丸川《おまるがわ》を挟んだ南側に布陣して夜を明かした。

佐土原城から義久も本隊を率いて根白坂に布陣し、いよいよ決戦を迎える。一一月一二日、大友側の史料によると大友勢の軍議が一致せず、田北鎮周《たきたしげかね》が無断で小丸川を渡河して島津勢に攻めかかり、やむなく佐伯宗天ら他勢も参戦するに至ったという。これは島津側からすると思うつぼであった。島津勢の先鋒《せんぽう》本田親治《ちかはる》・北郷蔵人久盛《くろうどひさもり》勢は田北勢の攻撃により討死する。しかし、勢いにのって突出した大友勢を、義弘・歳久・伊集院忠棟勢らが迎え撃ち、根白坂から打って出た義久の馬廻衆《うままわり》や島津征久・忠長勢らが横合いから攻めかかり、大友勢は大混乱に陥る。混乱した大友勢は松山陣方面に退却しようとしたが、そこには小丸川の深い淵《ふち》があり多くが溺死《できし》する。さらに高城に籠城していた家久らが打って出て大友勢の惣陣《そうじん》を襲撃し、大友勢は壊滅・敗走した。戦いは午後二時頃まで続き、大友勢は年寄三人を含む有力武将が次々と討ち取られ、耳川以北まで敗走していった。午後四時頃、義久は大友勢の惣陣跡で勝鬨を挙げて首実検をしている。大友方の首二、三千が並んだという。これが高城・耳川合戦の概要である。

務志賀の本営にあった大友宗麟は高城での敗戦を知ると、その夜の内に豊後へ撤退していったという。

高城・耳川合戦の感状

三州統一に向けての最後にして最大の敵であった大友勢を撃破した翌日の一一月一三日、戦場にほど近い財部城にあったとみられる島津義久は、次弟義弘に次のような感状を発給している（『旧記後』一―一〇二七）。

先年隅州岩剱干戈《かんか》以来、夜白《やはく》度々軍忠誠以無比類候、就中《なかんずく》此節対高城堺大友家着陣、既不佚《うしなわざる》処、被顕連日之才智、至于時《ときに》名誉之御粉骨、珍重《ちんちょう》々、弥永々戦功可為感悦候、依之染筆者也、

天正六年十一月十三日　義久
兵庫頭《(義弘)》殿

（意訳）先年、大隅国岩剱城の戦い以来、昼夜に及ぶたびたびの軍忠は比べる者がない。特にこの度、高城境に大友勢が着陣し対決が避けられない状況になったところ、連日才覚を発揮して大勝利という名誉を挙げたこと素晴らしい。その戦功に対し今後ずっと感謝するものであり、そのためこれを記した。

同日付で末弟家久にも感状が出ているが（『旧記後』一―一〇二八）、義弘宛のものとはかなり文面が違っている。家久宛は最大限その軍功を賞しているが、高城をめぐる攻防戦を対象とした感状であり、文言もありきたりなものである。それに対し義弘宛のものは、冒頭に「先年隅州岩剱干戈以来」とあり、高城攻防戦だけでなく、義久・義弘兄弟にとっての初陣であった岩剱城の戦い以来、二五年にわたる三州統一事業全体を通した義弘の功績を讃《たた》えた上で、「感悦」を決して忘れないと強調している。

この時義久四六歳、義弘四四歳。四半世紀をかけてこの兄弟は父祖の悲願であった三州統一に邁進《まいしん》してきた。特に義弘は、後述のように飫肥、真幸に居住し、常に宿敵伊東氏との最前線で、体を張って同氏の進攻に耐え続けた。その艱難辛苦を一番よく分かっている兄義久が、万感の思いを込めて宛てたのがこの感状なのである。

高城・耳川勝利の影響と意義

高城・耳川での勝利ののち島津勢は掃討戦に入り、伊東氏旧臣が蜂起した三城（門川・日智屋・塩見）のほか、耳川中流域の山間地域も制圧する。一一月一四日には縣の大友勢撤退が伝わり、島津側から縣（松尾城か）に番衆を派遣している。これにより島津氏は日向国全域を掌握した。ここに父祖以来の悲願であった薩摩・大隅・日向〝三州統一〟が実現した。

鹿児島に戻った義久は、分国外諸勢力に高らかに勝利を伝えている。一二月一〇日には、中国の毛利《もうり》輝元《てるもと》（一五五三〜一六二五）やその庇護下にあった将軍足利義昭《よしあき》（一五三七〜九七）に対し、「六ヶ国之凶徒」・「六ヶ国之族五万余騎」を日向で「誅伐」したと伝えている（『島津』一四二三、『旧記後』一―一〇三三）。さらに毛利氏に対しては、防長《ぼうちょう》勢＝毛利勢が豊筑（豊前《ぶぜん》・筑前《ちくぜん》）に出陣する場合は、龍造寺隆信《りゅうぞうじたかのぶ》（一五二九〜八四）と申し合わせて協力することを伝えている。これは大勝したとはいえ、大友家が依然として島津氏にとって大きな脅威であり、毛利家・龍造寺家と連携して包囲網を築こうとの意図がうかがえる。

一方、北部九州六か国守護大友宗麟の大敗は、極めて大きなインパクトを与えた。豊後では重臣らの反乱が頻発するようになり、それ以外の地域でもそれまで心ならずも大友家に従属していた国衆たちが次々と離反していく。その最たる者が龍造寺隆信である。隆信は高城・耳川合戦の翌月、天正七年一二月以降、筑後にたびたび進攻し、大友家に従属していた筑後や肥後の国衆の多くが龍造寺家に従属していった。

そうしたなか、龍造寺家の勢力拡大に抵抗する一部の国衆は、大友家に勝利した島津家を新たな庇護者と期待し、従属するようになる。筑後国の田《た》尻《じり》鑑種《あきたね》、肥後国の城《じょう》親賢《ちかまさ》、肥前国《ひぜんのくに》の有馬《ありま》晴信《はるのぶ》（初名鎮純《しげずみ》・鎮貴《しげたか》、一五六七〜一六一二）らである。彼らが島津家の庇護を求めたため、天正七年（一五七九）以降、島津家は肥後以北の争乱に巻き込まれていく。

第三章　戦国島津家のイメージと実態

戦国島津家に対するイメージ

薩摩・大隅・日向三か国統一を成し遂げた島津家は、天正七年（一五七九）一一月、隈本《くまもと》城（熊本市中央区古城町《こじょうまち》）の城親賢の要請により、同城に援軍を派遣して以来、肥後国情勢に介入していき、天正九年九月には肥後南部の有力国衆相良義陽を下している。これ以降、天正一四年末まで、島津家は肥後以北の北部九州に進出していき、龍造寺隆信を敗死させ、筑前・豊前・豊後の一部をのぞき、九州の大半を勢力圏に収めていく。天正年間初頭まで北部九州六か国を勢力下においていた大友宗麟に代わって、事実上九州の覇者として君臨するに至ったのである。

一般の方の戦国島津家に対するイメージというのは、このように短期間で九州のほぼ全域に影響力を及ぼすに至った強大な軍事力を背景とする〝九州最強の戦国大名〟であろう。そして、泗川《サチヨン》の戦いや関ヶ原《せきがはら》の戦いにおける島津義弘の奮闘も相まって、島津家は〝強い〟大名の代表と理解されている。

しかし、学界レベル、研究者の間では戦国島津家の評価は芳しくない。むしろ、豊臣政権下にあってはお荷物大名、いつ取り潰《つぶ》されてもおかしくない、まともに領国経営もできない酷《ひど》い大名権力であり、それは戦国期段階の〝未熟さ〟に起因するとの評価がすっかり定着してしまっている。

『歴史公論』通巻八一号（雄山閣、一九八三年）には、「守護領国制をめぐって」という座談会が収録されている。そのなかで、当時戦国大名研究の第一人者であった永原慶二《ながはらけいじ》氏は次のように述べている。

> 島津などのばあい、三国守護で一見守護権力が強力にみえるけれども、実際は国内の国人割拠が強かったと思われる。だから、のちの秀吉の朝鮮軍役のときでも、一万人割り当てられてもなかなかそれだけ動員できないでしょう。やはり守護領国制も戦国大名領国制もここでは弱体なんですね。逆にいえば、守護は鎌倉以来の職権はあったかもしれないが、国人を統合するだけの実力はなく、領国大名の方向は概して未熟だったのじゃないでしょうか。

戦国島津家の〝未熟さ〟を強調しているが、その根拠は傍点部分のように朝鮮出兵時の動員力の弱さを挙げるのみである。

天正二〇年（一五九二）二月、豊臣秀吉《とよとみひでよし》の命により、島津義弘は島津家を代表して居城栗野城から肥前名護屋《なごや》城へと出陣した。この時島津家は一万人の軍役を賦課されていたが、義弘が率いていたのはわずかな手勢のみであり、朝鮮に渡海する船の用意も出来なかった。義弘が属する第四軍は四月一七日には朝鮮上陸を果たしているが、同年五月三日、義弘はたった一隻の船でようやく釜山《プサン》に上陸している。

問題はこのような動員力皆無の状況を戦国期にまでさかのぼらせて、戦国期島津家は〝未熟〟で〝弱体〟と判断してよいのかということである。

山本博文・中野等両氏による戦国島津氏像

一九八〇年代から九〇年代にかけて、島津氏研究をリードしていたのは、東京大学史料編《へん》纂《さん》所に属し、同所蔵の島津家文書の目録作成・重文指定・国宝指定に尽力した山本博文《やまもとひろふみ》氏（一九五七〜二〇二〇）であった。山本氏の専門は幕藩制であり、戦国大名であった島津家が豊臣政権期以降どのように近世大名化していったかという視点での研究であった。そのため、前提となる戦国期段階の島津家の評価については、意外なことにほとんど言及していない。

唯一言及があるのは、『幕藩制の成立と近世の国制』で島津氏の蔵入地《くらいりち》（直轄地）の少なさを論じた部分で、「戦国期においては、島津氏の戦闘は地域的統一を目的とするものであったから、長期の出張は原則として存在せず、それゆえ兵糧は家臣団の自賄（現地調達も含めて）で足り、大名蔵入地は相対的に小さくても十分であった。むしろ占領地は新たな家臣を召し抱えるために使い、家臣団の拡大によってその軍事力を伸長させたと考えることができる」と述べている。少なくとも戦国期段階の島津氏当主の蔵入地は小さく、それが豊臣政権期の脆弱《ぜいじゃく》さに繋《つな》がっていると認識しているのだろう。

一方、山本博文氏の研究を批判的に継承し、さらに深化させていったのが、九州大学の中《なか》野等《のひとし》氏である。中野氏は豊臣政権期の島津領国における「太閤検地《たいこう》」を明らかにするなかで、島津家内部の権力関係や豊臣政権内諸権力との関係をも明らかにしており、その前提となる戦国期段階の島津氏権力についても総括している。

中野氏は後述する戦国島津家の軍事・行政システムである「地頭・衆中《しゅうじゅう》制」について、「刷新された戦国島津氏の権力基盤として積極的に評価すべき」としながらも、「地頭衆としても旧来の被官関係の温存を志向し、任所地を「自領」とみる意識が濃厚にのこったとされており、彼らは常に「鉢植」から地域支配者に転化し得る環境にあり、その可能性もきわめて高かった」と述べ、戦国島津家の「地頭」を島津家の直轄領支配の「代官」としてではなく「地域支配者」として捉《とら》えている。

その上で、戦国期における島津氏当主と家臣の関係について、「天正期にいたっても領国内には依然有力な一族や国人衆が多く存在しており、彼らは名目的には島津家の家臣ではあるが、伝統的な在地支配を実行しつつ自律性を保持しており、本質的には島津氏と競合関係にあった」とし、「戦国島津氏の領国は大名権力の基盤たる直轄領と一族・有力国人領の合体物として成立していたと考えられ、その「一揆《いっき》」的権力構造は容易に解消し得るものではなかった」と断ずる。そして、豊臣政権期の島津義久は戦国期同様「一揆」構造の盟主として存在し、その権限は一族や有力家臣団との微妙なバランスのうえに成立したと評価している。

まず、こうした戦国島津家の〝脆弱さ〟〝「一揆」的権力構造〟が事実なのか、こうした理解が正しいのか検証しておきたい。

文明年間の一家中一揆

はじめに戦国島津家が登場する前の段階を確認しておく。

九州南部における戦国時代は、桜島の大噴火を背景とする世情不安のなか、文明八年（一四七六）頃に始まる。この頃、守護島津氏＝島津奥州家は守護所鹿児島周辺のほか、薩摩・大隅両国国府周辺や肥後と薩摩、日向と大隅の国境付近の要地に守護直轄領を設定し、そこに信頼できる守護被官を配置して、有力御一家や有力国衆を牽制《けんせい》する支配体制をとっていた。

しかし、文明八年以降の争乱は、有力御一家が国衆と結託して、要所の守護直轄領を攻撃することで始まっており、徐々に守護直轄領は減少していき、一六世紀前半には鹿児島周辺から大隅国府を結ぶ錦江湾沿岸部を残すのみとなっている。一方、有力御一家は一郡から数郡を所領としており、守護家を凌《しの》ぐ勢力をほこり、その一つである島津相州家が戦国大名へと成長していったことは、第一章で整理したとおりである。

この有力御一家と守護家当主との関係をうかがわせるのが、文明一二年（一四八〇）一〇月二〇日に守護島津忠昌と一家中六名との間で取り交わされた一揆契状である。一家中側は島津相州家友久《ともひさ》・同薩州家国久《くにひさ》・同豊州家忠廉《ただかど》・伊作久逸《ひさやす》・佐多忠山・新納忠続《ただつぐ》の六名であり、六人が団結し守護忠昌の意向を受けて様々な紛争に対応していくと誓う一方で、談合での多数決、忠昌からの理不尽な要求には一家中で拒否することを誓っている（『旧記前』二―一五三六）。一方、守護島津忠昌は六名に対し、政務はこの一家中に報告することや、「国之政道」は一家中との談合の上で決定することを誓っており（『島津』一四二二）、事実上守護島津氏の重要政策決定は、一家中の合議で決めることになり、守護家当主は被官や従属国衆への処断権すら否定されてしまっている。

これでは守護はお飾りに過ぎず、有力御一家の連合体たる「一家中」という一揆的結合の合議をただ承認するだけの存在になってしまう。これこそまさに〝一揆的権力構造〟である。

忠昌はこうした状況に抵抗してたびたび自らの意思で軍事力を行使し、権威の回復を図ろうとしたが失敗し、永正五年（一五〇八）の自害に繋がる。こうした政治体制の克服こそが、島津貴久を祖とする戦国島津氏が目指したものであった。

戦国島津氏と御一家・国衆の関係

天正八年（一五八〇）に三州統一が実現した際、右の「一家中」のうち有力領主として生き残れていたのは、守護家となった相州家・伊作家を除けば、薩州家と佐多氏のみであり、これ以外で一郡規模の所領を持った御一家は、庄内の北郷氏、喜入《きいれ》氏のみである。このうち薩州家は、天文年間の抗争で相州家に敗れ、所領は半減している。御一家以外の国衆たちも、相州家との抗争の中で次々と滅びるか大幅に所領を削減されており、「一所地」や「私領」とよばれる守護も手を出せない排他的所領を保持し得たのは、入来院氏・菱刈氏・東郷氏・加治木肝付氏・頴娃《えい》氏くらいのものであり、その所領も最盛期に比べると大幅に削減されてしまっている。島津本宗家に反旗を翻して対抗できるような御一家・国衆は皆無となったのである。

その一方で、島津貴久の奥州家相続以降、新たな庶子家も創設されている。これらは室町期までに分出した「御一家」と区別するために、「一門家」とよんでおきたい。

まず、貴久の同母弟忠将は、天文一七年（一五四八）に大隅国府近くの清水城（鹿児島県霧島市国分清水）に配置され、この系統は近世末まで有力一門「垂水島津家」として続いた。久下沼譲《くげぬまゆずる》氏は、島津忠将が本宗家当主になにかあれば家督を相続できる「脇之惣領《わきのそうりょう》」と位置づけられていたことを指摘している。また、貴久・忠将の異母弟尚久は、薩摩国鹿籠（同県枕崎市）領主となった。尚久の子忠長《ただたけ》は戦国末から江戸《えど》初期まで本宗家を支え続け、天正一一年（一五八三）には後述する「老中」に就任している。この系統も近世末まで有力一門「宮之城《みやのじょう》島津家」として続いている。

島津義久の次弟義弘は、後述のように最終的に本宗家家督継承者に指名されるのだが、天文一三年までは一門家という位置づけであった。義弘の弟歳久は、当初鹿児島近くの吉田院（鹿児島市吉田地区）、天正八年には祁答院（鹿児島県薩摩郡さつま町）領主となっており、これもまた近世末まで「日置島津家」として続いている。末弟家久も、永禄一二年（一五六九）に薩摩国串木野領主、天正八年には日向国佐土原領主となっており、直接血のつながりはないものの、その名跡は「永吉《ながよし》島津家」として近世末まで続いている。

このように新たな一門家が数家創設されるものの、彼らは当主義久から見ると四親等以内の親族であり、南北朝・室町期に分出した御一家とは距離感が全く異なる。その勢力も室町期の御一家のような守護家を凌ぐものではなかった。それでは、多くの御一家・国衆を倒すことで得られた所領はどのように統治されたのだろうか。

地頭衆中制

三州統一過程で獲得した占領地は、前出のように一郡単位で一門家が立てられる場合もあったが、ほとんどは島津家直轄領として「地頭衆中制」が敷かれた。「地頭衆中制」とは戦国期島津家特有の、軍事・行政システムである。各地域の拠点的城郭に「地頭」を配置してその周辺地域を所管させ、その管轄地域は「外城《とじょう》」とよばれる。その地頭指揮下に中・小家臣を「衆中」として配置するのである。なお「衆中」は外城名を冠して○○衆と呼ばれる。衆中はあくまでも島津義久の直臣であり、地頭の家臣ではない。この点、他大名の「寄親寄《よりおやより》子《こ》制」に似ている。衆中以外にもその地頭個人の被官である「悴者《かせもの》」も外城内に居住しており、衆中と地頭の悴者が外城の軍事力となった。鹿児島からの軍事動員は、島津家官僚機構のトップに位置する「老中」から地頭に対して命じられ、地頭の指揮のもと外城を単位として出陣する。

この指揮命令系統は内政面でも同様であり、老中から地頭に対して反銭《たんせん》（田数に応じて徴収した金銭）などさまざまな公事が賦課され、地頭が責任者として鹿児島に納入する。具体的には、京都から近衛家の使者や備後《びんご》鞆《とも》の浦《うら》から将軍足利義昭の使者が来ると、臨時反銭が賦課されており、台風で島津義久の居城「御内」が被害を受けると、屋根を葺《ふ》くための板が賦課されている。

こうした軍役・諸公事は、各外城の田数（公田数）に基づいて賦課されており、鹿児島の「殿中」＝御内には各国外城の名《みょう》ごとの田数を記した帳簿があったようである。『上井』天正一三年（一五八五）二月二六日条によると、老中上井《うわい》覚兼《かくけん》（一五四五〜八九）が「日州諸名検地帳」を確認している。少なくとも島津家が国衆らを討伐して占領した地に関しては、名ごとに検地がおこなわれて鹿児島に「検地帳」が備えられていたのである。

ただ、「直轄領」といっても外城全域が、豊臣政権期のような島津本宗家当主の「蔵入地」であったわけではない。それと同時に外城全域が地頭の「給地」（主君が家臣に与えた知行地）であったわけでもない。外城内には、地頭のほか、衆中の給地が設定されていたようであるが、地頭はその居城近くにみずからの給地を宛行《あてが》われていた（与えられていた）わけでもない。宮崎地頭上井覚兼の所領は居城である宮崎城（宮崎市池内町《いけうちちょう》）の直近ではなく、少し離れた「海江田之城所領八拾町」（宮崎市加江田《かえだ》・折生迫《おりうざこ》付近）のほか、薩摩・大隅・肥後の四か国に散在している。

久下沼譲氏は、所領が散在しているのは地頭を所領経営から切り離そうとしたのではなく、それぞれの家臣としての活動に応じた必要性から配置されたものであり、任所地近辺で所領を給付されるのが原則であったと指摘しているが、外城内に地頭や衆中以外の者の給地がモザイク状に設定されていたのも事実である。そうした複雑な所領構成を把握するために、鹿児島の「殿中」に検地帳が常備されていたのであり、それら全体に地頭を通じて軍役・諸公事を賦課するシステムが構築されていたのである。

中世史研究者はこのように「地頭」を「直轄領」たる外城支配の「代官」的存在として理解するのに対し、中野等氏は地頭の「地域支配者」としての側面を重視し、「一揆」的権力構造をになう「有力国人」と捉えているようである。この見解の違いが、戦国島津家への評価に大きく影響している。

なお、先述のように山本博文氏は「（島津氏に）長期の出張は原則として存在せず、それゆえ兵糧は家臣団の自賄（現地調達も含めて）で足り」たとするが、天正一〇年以降、島津勢はたびたび肥後以北まで出陣しており、それなりに長期間在陣した。出陣に際しては何日間の出陣と指定しており、その分は確かに自賄であった。

しかし、遠隔地での在番については島津家として兵糧を支給していた。例えば、天正一一年正月二九日、肥後在番を命じられた日向国都於郡・穂北《ほきた》衆に対し老中上井覚兼は、「無足衆、路次之調計を自力にて、逗留中兵糧ハ上より御挍量《きょうりょう》被成、肥州表ニ百日番可被勧之由申候也」（無足衆＝知行地一町未満の下級家臣は、肥後までの道中分だけ食料を自弁し、肥後在陣中は「上」＝島津家が考慮されるので、二〇〇日間在番するように）と命じている（『上井』）。島津家としてそれなりの兵糧備蓄がないと、こうした在番衆の兵糧負担はできない。北部九州への長期在陣を可能たらしめるだけの経済的基盤を、戦国島津家は確保できていたのである。

戦国島津家の政策決定過程

戦国島津家において重要政策や軍事方針を決定していたのは、老中を中心とする「談合」であった。『上井覚兼日記』には様々な種類の「談合」が登場するが、政策決定に限定すると、①老中のみが御内の「評定所」でおこなうもの、②陣中でおこなう老中や地頭ら指揮官による軍議、③老中に地頭衆・一門衆らが加わっておこなわれるもの、の三種に大別できる。ここで注目したいのが、重要政策・外交の基本方針、どこの誰と戦うかといった戦略上の基本方針を定める際に実施される③であり、このタイプの談合を便宜上「重臣談合」とよんでおきたい。

「重臣談合」は、毎年正月に守護所鹿児島で開催されるのが恒例だったようであり、年末年始に重臣たちが出陣したときは、翌月以降にずらして開催されている。また年頭の「重臣談合」以外にも、重要協議事項が発生した場合には臨時に開催されることがあり、肥後などに出陣中、重臣たちが揃っている場合、その場で開催されることもあった。「重臣談合」は次のような手順でおこなわれる。

①当主義久の「重臣談合」開催要請。

②鹿児島の老中から各地の老中・地頭らに談合開催場所への出仕指示。

③当主義久から談合衆（老中・地頭ら、一部の一門衆）に対し「条数」＝協議事項が奏者を介して諮問され、談合を開始。

④談合結果を奏者が当主義久に報告。

⑤義久、奏者を介して談合結果を了承、もしくはさらなる談合の要請（再審議）。

⑥軍事行動に関する結論が出た場合、攻め口などについて「鬮」を引き、衆盛（陣立て）をおこなう（鬮に至る過程についてはのちに詳述する）。

「重臣談合」にはいくつかの特徴・傾向がみられる。まずは、参加者＝談合衆が限定されることである。

談合衆はその都度変わるが、基本的には老中＋地頭衆＋一門衆、それと談合の審議過程や結果を当主義久に取り次ぐ奏者＝御使衆によって構成される。わずかな例外を除き、当主義久は参加しない。手順④のように結果を知らされるのであり、なかなか結果が出ない時は急ぐよう催促することもあった。また、文明年間には守護家の政策決定を縛っていた「御一家」は基本的に参加していない。管見の限り、唯一の例外として天正一三年（一五八五）一

○月に庄内領主北郷時久が参加している事例があるが、この時は豊後大友家と戦端を開くか否かの重要な談合だったため、特に呼ばれたのであろう。これ以外に「御一家」の参加は確認できない。

「重臣談合」は、戦国島津家が伊作家・相州家として薩摩半島の一領主だった頃からの譜代家臣、守護家だった島津奥州家の譜代重臣と、島津貴久・義久から分出した一門家によってのみで構成され、当主抜きでおこなわれるのが原則だったのである。特に「御一家」・「国衆」が排除されているのは、室町期の守護家が彼らの介入により没落していったことを踏まえてのことであろう。

もうひとつ大きな特徴がある。当主義久は「重臣談合」の結果を基本的には尊重し、承認することを前提としていた。『上井覚兼日記』によると、談合結果を受け取った義久は判で押したように「御老中談合次第」、「寄合中談合次第」、「兎角《とかく》御談合法第」（法第は次第と同義）と回答している。もし気に入らない場合でも、露骨に拒否するのではなく再度の談合を求めることで談合衆に再考を促すかたちをとる（手順⑤）。談合衆側の議論が煮詰まり義久に判断を求めたとしても、さらなる談合を求めることが多い。例えば、天正一一年（一五八三）三月晦日《みそか》、肥後八代城代の人事が難航し義久に判断を求めたが、義久はさらなる談合を求めて回答を拒否している。そもそも「重臣談合」は当主義久からの諮問を前提に開かれるものであった。義久は重要政策は「重臣談合」からのボトムアップを必ず求めたのであり、自らの意見表明を極力忌避するスタンスを取った。これは決定事項に対する重臣らの責任感を持たせるためとも考えられる。ただ、後述のように、弟義弘が「名代」となった頃から、「重臣談合」の結果と自身の考えが乖離《かいり》するようになり、露骨に談合結果を覆そうとすることも多くなる。

次章では、こうした「重臣談合」による政策決定に注目しつつ、戦国島津家の九州北部進出がどのように進められていったのか、九州統一に向けての動きを追っていきたい。

第四章　義久・義弘兄弟にとっての九州統一戦

一、戦国島津家の北上

「自他之覚」「外聞実儀」と肥後進出

天正七年（一五七九）以降の島津家の肥後進出は、肥後国衆からの出陣要請に応じる形で進められる。その背景には「自他之覚」「外聞実儀」という島津家としての名誉にかけて、従属してきた国衆を庇護するというスタンスがあった。しかし、この主張をしたのはあくまでも重臣や弟たちであり、義久自身は慎重派であった。

天正七年一一月、肥後隈本の国衆城氏が島津氏への従属と援軍派遣要請をしてくる。「勝部兵右衛門尉聞書」《かっべひょうえもんのじょうききがき》によると、当主義久は互いに約諾したとしても、加勢は出来ないとの立場をとった。しかし、古参の重臣である鎌田尾張《おわり》入道寛栖斎《かんせいさい》（政年《まさとし》、一五一四〜八三）は

「他国ノ覚・外聞」を理由に派兵をと主張し、鎌田自らが隈本へ足軽を率いて入城することになる。しかしこの行動が、同時期に筑後から肥後へと進出を図っていた龍造寺隆信を刺激し、それまでの協調路線から対立・抗争へと転換を余儀なくされ、龍造寺家の従属国衆となった肥後南部の国衆相良義陽との全面抗争に発展する。

また、これらと同時並行で大友家との和睦交渉も進行していた。大友側は天正七年（一五七九）二月から島津側に和睦を働きかけており、天正八年八月には、大坂の本願寺《ほんがんじ》を下した織田信長が大友家と島津家の和平調停に乗り出す。信長の意向を受けた近衛前久は、家司伊《い》勢《せ》貞知《さだとも》を使者として派遣して和睦交渉にあたらせ、天正九年六月末、義久は和睦調停を受け入れ、同年八月に「豊薩和平」が成立する。本能寺《ほんのうじ》の変で信長が横死する一〇か月前のことであった。

豊薩和平成立後、島津家は相良領への本格進攻を開始する。天正九年八月、島津勢は相良氏の支城水俣《みなまた》城（熊本県水俣市）を包囲し、九月末頃、相良義陽は島津家に降伏・帰順する。同年一二月二日、相良義陽は帰順の証として敵対する阿蘇《あそ》大宮司家領への攻撃を命じられ、肥後響之原《ひびきのはら》（同県宇城《うき》市豊野町《とよのまち》）で阿蘇惟将《これまさ》重臣で御船《みふね》城主の甲斐宗運《かいそううん》（親直《ちかなお》）の奇襲により討死してしまう。

義弘と相良氏の関係

島津義弘の二番目の室亀徳《かめとく》（？～一六一七）は、相良晴広《はるひろ》の娘、すなわち討死した義陽の妹と伝わる。その婚姻時期は不明だが、恐らく永禄一二年（一五六九）九月、大口城籠城戦が終結し、相良義陽との和睦が成立した直後のことではなかろうか。しかし、前述のように相良義陽が龍造寺隆信の従属国衆となり島津家と対立するに至ったため、短期間で離縁したのであろう。

ただ、天正九年（一五八一）九月の降伏前後から、義弘は相良氏との和平に尽力している。天正八年秋の段階で義弘から相良義陽に対し起請文が出され、冬には義陽から義弘へ起請文が出され、一二月一三日、取り交わされた起請文を名和顕孝《なわあきたか》・城親賢に回覧している。肥後南部で名和・城両氏の仲介により和平の気運が高まり、肥後への対応は義弘が当たっていたのである。しかし、この和平はすぐ破れ、前述のような流れとなる。相良義陽討死後、その遺児忠房（一五七二～八五）の家督相続と所領安堵はなかなか決まらなかったが、天正一〇年正月二六日になって、ようやく島津義久は相良忠房に球磨《くま》郡のみを安堵した。これも義弘の尽力があったようで、三月二〇日、相良忠房は義弘に対し、球磨一郡安堵を謝し、太刀一腰・馬一疋《ぴき》を贈っている。こうした動きをみていくと、義弘は兄義久同様、肥後進出には消極的であり、前室を慮《おもんぱか》ってか相良氏との和平・存続に尽力していたようである。

天正一〇年義弘の八代移封問題

相良義陽の討死直後から、島津家は相良氏の拠点のひとつ八代古麓《ふるふもと》城（熊本県八代市古麓《ふるふもと》町《まち》）を接収し、八代郡直轄領化を図っている。義久は天正一〇年（一五八二）正月二六日、相良忠房に球磨郡を安堵した際、弟義弘を肥後に移封する意向を示している。その移封先とは、相良氏から接収した八代であろう。相良氏と一時的にでも姻戚関係にあり、一貫して相良氏との和平を模索してきた義弘を肥後に入部させることで、安定化を図ろうとしたのであろう。

義弘もこれに同意したようであり、義弘は同年一一月、入部前提で肥後八代に出陣する。これには弟家久、老中伊集院忠棟・上井覚兼ら多くの家臣も同行し、敵対する阿蘇大宮司家重臣甲斐宗運に対し、軍事的圧力をかけることも目的だったようである。しかし、この出陣の直前、日向国佐土原領主島津家久は、同国美々津《みみつ》（宮崎県日向市）において甲斐宗運側と密かに和睦交渉を進めており、八代出陣後にそれが発覚する。八代に出陣した老中らは家久直臣らに和睦交渉を任せるが、甲斐宗運は実子・孫の人質提出も龍造寺家との手切れも拒否するという、不誠実な態度をとる。老中らはこのまま和睦を受け入れることをためらうが、ここで義弘が次のように説得にあたる（『上井』一二月二日条）。

日新様（島津忠良）はたびたび仰《おつしや》った。合戦を有利に導くには、とりわけ相手に「非」を重ねさせ、自らに「理」があるようにすることである。そうすれば合戦はまちがいなく思い通りにいく。この談合の判断はとても大切なことである。

恐らく、八代移封を受け入れた義弘としては阿蘇大宮司家との全面抗争に流れそうな重臣たちを抑え、不本意ではあってもなんとしてでも和睦に持っていきたかったのであろう。しかし、和睦が成立した直後の一二月三〇日、義弘は突如、真幸から八代への移封を田数不足により拒否する。これを文字どおり、八代での田数＝所領不足によるものと考えるべきではない。いったんは和睦を了承したものの、重臣達の甲斐宗運への不信は根深く、来春の再度の出陣を決定するなど、好戦的姿勢は続いていた。肥後でのこれ以上の戦線拡大を望まない義弘としては、その当事者になることを恐れたのではないか。とにかく、この時期の義弘は、三州統一時の伊東氏に対する好戦的姿勢が嘘のように、極力無駄な戦いを避けようとしている。

天正一一年の重臣談合

天正一一年（一五八三）、年頭恒例の重臣談合は、閏正月末から二月初頭に開催された。この談合では、筑後国鷹尾《たかお》城（福岡県柳川《やながわ》市大和町《やまとまち》）を本拠とする国衆田尻鑑種を支援するため、兵船を派遣することが決定したようであり、上井覚兼は「上乗《うわのり》衆・手火矢《てびや》衆（鉄砲衆）」の準備を命じられている（『上井』同年二月三日条）。田尻氏は前年、龍造寺隆信の攻撃を受けており、島津家への従属と軍事支援を申し出ていた。

さらに、同年三月一日から同月末まで、臨時の重臣談合が鹿児島で開催されている。義久から談合衆に示された「条数」＝協議事項は以下の五項目であった。

一、秋月種実《あきづきたねざね》からの提案のこと。
一、（島津義弘の）八代への繰替のこと。
一、田尻鑑種に兵船を送ること。
一、大矢野種基《おおやのたねもと》の進退のこと。
一、義久の（肥後への）出陣延期のこと。

筑前国衆秋月種実（一五四八？～九六）からの提案とは、龍造寺隆信との和平仲介の申し出であった。これを受け入れるとなれば、三条目の田尻氏への援軍派遣に影響がでる。二条目は既述のように義弘が日向真幸から八代への繰替＝転封を拒否した件である。四条目の大矢野氏は肥後国天草《あまくさ》の国衆であり、前年の肥後出陣時に出頭が遅れ、処分が問題となっていた。五条目はこの年予定されていた肥後出陣を義久が回避する意向であることを示している。直前まで義久は、内臓疾患とみられる「虫気《むしけ》」で一時重篤となっており、体調を考えてのことであろう。

　この談合にあたり、事前に義弘から意見聴取がおこなわれた。本来談合に参加すべきであろうが、二条目の当事者であることから出席が憚《はばか》られたのであろう。義弘はこれらの条数に対し次のように回答している（『上井』同日条）。

　秋月種実からの提案は、龍造寺隆信とこちらとの和平についてである。田尻鑑種殿が当家を頼ってきている以上、田尻氏の領地を肥後同様島津家の勢力下におけるような状況となれば、和睦してもいいだろう。八代への繰り替えについては、真幸の公田数の倍はないと受け入れられない。田尻氏への兵船派遣については、「自他国之覚」＝評判に関わる問題であるので、なんとしてでも援軍派遣が成功するよう努力することが重要である。八代移封については真幸の倍の田数を要求しており、事実上の転封拒否であろう。興味深いのは秋月種実の和平仲介提案についての見解である。義弘がもっとも重視するのは、島津家に従属した筑後国衆田尻氏の立場である。和平を受け入れるにしても、それによって田尻氏が不利になってはならず、田尻領を島津領国内に組み込むことを和平の条件とすべきとしている。その理由として、田尻氏への支援は「自他国之覚」関わる問題であるという、本節冒頭で述べた島津家が他国に進出する際の大義名分を持ち出している。義弘はこの時点で、「自他国之覚」という島津氏の名誉・評判を強く意識していることがうかがえ、兄義久との違いがうかがえる。

この時の談合は、途中で老中村田経平《つねひら》が罷免されるなど混乱もあってなかなか結論が出ず、この年七月上旬に再び重臣談合が開催され、老中平田光宗《みつむね》（一五二九～一六〇五）を八代の「主取《ぬしどり》」＝城代にすること、翌八月に肥後に出陣することが決定し、陣触れが出された。

天正一一年の肥後出陣と失敗

七月の重臣談合では、肥後出陣は決まったものの、その目的が曖昧《あいまい》であった。肥後表で「当《とう》作《さく》」、すなわち敵方の稲を刈り取る作戦をやることは決まったものの、島原《しまばら》半島に出陣すべしと主張する者もいたという。日向衆は島津家久の配下となることが決まっており、恐らく島原半島出陣を主張したのも家久であろう。義久自身の考えも有馬晴信救援を優先するというものであり、八月二四日、上井覚兼は鹿児島で義久から直接有馬氏救援を命じられている。

九月上旬、島津家久ら島津勢が肥後八代に集結し、一部の軍勢は島原半島へ渡海していった。なお、この時義弘はなぜか出陣していない。ここで老中伊集院忠棟・平田光宗・上井覚兼らは、義久の意向を無視して〝隠密の作戦〟を決行する。九月一八日、伊集院忠棟らは松《まつ》浦《ら》筑前守らが率いる「忍衆」を阿蘇大宮司家領の堅志田《かたしだ》城下（熊本県下益城《しもましき》郡美里町中郡《ぐんみさとまちなかごおり》）に忍び込ませ、明け方に奇襲をかけようとしたが、事前に察知されたらしく作戦は失敗に終わっている。単に奇襲に失敗しただけでなく、せっかく前年に成立した阿蘇大宮司家・甲斐宗運との和平も破れてしまったのである。

作戦失敗の報告を受けた義久は改めて使者を八代に派遣し、八代在番衆に次のように諭した（『上井』十月一日条）。

阿蘇領に弓を引くということは「神慮」になるということである。しかしながら、甲斐宗運の真意は異なっているように見えるのであろうし、合戦するしかないだろう。それならば立場を変えて、こちらからは「請太刀《うけだち》」になるようにすべきというのが自分の考えである。（中略）この前大隅に進攻した際は、曽於郡《そのこおり》城が抵抗していたところ、伊集院孤舟斎《こしゆうさい》（忠棟の祖父忠朗《ただあき》）が「宮内＝大隅正八幡宮の門前町を破却しないと、敵方は痛みを感じないだろう」と主張して、出陣の覚悟を決めていたところ、日新様が八幡の神慮を恐れて出陣を止めたという経緯がある。これほど、当家は代々ご神慮に随《したが》って合戦をしてきたにもかかわらず、鬮も引かず軽はずみに阿蘇家と手切れしたことは曲事《くせごと》である。しかし、もう手切れしてしまったからにはしかたがない。甲斐宗運がひとりで和睦に反したのでこれを討つのであり、全く阿蘇社のご神慮に対するものではないと立願するなど、談合して処置をすべきである。

義久は祖父日新斎が神慮を大事にした事例を引き合いに出して、老中たちが阿蘇家領を島津側から攻撃したことを叱責する。その上で「請太刀」すなわち甲斐宗運側から攻撃をさせるような戦略をとるよう強く命じている。この発言からも分かるように、義久は積極的に他領に攻め込むことを望んではいない。表向き〝専守防衛〟という立場をとり、外交的に相手から攻撃させるよう仕向けてからこれを討つべきという考えであった。

義久の意向を受けて八代在番衆は、堅志田城近くに出城を築いて阿蘇勢の動きを監視しつつ、再度甲斐宗運と和睦を結ぶ方向で対応を模索していく。そうしたなか、九月二七日、秋月種実の使者が隈本城に到着し、龍造寺隆信との和平について新たな提案を持参した。新たな提案とは、龍造寺・秋月両氏が島津家の指揮下に入り、ともに大友義統を退治しようというものであり、義久を「九州之守護」と仰ぎ奉りたいと申し出る。和平交渉の条件として、まず島原半島に派遣している島津勢を撤退させるよう求めている。この和平交渉の最中に島原半島に圧力をかけ、有馬晴信を帰順させようというのが龍造寺隆信の真意だったのだろう。

この秋月種実の新提案は早速鹿児島の義久に伝えられた。義久の意向は、重臣談合の結果次第としながらも、島原半島での戦況も芳しくなく、田尻鑑種支援も困難であることを踏まえ、秋月種実の提案にのって和平仲介に応じるべしとのことであった。これを受けて八代出陣衆は、島原半島への援軍派遣を中止し、一〇月末には堅志田城近くに花之山《はなのやま》城（熊本県宇城市豊野町上郷《かみごう》）を築いて甲斐宗運への抑えとし、大半は一一月末までに肥後から撤退していった。

天正一二年の大勝利—沖田畷の戦いと影響—

天正一二年（一五八四）年頭恒例の重臣談合は、正月一九日から二月二日まで開催され、有馬晴信救援のため島原出陣を決定する。この時点で秋月種実の和睦仲介交渉は失敗に終わっていたのであろう。

同年三月一五日、義久はみずから肥後に出陣し、翌日、島原半島への渡航拠点となっていた佐敷《さしき》（熊本県葦北《あしきた》郡芦北町《あしきたまち》）に本陣を置く。これより先に佐敷に着陣していた島津家久・豊久《とよひさ》父子らは、日向勢をはじめとする軍勢を率いて既に島原半島へと渡海していた。「勝部兵右衛門尉聞書」によると、この時の渡海勢は、島津家久・老中島津忠長・平田光宗ら率いる島津勢三〇〇〇、天草五人衆や相良勢一〇〇〇であったという。これに有馬晴信の軍勢も加わり、三月一五日から龍造寺方の島原純豊《しまばらすみとよ》が籠もる島原浜《はま》の城（長崎県島原市中堀町《なかほりまち》）を包囲している。この時点で島津側は、島原で龍造寺勢の主力と合戦になるとは予想していなかった。

一方、龍造寺隆信は島原浜の城救援のため、三月一八日に竜王崎（佐賀県杵島《きしま》郡白石町《しろいしちょう》）を出船し、島原半島の神代《こうじろ》（長崎県雲仙《うんぜん》市国見町《くにみちょう》）に出陣している。龍造寺勢は二万五千余であったという。家久ら島津勢はこの龍造寺勢の迅速な動きに気付いていなかった。

三月二四日未明、龍造寺勢は島原の北方「沖田畷《おきたなわて》」に布陣し、この動きを知った島津勢は急遽沖田畷南側の森岳《もりたけ》（現在の島原城）に布陣し、龍造寺勢と対峙した。そして、この日に両軍が衝突したのが、いわゆる「沖田畷の戦い」である。結果としては、五千程の島津・有馬連合軍が二万五千程の龍造寺勢を撃破し、川上忠堅《ただかた》（一五五八～八六）が龍造寺隆信の首を獲ったのである。島津家としては全く想定外の奇跡的勝利であった。

この勝利により、島原半島は有馬氏の領有に戻り、肥後国における龍造寺家の影響力も失われていった。天正六年一一月の高城・耳川合戦以降、北部九州における大友家の影響力は低下していたが、隆信の討死より政局は再び流動化していく。大友家の筑前・筑後支配を担っていた筑前立花《たちばな》城督戸次道雪《べっきどうせつ》（一五一三～八五）・筑前宝満《ほうまん》・岩屋《いわや》両城督高橋紹運《たかはしじょううん》（一五四八～八六）は、失地回復のため軍事行動を活発化させていく。この年六月二二日、戸次道雪・高橋紹運は連名で豊後の大友義統に書状を送り、島津勢が肥前に出陣する場合は、これを支援すべきこと、島津勢の協力を得て筑後を制圧すべきことを提案している。「豊薩和平」はまだ生きていた。七月、大友義統は年寄（加判衆）朽網宗歴《くたみそうれき》率いる豊後勢を筑後に派遣する。八月には戸次・高橋両氏も同じく筑後に出陣し、龍造寺家の拠点柳川《やながわ》に迫りつつあった。

天正一二年六月の重臣談合

沖田畷の戦いでの勝利をうけ、天正一二年（一五八四）六月一八日から二八日にかけて鹿児島で重臣談合が開催される。義久が示した条数は次のとおり。

一、今度御出勢有馬表・肥後目諸軍衆軍労御礼之事、
一、肥後表御行之事、
一、八城御挌護之事、
一、有馬御番手之事、
一、弓・鉄放弥御馳走之事

一条目は沖田畷の戦いとそれに続く肥後での軍事行動へのねぎらいである。二条目以降が協議事項で、二条目は龍造寺氏の影響力が弱まった肥後での戦略、三条目は肥後支配の拠点である八代支配のあり方、四条目は龍造寺氏を排除した島原半島での在番体制をどうするかである。五条目は家臣が準備すべき弓・鉄砲を島津家が発注して供給するということであろうか。

特に義久が気になっていたのは二条目と三条目。六月一九日、義久は老中に対し、今回の重臣談合では、沖田畷の戦いまで龍造寺家の勢力圏となっていた「肥後国中」（かつての

守護家菊池氏の支配領域）への出陣を協議するので、事前に義弘の意見を聴いておくようにと指示している（『上井』六月一九日条）。この時点で義久は次の肥後出陣を義弘に任せるつもりだったのだろう。最終的にこの時の重臣談合で、この年八月の肥後出陣が決定する。

この年の肥後出陣の目的は、肥後国中の龍造寺勢力圏の掃討、つまり龍造寺方国衆に軍事的に圧力をかけ従属させることにあった。その場合問題となるのが、龍造寺側からの反撃であった。状況によっては再び龍造寺勢主力との決戦もあり得たのである。沖田畷の戦いでの大勝利に盛り上がる島津家中では、肥後国中の掃討とあわせて、龍造寺家側に大幅な所領割譲を求める声があがっていたようである。ただ、義久は至って冷静であった。沖田畷での勝利は奇跡的なものであり、際限の無い戦線拡大は難しいと考えていたようだ。そのため、この年八月の出陣にあたってクギを刺すのを忘れていなかった。

龍造寺政家との和睦

肥後出陣直前の天正一二年（一五八四）八月一八日、飯野城にて談合が開催された。確認出来る談合衆は義弘と老中平田光宗、奏者町田《まちだ》久倍《ひさます》（一五五三?～一六〇〇）、新納忠元（一五二六～一六一〇）、川上忠智（?～一六〇七）らである。この談合では、再び秋月種実から提案された龍造寺隆信の嫡男政家《まさいえ》（一五五六～一六〇七）との和平仲介について協議したようだが、新納忠元、川上忠智が反対したようである。

義久は八月二六日、出陣途上の諸将に対し大隅国馬越（鹿児島県伊佐市菱刈前目）での重臣談合開催を命じる。そして九月一日、馬越で開催された重臣談合にて、義久は使者を通じて義弘以下の出陣衆に対し自らの意向を伝える（『上井』同日条）。

皆は和平に納得しておらず、ただ合戦あるのみとのこと。頼もしくは思ったが、春の出陣の際も、自分が出陣しなければどうにもならなかったではないか。自分が出陣しての大勝利は当然である。今回は虫気が良くないので出陣できない。自分が出陣しなくても、誰かしっかり差配してくれるような人物がいればありがたいのだが。特に今回は一〇〇日間だけの用意で諸軍衆の出陣を命じ、そして肥後にてひと合戦するとは納得できない。そんなことでは、諸勢が帰国したいとすぐに言ってくるであろう。そのような状況で、龍造寺家がこちらの被官になり、質人《しちにん》を出すと言ってきている。龍造寺側が所領を割譲するまでは和睦要請を突き放すというのは、自分の好みではない。所領を割譲しないからといって和平に応じないというのは日新様・伯囿（貴久）様のお好みでもない。なぜなら、日新様・伯囿様の時代から十分ではない状況こそ一番よいとされてきたからだ。

義久は日新斎・伯囿の遺訓を楯《たて》に、龍造寺との和平を受け入れるよう迫ったのである。そして、義久が不十分でも和平を結ぶべきだと判断した背景に、遠隔地での軍事行動における指揮官不足があったことがうかがえる。沖田畷での大勝利は自分が佐敷まで出陣して指揮を執ったからであり、今回は虫気で出陣できないので無理だと断言している。その上で、今回の出陣では和平成立まで防戦に徹するよう求めている。

それでも出陣衆のなかには、和平を望むと言いながら所領の割譲を申し出てこないのは謀計ではないかとの意見も出て、龍造寺側の意向をもう一度確認するということで、そのまま肥後に出陣していった。

九月一三日から義弘率いる島津勢は肥後国中に進攻し、隈部《くまべ》親泰《ちかやす》・小代親泰《しょうだいちかやす》・臼間野《うすまの》宗郷《むねさと》といった国衆たちを帰順させ、二四日には龍造寺勢の拠点であった高瀬《たかせ》（熊本県玉名《たまな》市）を制圧している。その間、二一日には龍造寺政家の使者が肥後に到着し、肥後国は少しも残さず島津家に割譲して和睦したいとの意向を示し、島津家の「幕下《ばくか》」に入る旨の龍造寺政家血判起請文を持参する。義弘らは二五日に高瀬で重臣談合を開催し、龍造寺家との和平を受け入れることを決定する。「肥薩和平」の成立である。

豊薩和平と肥薩和平の矛盾

龍造寺家との和平協議が進む一方で、大友家も豊薩和平を理由に島津家に協力を求めていた。天正一二年七〜八月、豊後・筑前両国から大友勢が筑後に進攻し、九月二日、肥後出陣中の義弘に対し、ともに龍造寺勢を討つことを持ちかけている。しかし、義弘は兄義久の意向に沿ってこの誘いにはのらず、前述のように龍造寺家との和平を決断する。しかし、大友勢が龍造寺勢排除のため筑後に出陣している以上、どちらかとの同盟を優先せざるを得ない。九月二一日に肥後に入った龍造寺政家の使者は、大友勢が柳川（福岡県柳川市）近くに攻め寄せてきたことを伝え、島津側から戦端を開いて欲しいと救援を要請している。龍造寺家との和睦は龍造寺家が島津氏の「幕下」すなわち従属下に入ることを意味し、島津家は龍造寺家に対する安全保障義務が生じるのである。龍造寺側はその履行を和平の条件として突きつけたとも言える。

龍造寺家との和平を決断した九月二五日の重臣談合では、龍造寺・大友両家からの出陣要請にどう対応するかも協議されている。龍造寺家に対しては九月二七日に返答し、和睦を受諾して義弘から龍造寺政家への起請文を送るが、豊薩和平は織田信長の仲介によるものなので大友家と義絶は出来ないと断っている。

一方、戸次・高橋両氏に対しては一〇月三日に返答し、秋月種実を仲介者として龍造寺側と和睦交渉をおこなっていることを認めつつも、まだ決着していないとウソをついてごまかしている。その直後、筑後国衆田尻鑑種や黒木実久《くろきさねひさ》からも義弘に対し、島津勢の筑後出陣を要請する使者が来ている。義久は龍造寺家との和平が成立すれば戦線の拡大を防げると考えたのであろうが、龍造寺家が従属国衆となったことで、否応なしに筑後情勢に巻き込まれることになってしまったのである。

大友勢への撤退要請

一〇月一五日、高瀬で終日重臣談合が開催された。筑後国衆からの大友勢攻撃要請への対応についてである。この日、龍造寺政家・柳川城主龍造寺家晴《いえはる》・鍋島信生《なべしまのぶなり》（のちの直茂《なおしげ》、一五三八～一六一八）が、先非を改めて島津家に奉公する旨の起請文を提出し、改めて大友家を討つよう求める。義弘ら談合衆からは、肥後国衆の向背が定まらないなか筑後に出陣することへの懸念、一〇〇日間に限定しての出陣と決まっていたのに越年することへの懸念、京都＝織田信長の仲介によって成立した「豊薩和平」を太守義久に諮ることなく破棄することへの懸念が出された。出陣前に義久からクギを刺されたことが効いたのか、なしくずし的な筑後出兵には慎重な意見が大勢だったようである。

結論としては、戸次・高橋両氏が率いる豊後陣に対し使僧を派遣し、すみやかな撤兵を促し、撤兵しない場合は島津家への敵対とみなす、つまり大友側から豊薩和平を破ったとみなすと通告することに決した。同月一七日、面高真蓮坊頼俊《おもだかしんれんぼうよりとし》（日向善哉坊《ぜんざいぼう》住持）と金乗坊《きんじょうぼう》を使僧として戸次・高橋両氏に派遣した。この時は、秋月種実の仲介により龍造寺政家と和睦したこと、龍造寺政家は筑後・肥後を島津家に割譲したこと、龍造寺側は大友勢を討伐するよう求めてきたが、豊薩和平は依然有効なので断ったことを伝えるとともに、島津側も八代まで兵を引くので、大友勢も筑後から撤退するよう要請し、撤退しなければ島津家への敵対とみなすと通告している。

ここで重要なのは〝龍造寺家から筑後・肥後両国を割譲された〟と島津側が認識していることである。肥後国衆の多くが既に島津家の従属下に入っているので、肥後割譲は問題ないとしても、筑後が島津領国に入ったということは、大友勢の筑後進攻は島津家への敵対となるのである。島津側の要請に対し、戸次道雪は撤退を約束し現在対陣中の柳川との調停を依頼している。義弘ら島津勢も一〇月末までに八代に撤退した。

豊後進攻論の台頭

天正一二年（一五八四）一二月七日、鹿児島にて重臣談合が開催される。問題となったのは、筑後からの撤退を要請した戸次・高橋両氏率いる大友勢がいまだ在陣しつづけていることであった。

一〇月一五日の高瀬での重臣談合で、筑後の陣所を引き払わない場合、大友家から当方への義絶とみなすとしたのだから、日向口から豊後に攻め入るのが当然であるとの声があがり、意見の一致を見ている。これが豊後進攻論の史料上の初見であり、以後、重臣たちの多くは一貫して豊後進攻論を主張し続けていくことになる。

一二月九日、談合の結果に対し義久の見解が示された。大友勢が筑後駐屯を続けていることについて「高瀬から大友側に説得した際の談合を知らないので、その談合衆の考え次第だが、使僧を再び派遣するべきではないのか、とにかく談合次第である」と述べる（『上井』同日条）。談合次第とその判断を尊重する姿勢を見せながら、豊後進攻論については無視している。その上で、再度大友勢に使僧を派遣して説得するべきとの意向を示しており、穏便な解決を求めている。義久自身は大友家との全面対決など全く考えていなかったことがうかがえ、実際に肥後に出陣した重臣たちとは、対大友家の認識が大きく乖離していた。依然として好戦的な重臣層を抑えるためにも、実際に肥後に出陣した弟義弘への期待が義久のなかに大きくなっていたのであろう。

二、義弘の「名代」就任、次期家督決定

義久の体調不良と後継問題

肥後・島原半島への出陣を決定した天正一二年（一五八四）六月一九日の重臣談合では、

実は条数に記されていない「隠蜜之条」があり、談合衆は口外しないよう起請文を書かされている。恐らくこの時義久は、自らの後継問題と肥後以北での指揮権について重臣たちに諮問したとみられる。この年義久は五二歳。いまだ男子は誕生していなかった。そして、既述のようにたびたび「虫気」に悩まされ、肥後への出陣もたびたび回避していた。肥後で軍事的・外交的判断が出来る指揮官がいないことが島津家全体の課題であり、既述のように九月一日の重臣談合では、「誰か自分が出陣しなくても、しっかり差配してくれるような人物がいればありがたいのだが」と義久自身が率直に吐露している。

この二つの課題を解決すべく白羽の矢が立ったのが、義弘であった。天正一三年（一五八五）二月六日、伊集院忠棟が義弘に対し、内々にこの件について打診したことを松迫知広《まつさこともひろ》氏が明らかにした。この書状で忠棟は次のように記している（『旧記後』二―一一）。

義弘様に「名代」を依頼したいとの義久様のご意向です、義久様は伊作八幡（現在の大汝牟遅《おおなむち》神社）に社参されて鬮を引き、御神慮にかなえば「名代」として義弘様を八代に移封させ、肥後方面全体の見廻り（肥州表惣別之御見廻）を依頼するとのこと。もし鬮が下りなかったとしても、義弘様を八代に移封したい。義久様は六か国全域を鹿児島から差配することは難しいとのお考えであり、そのため八代に移って欲しいとのことです。

天正一〇年に一度義弘の八代移封が決定していたが、田数不足を理由に義弘が拒否した経緯がある。このため、八代移封後も真幸領の一部をそのまま義弘領として残すとの義久の考えも示されており、何としてでも義弘を八代に移して「肥州表惣別之御見廻」を託したいという義久の強い意思を感じる。その理由は、薩摩・大隅・日向・肥後・肥前・筑後の六か国全域を、鹿児島の義久一人で統治することの難しさを義久が痛感しているためと明記されている。この伊集院忠棟の書状に対する義弘の返信は伝わらないが、その直後の重臣談合で義久の意向が協議される。

義弘の「名代」「守護代」就任

天正一三年（一五八五）二月二二日から三月二日にかけて、年頭恒例の重臣談合が開催された。『上井覚兼日記』には義久からの条数を記していないが、これは後継問題というセンシティブな問題を含んでいたからであろう。覚兼はこれを「御家之儀」と記している。前出の伊集院忠棟書状には「名代」とは出てくるものの、家督の問題は出てきていない。しかし重臣談合では義久の後継問題も当然出たはずであり、だからこそ「御家之儀」と記されたのである。

二月二九日、談合衆は老中の島津忠長と奏者の町田久倍・伊地知重秀《しげひで》を義弘のもとに派遣することを決定し、談合衆の総意として「名代」就任を打診するに至る。しかし、義弘はこの打診になかなか応じなかった。義弘が受諾したのは四月一〇日過ぎのことであった。四月一九日、宮崎にいた老中上井覚兼は伊集院忠棟から義弘受諾の連絡を受ける。この時の日記で覚兼は義弘の立場を「守護代」と呼んでいる。また、四月二四日、鹿児島に出仕した覚兼に対し義久から次のように下問があった（『上井』同日条）。

義弘に対し、八代に移り「名代」となって「国家之儀等御裁判」を打診した。数度断られたが、強く要請したので了承した。そこで老中衆や御使衆、地頭衆のなかから八代に召移し、さまざまな役割に当たらせるべきだと思う。これについてどのようにあるべきか、皆に尋ねたい。

「名代」とは「国家之儀等御裁判」にあたることであり、そのためには八代に鹿児島同様の老中・奏者という意思決定・指揮命令伝達の機構が必要との考えが義久にあったようである。つまり、義久と義弘というふたりの最高意思決定者が並立することになったのである。これ以降、義久と義弘は「両殿《りょうとの》」と呼ばれることになる。また、これまで義弘は一門家のひとりとして、談合衆に加わる立場つまり義久から諮問される立場だったのが、義久同様諮問する立場に変わったのであり、談合に参加することは基本的になくなる。この立場の変化に義弘はうまく馴染《なじ》むことが出来たのか。それがこれ以降の義弘の動向を理解するためのカギとなる。

なお、この年六月一六日、上井覚兼は「名代」義弘と起請文を取り交わしている（『旧記後』二―四九・五〇）。覚兼契状の冒頭には「御家督可為御相続之由、決定之上者」とあり、義弘契状の冒頭にも「御当家就相続、永々無変易可有入魂之由」とある。「名代」就任とは、島津奥州家の家督相続者になることを意味すると二人とも認識していたことになる。素直に読むと島津奥州家の家督を相続したかのようにも思えるが、この時点ではあくまでも「名代」である。天正一四年八月二七日、義久が義弘に宛てた起請文案にも「当家名代之儀頼入之辻、至義弥（義弘）聊無別意事」と記している（『旧記後』二―一七七）。

足利義昭・毛利輝元の大友包囲網

天正一三年（一五八五）二月、義弘の名代就任についての重臣談合が開催される直前、中国地方の大名毛利輝元の使僧五戒坊と、毛利家の庇護下にあった将軍足利義昭の使者柳沢元《やなぎさわもと》政《まさ》が鹿児島に到着している。彼らは島津家と龍造寺家の和平成立を祝うための使者であり、天正一二年九月四日付足利義昭御内書、同月一一日付義昭家臣真木島昭光《まきしまあきみつ》・一色昭秀《いっしきあきひで》副状《そえじょう》、同月一二日付小早川隆景《こばやかわたかかげ》（一五三三～九七）・吉川元春《きっかわもとはる》（一五三〇～八六）連署状を持参していた。これらの書状は、義昭の上洛を妨害している大友家を討伐するため、毛利勢が「豊筑境目」すなわち豊前・筑前付近に出陣するので、その際は龍造寺氏と連携して日向に出陣するよう要請するものであった。

さらに下向した柳沢元政は恐らく島津家老中に対し書状を送っている（『旧記後』二―三三）。義昭の「豊州御対治」要請に対し、老中らは「内々御分別」つまり内諾したと返答したようである。柳沢は義久の返答次第では「豊後国だけでなく、九州全域の〝太守〟に任じる旨の将軍御判を作成して宛行うつもりである」と約している。こうした甘言に義久が本気で応じるつもりだったかは不明だが、この書状をやり取りした老中らは「九州太守」という言葉にその気になったのではないだろうか。

一方、天正一三年三月一五日付で毛利家の外交僧安国寺恵瓊《あんこくじえけい》の書状が義久に出されている。恵瓊は畿内を制圧しつつあった羽柴《はしば》秀吉（一五三七?～九八）の命を受け、大友宗麟のもとを訪れていた。羽柴秀吉と毛利輝元の和睦が成立したことを伝えるとともに、秀吉が島津領国内の鷹《たか》を所望していることを伝えている。この時、安国寺恵瓊は大友宗麟から羽柴秀吉への献上品である茶器の「新田肩衝《にったかたつき》」と「似たり茄子《なす》」を受け取り、大坂へと届けている。既にこの時点で大友家は秀吉への接近を図っていた。

そうしたなか、天正一三年七月三日、長年島津家を翻弄《ほんろう》してきた阿蘇大宮司家重臣甲斐宗運が没する。この時期、阿蘇大宮司家の当主は惟光《これみつ》（一五八二～九三）で、わずか四歳であった。阿蘇家を差配していたのは甲斐宗運の子親英《ちかひで》（?～一五八七）であり、親英は大友家に庇護を求めたようである。島津家と手切れして大友家への従属を決めた甲斐親英は、同年八月一〇日頃、島津家の出城花之山城を攻め落とし、守将の鎌田政虎《まさとら》らが討死している。これにより義久のいうところの「請太刀」の状況となり、阿蘇大宮司家討伐の大義名分を得た島津家の軍事行動がはじまり、大友家との衝突も決定的となっていく。

三、大友家・羽柴秀吉への対応をめぐる混乱

肥後出兵と羽柴勢への警戒

天正一三年（一五八五）八月、義久は領国内諸将に対し、来る一三日に肥後に出陣するよう陣触れを出す。あわせて義久は、宮崎の老中上井覚兼に対し、羽柴勢が四国に渡海したという情報に関し、四国制圧後は九州に進攻するとの噂があることから、佐土原の島津家久のもとに地頭衆を集めて対応策を談合するよう命じている。

羽柴秀吉は同年六月、弟秀長《ひでなが》（一五四〇～九一）に命じて四国に進攻し、長宗我部元親《ちょうそかべもとちか》（一五三九～九九）を攻撃する。これには小早川隆景・吉川元春ら毛利勢も加わっており、八月六日、長宗我部元親は羽柴秀長に降伏している。義久はさほどタイムラグなく羽柴勢の動きを摑《つか》んでおり、羽柴勢による四国制圧が間もないことを予想していた。なおこの間、七月

一日、秀吉は従一位関白に就任している。

八月の肥後出陣は一〇日間という短期間の予定であったが、同月一〇日頃に花之山城が落城したことで、総動員での本格的な肥後出陣に切り換えられ、八月二二日には甲斐領への攻撃をおこなうことが通達された。ただ、佐土原の島津家久は、日向山間地域からの情報として、大友家が日向国高知尾《たかちお》（宮崎県西臼杵《にしうすき》郡高千穂《たかちほ》町）の国衆三田井《みたい》氏に対し調略をおこなっており、羽柴秀吉から計策のための軍資金を受け取ったとの怪しげな情報を伝え、日向衆は肥後に出陣すべきではないと主張し、自身は肥後に出陣していない。

義弘の肥後出陣

肥後出陣の総大将は「名代」となったばかりの義弘であった。諸勢が揃い義弘が八代古麓城を出陣したのは、閏《うるう》八月一〇日である。島津勢は、甲斐氏の支城隈庄《くまのしょう》城（熊本市南《みなみ》区城《じょう》南町《なんまち》）の村々を破却し、出撃してきた城兵を撃破してまず勝利を収める。島津勢は次の方針を練りつつ物見などにあたっていたが、想定外の事態が生じる。閏八月一三日、血気にはやる若衆たちが無断で出陣し、甲斐領奥深くの甲佐杵《こうさかこい》（同県上益城《かみましき》郡甲佐《こうさ》町《まち》）に放火して攻略してしまう。もう後戻り出来なくなった上井覚兼・新納忠元らは、伊集院忠棟らと協議して一気に阿蘇領南端の重要拠点である堅志田城を攻略する。甲佐・堅志田の陥落を知った甲斐勢は、翌日居城としていた御船城《みふね》（同県上益城郡御船町《みふねまち》）から退去し、隈庄城も同日、降伏勧告をうけて開城した。矢部《やべ》の浜の館《はまのやかた》（熊本県上益城郡山都町《やまとちょう》）を本拠とする阿蘇惟光も、降伏勧告をうけて閏八月一九日に島津家に帰順するに至った。こうして、出陣からわずか一〇日足らずで阿蘇大宮司家は島津家に降伏し、肥後統一が実現したのである。

義弘は御船城に入り、出陣衆に連日談合を命じて制圧した阿蘇領に対する統治を開始する。御船城内に残された書状から、阿蘇大宮司家が大友家に内通していたことが発覚し、甲斐親英は捕縛の上、八代に幽閉されている。これにより、義弘以下肥後出陣衆は大友側が「豊薩和平」を破ったと認識するに至ったのである。

筑後出兵の矛盾

天正一三年（一五八五）九月六日、御船在番衆は、伊集院久春《ひさはる》・山田有信・猿渡信光《さるわたりのぶみつ》らに肥後国衆勢を付けて筑後に派遣する。その目的は大友勢から攻撃を受けている筑前古処山城《こしょさん》（福岡県朝倉市《あさくら》）の秋月種実を支援するためであり、大友方の国衆蒲池《かまち》鎮運の居城山下城《やました》（同県八女市《やめ》立花町《たちばなまち》）の麓に放火して、大友勢を筑後に引き付けようという作戦であった。

実はこの前日、筑後に居座り続けていた大友勢は龍造寺勢に敗れ、既に筑後川北岸の北野《きたの》（同県久留米市《くるめ》北野町《きたのまち》）に撤退していた。そして、大友勢を率いていた戸次道雪は九月一一日に北野の陣中で没している。

その直後、九月一二日、伊集院久春率いる筑後出陣衆はまず堀切《ほりきり》城（同県みやま市瀬高《せたか》町《まち》）を攻略する。続いて江之浦《えのうら》城（同市高田町《たかたまち》）を包囲すると城衆は開城を約束するが、誰かに寝返ったらしくいまだ開城しないと肥後に連絡してきた。九月一〇日付で柳川の鍋島信生が御船の義弘に書状を送っている。信生は堀切・江之浦両城への攻撃を中止するよう要請し、止めないと「案外之義」＝島津勢との戦闘になると警告している（『上井』九月一八日条）。筑後出陣衆が堀切・江之浦両城を包囲した時点で、既に両城は龍造寺家によって調略されていたのであろう。

既述のように島津側は、筑後は肥後と同様に龍造寺家から島津家に割譲されたと認識しており、義久も「六ヶ国」が自身の分国になったと明言している。今回の筑後出陣は従属国衆となった龍造寺家支援のためでもあり、鍋島信生からの抗議は島津側としてはまったく納得できるものではなく、御船在番衆は九月一九日に反論の書状を出し、堀切城の明け渡しを拒否している。筑後出陣は島津家と龍造寺家の認識の違いを表面化させたのである。

豊後進攻論の再燃

天正一三年（一五八五）の閏八月一三日、大友宗麟から義統宛の書状には、島津家久の日向・豊後境での動きについて詳しく記しており、明日にでも島津勢が宇目《うめ》や佐伯に進攻してくる可能性について言及している。既に宗麟は島津家の豊後進攻が目前に迫っていると認識していた。

宗麟がその動向を注視していた佐土原領主島津家久は、肥後出陣を拒否して阿蘇大宮司家の勢力圏である「山中《やまなか》」とよばれる現在の宮崎県東臼杵郡から西臼杵郡へと進攻していた。家久は高知尾から阿蘇家の本拠矢部を結ぶ街道沿いの三ケ所《さんかしょ》（西臼杵郡五ケ瀬町《ごかせちょう》）を制圧し、閏八月二九日に御船に報告している。さらに九月一〇日には、高知尾の国衆三田井氏が人質を出して降伏してきたことを伝えている。大友家から肥後への援軍が間に合わなかったのは、こうした家久の軍事行動のためであろう。そして、この時の家久の使者は重大な要請をおこなっている。御船に出陣している日向衆をそのまま高知尾に陣替えさせ、「豊州へ御弓箭」つまり豊後進攻を決断するよう義弘らに迫ったのである。

この家久の突然の申し出により、くすぶっていた豊後進攻論が再燃する。家久に対して御船在番老中は「此方御同前候」（こちらも同じ考えです）と賛意を示しながらも、「両殿」＝義久・義弘は神慮次第とお考えだとして結論を留保している。家久の急な派兵要請はかわしつつ、彼ら自身は豊後進攻不可避と考えていたのだろう。

これまで御船にて様々な談合が開催され、筑後出兵など重要政策を決定していたが、これらは「名代」として「国家之儀等御裁判」を任された義弘の諮問によるものであり、鹿児島の義久には諮らずおこなわれていた。しかし、家久の豊後進攻策が提示されたことを受け、九月一一日、鹿児島に使者が派遣され「豊後入之御行《てだて》」について報告している。

これに対し、義久からの使者が御船に到着したのは九月一九日のことである。義久の意向は次のとおりである。

・豊後進攻について、談合をせずに鬮で神慮をはかることは納得出来ない。

・島津家始まって以来、大友家ほどの勢力に合戦を仕掛けることは初めてである。その上、今回は勝利したものの、大友勢本隊は誰一人討っていないではないか。

・大友義統の書状が所々で見つかっており、島津家への敵対は明らかであるが、よくよく談合の上で鬮を引くべきである。

・義弘はもちろんのこと、島津歳久・家久、老中は全員、新納忠元・伊集院久春・山田有信・伊集院久治《ひさはる》（一五三四～一六〇七）・上原尚近・鎌田政近（一五四五～一六〇五）・吉《よし》利忠澄《としただずみ》らを鹿児島に伺候させ、来月八日までに談合するように。

「国家之儀等御裁判」を任されたはずの義弘が主宰した重臣談合の判断を全否定し、あらためて義久主宰の談合開催を求めたのである。義久が大友家との全面抗争に反対の立場をとっていたのは明らかであろう。これにより義弘を含む御船在番衆は、新納忠元ら一部を残して九月末までに撤退していった。

大友家の秀吉への接近と「停戦命令」発布

天正一三年（一五八五）九月二七日、羽柴秀吉は大友義統に書状を送り、名刀「吉光骨喰《よしみつほねばみ》刀《とう》」の献上を賞している。これ以前に大友家は秀吉に対し、島津家の進攻が近づいていることを報《しら》せ、支援を求めたのであろう。これを受けて、同年一〇月二日に出されたのが、島津義久・大友義統双方に対する羽柴秀吉直書である（『島津』三四四、「大友松野文書」）。「惣無事令」とも「停戦命令」とも呼ばれている。この直書で秀吉は、正親町《おおぎまち》天皇の「綸命《りんめい》」によって奥州まで「天下静謐《せいひつ》」となっているにもかかわらず、九州が今も「楯鉾《たてほこ》」すなわち戦闘状態にあることを憂慮する。その上で「国郡境目相論」すなわち大名間の所領紛争は秀吉が裁定するので、まず戦闘を停止するよう命じたのである。ここにいう戦闘とは、島津勢の筑後進攻と肥後制圧を指すのであろう。

尾下成敏《おしたしげとし》氏によると、この命令は毛利輝元にも出されたようである。前述のように、毛利家は庇護していた足利義昭の命と称して大友家包囲網を築き、島津義久に対しても龍造寺家と連携して大友家への軍事的圧力を依頼していた。こうした事情を考慮して、秀吉は島津家と大友家だけでなく毛利家と大友家も和睦させ、九州全域の停戦を図ったとみられる。

この命令を受け、大友義統は一一月一一日付で秀吉に返書を送り、停戦命令を受諾する一方で、島津家が「豊薩和平」を破って義統分国に乱入したので、支援して欲しいと要請したようである。義統としては筑後・肥後は自分の分国という認識なのだろう。島津側からすると、両国は島津の分国であり、大友家が阿蘇大宮司家など肥後国衆を支援していたことで「豊薩和平」は破れたと認識しており、嚙《か》み合うはずがなかった。

豊後進攻の決定

天正一三年（一五八五）一〇月六日から一七日まで、義久の要請により鹿児島にて重臣談合が開催された。条数＝協議事項は次の二つである。

・豊州表御弓箭之事（豊後進攻について）
・羽柴筑州下向之由世上風聞之儀（羽柴秀吉が九州に進攻するとの噂について）

義久がこの二つをあえて同時に協議させた意図は明らかであろう。秀吉が攻めてくる可能性があるのなら、豊後攻めなどせずに迎え撃つ準備をすべきとの考えである。

一〇月一一日、義久の意見が談合衆に示された。神慮は今年の春に確認して肥後表と出たところであり、年内にまた鬮を引くことは納得出来ない。鬮は来春引くべきで、それまでは諸口の計策をやるべきとの考えであった。なんとか豊後進攻決定を先延ばしにしたいという意向がうかがえる。さらに筑後に派遣していた家臣もこの日に帰着し、「戸次道雪の後継者である立花宗茂《たちばなむねしげ》（初名統虎《むねとら》、一五六七〜一六四三）の居城立花山城《たちばなやま》（福岡県福岡市東《ひがし》区）が未《いま》だ落城していないので、それを落とし、筑前国衆の麻生《あそう》氏・宗像《むなかた》氏を従属させた上で豊後に攻め入るべき」との秋月種実の意向を伝えている。ここに来て、豊後ではなく筑前進攻論も浮上してきたのである。

ここで議論の方向性を決めたのは、一〇月一四日に届いた御船在番衆新納忠元からの連絡であった。忠元は大友家重臣で豊後南郡衆の入田宗和《にゅうたそうわ》（義実《よしざね》）の内応を伝えてきたのである。既に入田宗和は大友家の攻撃に備え、居城の緩木《ゆるぎ》城（大分県竹田《たけた》市九重野《くじゅうの》）に立て籠もっているとのことであった。豊後国内の国衆が島津氏を頼って支援を求めてきたとあっては、「自他国之覚」「外聞実儀」を重んじる島津家中がこれを見捨てるはずがなかった。翌一〇月一五日の談合は豊後進攻を決定し、早速肥後口・日州口の衆分けの盛＝陣立てまで協議されている。ここに島津家としての方針は、豊後進攻に決定してしまったのである。ただ、義久の意向も受けて翌天正一四年に鬮を引くことになったようである。

重臣談合の決定を尊重する方針を貫いてきた義久としては、この決定を覆すのは困難であった。さらに、一一月には島津氏の在京代官的役割を担っていた道正庵宗与《どうしょうあんそうよ》が下向してくる。宗与は、羽柴衆九州下向の情報は間違いないものの、島津家と戦うかは少しためらっている。

豊後を先に攻め崩せばとても下向はできないだろうとの見解を示した。これは豊後進攻派を勢いづかせたであろう。

豊後進攻にむけて家中が色めき立つなか、義久は前年に大友家包囲網構築と豊後進攻を求めてきた毛利輝元の意向を再確認する。義久は面高真蓮坊頼俊を使僧として毛利家のもとに派遣する。一二月一三日付の毛利輝元宛書状で義久は、毛利家が豊前・筑前に出兵する方針に変更はないのか確認するとともに、豊薩和平に変更はないが大友側が敵対している。もし錯乱となれば「案外之儀」＝和平破綻《はたん》となるかもしれないと記している。詳細は面高真蓮坊頼俊が述べたであろうが、豊後進攻となった場合、毛利家が約束どおり島津家に同調するのかを確認したかったのであろう。

天正一四年正月の重臣談合

天正一四年（一五八六）正月七日から二三日、年頭恒例の重臣談合が開催される。条数はもちろん「豊後へ御弓箭之御談合専一」（豊後進攻作戦の談合のみ）であった。詳細は不明だが議論は紛糾したようであり、一九日には「御談合遅延」を義久が「笑止」＝困ったことだと督促し、翌二〇日は珍しく「両殿」＝義久・義弘が談合の模様を聴取し、ようやく来る三月に豊後に進攻することを決定する。正月二二日には鹿児島の護摩所にて大乗院盛久《だいじょういんせいきゅう》が、肥後口・日向口どちらから豊後に進攻すべきか鬮を引き、両口から進攻すべしとの結果が出ている。

実はこの年頭恒例の談合がおこなわれる前、恐らく前年一二月には停戦を命じる羽柴秀吉直書が義久のもとに届いていたと見られる。しかし何故か義久は事前に談合衆にこの直書を見せていない。あえて談合最終日の正月二三日にこの直書を談合衆に提示し、協議させている。

しかし、既に豊後進攻を決定し前日に鬮まで引いて神慮をうかがった談合衆が、決定を変えることはなかった。それどころか、羽柴秀吉という「由来無き仁」を関白扱いして返信する必要はないとの意見が大勢を占め、秀吉への直接の返信はせず、副状を書いた細川玄旨《ほそかわげんし》（幽斎《ゆうさい》、一五三四～一六一〇）に対してだけ返書を出すことに決定している。なお、正月一一日付で出された細川玄旨宛義久書状は、豊薩和平はいまだ有効でありいまも交戦に至っていない。にもかかわらず、大友側は日向・肥後の国境で数か所「破郭」している。つまり和平に違反しているのは大友家であるとし、相応の防戦はするつもりではあるが、決して島津側から和平を破るつもりはないと記している。前年一一月に大友義統が秀吉に送った回答とは対照的であり、そもそも「停戦命令」を受けるいわれがないとの認識であった。この書状は奏者である鎌田政広（一五四〇～九三）が持参し、政広は三月中旬に大坂に到着し、秀吉に拝謁している。

毛利家の変心と再度の重臣談合

毛利輝元は天正一四年（一五八六）正月二五日付で義久に書状を記し、義久の使僧面高真蓮坊頼俊に持たせた。輝元は、小早川隆景・吉川元春の長男元長《もとなが》（一五四八～八七）を大坂に派遣し、秀吉から停戦命令を受けたこと、そして京都への「馳走《ちそう》」を島津家に助言するよう命じられたことを伝えている。つまり、毛利家は秀吉に臣従したことを義久に伝えたのであり、義久に対しても秀吉に従うよう勧めたのである。文面には何も書かれていないが、真蓮坊の口から前年の大友家包囲網の件は既にご破算になったことを知ったであろう。

義久は毛利家との大友家包囲網さえ続けば、豊後進攻もその後の秀吉への対応も可能と踏んでいたのであろう。しかしその想定はあっさり崩れ去ったのである。その後の義久の対応は早かった。各外城に帰ったばかりの談合衆を再び鹿児島に召集したのである。

天正一四年二月一九日から二一日、鹿児島にて再度の重臣談合が開催された。今回の談合における義久の諮問事項は具体的であり、出陣を初秋に延期すべきと提案した。これは明らかに豊後進攻＝大友家との前面衝突を回避するための時間稼ぎであろう。最終的に談合衆は出陣を初秋に延期することを了承し、その間に肥後への諸地頭・移衆を差配することを決定している。

豊後進攻の延期が決まってから、急に台頭してきたのが筑前進攻論である。この年、肥後に在番していたのは、筑前の秋月氏や肥前の龍造寺家と島津家の「取次」を担当していた老中伊集院忠棟であった。丸島和洋《まるしまかずひろ》氏が指摘するように、「取次」という存在は戦国大名の利害のために動くのは当然として、取次対象の国衆の安全保障にも責任を負っており、その国衆の利害のためにも動く必要があった。筑前の秋月種実は、前年一〇月の時点で豊後進攻より筑前平定を優先すべきと主張していた。秋月氏にとって最大の脅威は、筑前立花城督の立花宗茂と宝満・岩屋両城督の高橋紹運である。種実が長年龍造寺家と島津家の和睦仲介に奔走したのも、筑前における大友家の脅威を排除するためであった。

恐らく伊集院忠棟は秋月氏の意向を受けて、豊後よりも筑前進攻を優先すべきと判断したのであろう。折良く義久も豊後進攻を回避したいと考えており、しばらくの間、義久と伊集院忠棟は連携して筑前進攻へと家中の意向を変えるべく動いている。

筑前進攻への方針転換

天正一四年（一五八六）三月二二日、肥後在番中の伊集院忠棟は宮崎の上井覚兼に書状を送り、肥前勝尾《かつお》城（佐賀県鳥栖《とす》市牛原町《うしわらまち》）の筑紫広門《つくしひろかど》（一五五六～一六二三）が人質提出を拒否し、大友家に内通していることが発覚したので、来月四・五日に攻撃する。日向衆も出陣するよう要請している。

義久は翌二三日付で「名代」義弘に書状を送った（『旧記後』二―一二九）。内容は、伊集院忠棟からの筑紫広門討伐要請に対し、再度神慮をうかがうべきか、名代としての意見を聴かせて欲しいと記している。「国家之儀等御裁判」を任された義弘への配慮と考えられるが、追而書《おってがき》では筑紫広門攻めに際しては義弘自身の出陣が可能かとも打診しており、事実上筑前進攻論への賛同を求めている。領国を南北に分割して北部九州は義弘に任せたはずが、結局秀吉の介入という想定外の事態に直面し、義久は外交的・軍事的決断に関して義弘を差し置き、主導権を握ろうとしたのである。

義弘がどのように返事したのかは分からないが、四月に入ると日向衆は義弘の指揮下に入り、一一日までに肥後八代に出陣するよう義弘から陣触れが出ている。しかし、日向衆の多くは筑前出陣に消極的であった。既に気持ちは豊後進攻に向かっており、家久は入田氏ら豊後南郡衆の調略に邁進していた。こうした意向を受けて、老中上井覚兼は義弘に対し、日向衆の出陣は少数に留まるとの見解を示し、覚兼自身も痔《じ》の悪化で出陣を回避することを伝えている。島津家中は豊後進攻派と筑前進攻派に分裂しつつあったのであり、「名代」義弘は難しい立場に置かれた。まもなく、義弘は筑前出陣の延期を覚兼に伝えており、談合不足を理由に義弘は待ったをかけたようである。

「国分案」の提示と「名代」義弘の新提案

天正一四年（一五八六）四月五日、大友宗麟は上坂し、大坂城にて秀吉に拝謁する。恐らくここで九州出兵を依頼したのであろう。一方、四月下旬に島津家の使者鎌田政広は大坂を発《た》ち帰国の途に就く。五月下旬に帰国した鎌田がもたらした秀吉の「国分案」は、次のようなものであった。

・肥後半国・豊前半国・筑後を島津家が大友家に割譲する。
・肥前国は毛利輝元領。
・筑前国は秀吉直轄領。
・それ以外の薩摩・大隅・日向・肥後半国・豊前半国は島津氏に安堵。

義久は薩隅日三か国に肥前・肥後・筑後を加えた六か国をみずからの分国と認識しており、それに比べると大幅な削減となる調停案であった。しかも秀吉は、来る七月までに鎌田政広が再度上京して返事するようにと伝え、これを了承しなければ、七月に必ず九州に出陣すると通告している。尾下成敏氏は「天正十四年三月以降の秀吉は、島津氏に国分案および停戦命令受け入れを拒否させ、島津攻めの実施を目論《もくろ》んだ」と推測している。

四月一〇日、秀吉は毛利輝元に「分国置目《おきめ》覚」を提示し、豊前・肥前から人質を取ること、北部九州の拠点城郭に軍勢・兵糧を入れること、そして大友義統と和睦することを命じている。大友家包囲網を解体し、来るべき島津攻めのための準備を命じたものであろう。

このタイミングで義弘は、急遽重臣談合の開催を要請し、五月末に老中・地頭らが鹿児島に召集される。六月六日から八日に開催された重臣談合で義弘から示された協議事項は思いも寄らないものであった。義弘領内の真幸三之山の今宮社《いまみや》（宮崎県小林市堤《つつみ》に所在、現存せず）のご託宣＝お告げがあった。曰《いわ》く「家景中の諸神が豊後入りを待っているのに、遅れているのは残念だ。七月二七日までに豊後に遷座するので、今月中に出陣すべき。八月になるのは良くない」とのこと。義弘は豊後進攻をすぐに談合するよう求めたのである。豊後進攻派にとっては実に都合のいい託宣である。「名代」義弘は筑前進攻に傾く兄義久や老中伊集院忠棟に翻意を迫るべく、今宮社の託宣を利用して早期の豊後進攻を迫ったのである。

談合衆の結論は「神慮」に基づく豊後進攻で決着した。義久もこれまで「神慮」重視を主張してきた以上、これを了承するしかなかった。六月九日、家久が指揮を執る日向口は同月二七日に縣（宮崎県延岡市）に軍勢を集結させること、義弘が指揮を執る肥後口は同月二四日に御船に軍勢を集結させることが決定され、諸将は帰国していった。

義久の「神慮」による逆襲

今度こそ豊後進攻は間違いないと思った日向衆は着々と準備を進めていたが、またもや方針が変わってしまう。六月一三日頃、毛利輝元のもとに派遣されていた使僧面高真蓮坊頼俊が義久のもとに戻ってきた。恐らく真蓮坊は羽柴勢の九州出陣が近づいていることなどを摑み、義久に伝えたであろう。

義久は急遽真蓮坊と日向高城地頭山田有信を霧島社（現在の霧島神宮か）に派遣する。今宮社のご託宣を無効化するため鬮を引かせた。この使者に北部九州情勢を義久に伝えた真蓮坊が加わっているのがミソである。今回決まった出陣と筑紫表の出陣、どちらが良いかを霧島社にたずね、筑紫表との鬮が下りたのである。そういう鬮が下りるようにしたというべきであろう。真蓮坊は飯野の義弘にこの結果を伝え、山田有信はそのまま日向に戻り、日向衆を七月一日までに肥後八代に出陣させるよう、老中上井覚兼に伝えている。

「名代」義弘のご託宣を利用した豊後進攻決定を、義久は霧島社の「神慮」を使って覆したのである。この強引な方針転換に対し、上井覚兼は「あまりに掌《てのひら》返しのような決定でばかばかしいことだと思うが、やむを得ない」と本音を記している。ここまで強引な手法を取ってでも、豊後進攻は何としてでも回避し、筑前進攻を優先する必要があると義久は判断したのである。

筑前進攻と秀吉の九州攻め開始

天正一四年六月二八日、義久は鹿児島を出陣し肥後に向かった。沖田畷の戦い以来の出陣である。七月に肥後八代に到着した義久は、毛利輝元に書状を送っている。その内容は、関白秀吉から輝元に対し島津家への「助言」を命じられたことを「外聞実不過之候」（島津氏にとって名誉なことだ）として、「芸薩《げいさつ》」の親密さは今後も変わることはないと両家の連携を強調している（『旧記後』二―一四八）。筑前に進攻すれば停戦命令違反になってどう転んでも秀吉に大義名分を与えることになるのだが、義久は豊後進攻さえ回避できれば毛利家を通じて釈明できると思っていたのだろう。

豊後への対応のため日向衆が出陣を見送るなか、老中島津忠長・伊集院忠棟らが率いる島津勢は、七月上旬、筑紫広門の居館に迫ったが、広門は肥前勝尾城に籠城し徹底抗戦の構えをとった。城攻め以外に手がなくなった伊集院忠棟は、八代の義久に報告して援軍を要請する。義久は日向衆がいまだ出陣していないことに激怒し、上井覚兼に至急出陣するよう命じた。慌てて覚兼は七月一四日に八代に出頭するが、この後数日間、義久の使者から詰問されている。この時のやり取りは義久が家臣の動向、勤務状況をしっかり摑んでいたことがうかがえて興味深いが、詳細は拙著『島津四兄弟の九州統一戦』に譲る。

七月六日、肥前に進攻した島津勢は同月一〇日に勝尾城を攻略し、筑紫広門を生け捕りにすると、そのまま筑前に進攻する。攻撃目標は、高橋紹運の籠もる岩屋城（同県太宰府《だざいふ》市観《かん》世音寺《ぜおんじ》）であった。

この頃、義弘も八代に出陣しており、義弘の取りなしもあったのか、ようやく覚兼への義久の勘気が解け、覚兼ら日向勢は岩屋城攻めに向かう。

日向衆が加わった島津勢は、七月二六日までに岩屋城の下栫を攻略して完全包囲し、降伏勧告をするものの、高橋紹運はこれを拒否した。なおこの頃、岩屋城に入ろうとした豊臣側からの密使が捕縛されており、「毛利家家臣神田元忠《こうだもとただ》が現在門司関《もじのせき》におり、近日中に京都・中国から援軍が来るので、岩屋城をしっかり守るように」との書状を見つけている。ここでようやく島津勢は、毛利勢が秀吉の先鋒として九州上陸を果たしていることを知るのである。

七月二七日、島津勢は岩屋城に総攻撃を加え、午刻（一二時頃）までに高橋紹運以下城衆を全て討ち取った。しかし、攻め手の島津勢の被害は甚大で、上井覚兼をはじめとする日向衆のほとんどが手負いとなって、筑前からの撤退を余儀なくされている。なお、この岩屋城攻めに義弘は参加していない。一門衆で参戦しているのは、老中の島津忠長くらいである。あえて義弘を投入していないのは、義久なりの高度な政治判断なのかもしれない。

岩屋城を落とした島津勢は、甚大な被害を出した日向勢を撤退させた後も進撃を続けた。

一部は高橋紹運の二男統増《むねます》（のちの立花直次《なおつぐ》）の籠もる宝満城（福岡県太宰府市北谷《きただに》）を包囲して、八月六日に開城させている。同じ頃、島津忠長・伊集院忠棟らは立花宗茂の籠もる立花山城を包囲する。力攻めする程の戦力が残っていなかった島津勢は降伏を勧告するが、宗茂はこれを拒否した。

この頃には、既に秀吉の軍監（「検使」）黒田《くろだ》官兵衛《かんべえ》孝高《よしたか》（一五四六〜一六〇四）・宮木堅甫（宮城《みやぎ》豊盛《とよもり》か）が毛利家のもとに下向しており、毛利輝元らも九州に向けて出陣している。いよいよ九州攻めが始まったのである。立花宗茂は当然この動きを摑んでおり、下城するはずもなかった。八月二四日、立花山城を包囲していた島津勢は、秋月種実ら筑前勢と交替し、肥後へ撤退していった。さらに、同月二七日には捕縛して肥後高瀬に幽閉していたはずの筑紫広門が脱走し、翌日には居城鷹尾城を奪回している。こうして島津勢は何の成果も得ることなく、筑前進攻は失敗に終わった。

四、豊後進攻と豊臣政権との決戦

豊後進攻論の復活

天正一四年（一五八六）八月一一日、義久は岩屋城攻めで顔面に被弾し八代に撤退していた老中上井覚兼を引見している。義久は覚兼に対し、筑前はすぐに平定できるであろうし、その後に直接豊後に進攻すべきなのは分かっている。しかし、日向衆はみな手負いであり矢種も尽きているだろうから、すぐの豊後攻めはいかがなものか。豊後を攻略できても、義弘か家久の豊後移封を検討する必要がある。そして、豊後を制圧してもこれをすぐに安定的に支配できるとは思えないと、吐露している。

義久は筑前平定で軍事行動を停止し、豊後進攻は中止すべきとの考えだったようである。島津家有利の戦況のなかで毛利家に仲介を依頼し、秀吉との和睦交渉に持ち込む腹だったのだろう。手負いの覚兼もこれに同意すると思って本音を語ったのであろうが、覚兼はここでも豊後進攻を強く主張する。曰く、既に豊後南郡の入田・志賀《しが》両氏が島津氏への内応を誓っており、厳冬の時期は出陣できなくなる。今こそ進攻すべきと。

義久の筑前平定・秀吉との和睦戦略は、筑前平定失敗により水泡に帰す。八月二八日、義久は老中本田親貞《ちかさだ》・上井覚兼の二人に次のように相談した（『上井』八月二八日条）。

義弘に家督を譲る件を決定した。しかし、もし疑心があって何事も義久の御前でないと決定し難いと義弘が考えているのならば、いろいろと決定が遅れてしまう。そこで、御誓＝起請文を書いて、家督継承に変更が無いことを伝えたいと内心考えているだが、どうだろうか。

この年六月以降、義久はかなり強引な手法で義弘の「国家之儀等御裁判」を否定して豊後進攻論を封じ込め、筑前進攻を推進した。しかしこれが失敗に終わり、慌てて義弘との関係改善と再度の「国家之儀等御裁判」委任を起請文で誓うことにしたようである。これで筑前進攻論は潰《つい》えて、豊後進攻論へと潮目が変わった。

筑前から帰陣した老中島津忠長・伊集院忠棟、それに急遽八代に参陣した島津歳久・家久も加わり、八月三〇日から九月一〇日にかけて断続的に重臣談合が開催された。協議事項はもちろん大友家および続々と九州に上陸しつつある豊臣勢への対応についてである。談合衆はもはや筑前進攻は無理と判断し、当初の計画通り肥後・日向両口から豊後に進攻すべきと結論づける。龍造寺政家と筑紫広門が一体となって敵対しても、筑後国衆からは人質をとっているので心配はなく、肥後・日向両口から豊後南郡を制圧してしまえば、京勢＝豊臣勢が大友家を支援したとしても心配はいらないという、見通しの甘い楽観論であった。

この結果に対し義久は、筑前出陣衆が筑紫広門をすぐに処刑せず、まんまと逃げられたことを非難して不機嫌になり、自分には判断できないので義弘と談合せよと承認を拒否している。やむなく談合衆は九月二日に義弘に相談する。義弘も筑前進攻は無理と判断し、豊後南郡への出陣が妥当ではあるが、もう一度鬮を引いてダメなら肥後支配に専念すべきとの見解を示した。重臣たちの豊後進攻への強い思いを理解しつつも、豊後進攻だけは避けたい兄義久の意向も無視しがたいという、板挟みにあった義弘の苦悩がうかがえる。

　これを受け、談合衆は再度義久に判断を仰ぐが、義久は再び承認を拒否する。曰く、筑前への出兵と鬮が下りたのでそうしたのに、それが成就しないうちに方針変更とは皆が油断した結果である。再度の鬮は不要であるが、先日から談合次第といっている。よくよく評定するようにと、再度の談合を求めるばかりで結論を先延ばししようとした。

　結局九月七日、談合衆は再度霧島山で鬮を引くことに決する。もはや駄々っ子のような義久の承認拒否・決断引き延ばしは通用しなかった。九月八日、義久は鬮に基づく豊後出陣を承認し、同月一一日に鹿児島へと帰陣していった。

豊後進攻の開始

　天正一四年九月二七日、義久は久しぶりに使者を大坂に派遣する。使者はのちに家臣となる長寿院盛淳《ちょうじゅいんせいじゅん》（一五四八～一六〇〇）と是枝大膳坊快順《これえだだいぜんぼうかいじゅん》で、関白豊臣秀吉宛、その弟秀長宛、さらに秀吉側近の石田三成《いしだみつなり》（一五六〇～一六〇〇）と施薬院全宗《せやくいんぜんそう》（徳運軒《とくうんけん》、一五二六～一六〇〇）宛の四通の義久書状を携えていた。

　秀吉と秀長に対しては、夏以来「肥筑境凶徒」の妨害により返信が遅くなったと釈明し、「関白殿御下知」すなわち停戦命令は肥筑以外では「違乱」していないと苦しい弁明をしている（『旧記後』二―一八四・一八八）。石田三成にはより詳しく、鎌田政広が病気となったため返事が遅くなったと釈明し、三成の「諸篇御指南《しょへん》」（色々なご指導）を依頼した。筑前出陣については「表裏之者」（裏切者）が増長しているので、京都への忠勤のためと領内の悪党を懲らしめるため戦ったのであり、京都や隣国＝大友家を緩疎に扱ったのではないとする。その上で、四国・中国勢が九州に出陣したことについて納得できないとし、「邪正御糾明」を懇願している（『島津』三―一四三七）。

義久は重臣談合の決定と「名代」義弘の支持もあって豊後進攻を認めざるを得なかったが、八月一一日に上井覚兼に語ったように、豊後進攻がうまく行くとは全く考えていなかった。失敗することを前提に着地点を求めて布石を打っていたようである。

一〇月一四日、義久は鹿児島を出陣し、日向国塩見城（宮崎県日向市塩見《しおみ》）を本陣とする。同月一八日頃、島津家久率いる日向口進攻軍は梓峠《あずさ》を越えて豊後国三重《みえ》（大分県豊後《ぶんご》大野《おおの》市三重町《みえまち》）に進攻した。義弘率いる肥後口進攻軍も、一〇月二一日に阿蘇南郷野尻《なんごうのじり》（熊本県阿《あ》蘇《そ》郡高森町《たかもりまち》）から豊後に進攻する。

日向口進攻軍はこの後破竹の快進撃を続け、一〇月末には大友宗麟が籠もる臼杵《うすき》城（大分県臼杵市）に迫り、一一月一五日には大野川《おおのがわ》（戸次《へつぎ》川）沿いの要衝鶴賀《つるが》城（大分市上戸次《かみへつぎ》）を包囲している。なお、豊臣勢の先鋒となった仙石秀久《せんごくひでひさ》・長宗我部元親ら四国勢は、一〇月始めには豊後に上陸している。一一月二三日、秀吉は仙石秀久に書状を送り、自身が九州に出馬するまで四、五十日間、手堅く陣取りして守りに徹するよう厳命している。島津勢を長期間豊後に留まらせ、秀吉率いる主力で一気に殲滅《せんめつ》しようという作戦であった。同月一八日に臼杵城籠城中の大友宗麟に宛てた書状では、来春つまり天正一五年（一五八七）二月頃の出陣と伝えている。

しかし、仙石秀久は家久勢に包囲された鶴賀城を見捨てることができず、一二月一一日、長宗我部元親・信親《のぶちか》父子、大友義統らを率いて鶴賀城近くの戸次川左岸に出陣してしまう。翌一二月一二日、四国勢は戸次川を渡河して島津勢を襲撃するが、家久勢に撃退されてしまった。いわゆる「戸次川の戦い」である。この戦いで長宗我部元親の長男信親（一五六五〜八六）、十河存保《そごうまさやす》（一五五四〜八六）ら七百余人が討死し、豊臣勢は撤退していった。翌日家久は大友氏の本拠である豊後府内（大分市）を占拠する。

義弘のスランプ

一方、義弘率いる肥後口進攻軍は苦戦を強いられていた。その原因は岡城《おか》（大分県竹田市）にあった。肥後と境を接する豊後国直入《なおいり》郡を本拠としていたのが北志賀・南志賀の両氏である。島津氏は入田宗和を通じて北志賀の道輝《どうき》（親守《ちかもり》）・道益《どうえき》（親度《ちかのり》）父子を調略ずみであり、その協力もあって志賀道雲《どううん》（鑑隆《あきたか》）の白仁城《しらに》（南山城《なんざん》、同市久住町白丹《くじゅうまちしらに》）をはじめ豊後南郡の諸城を次々と下していった。しかし、志賀道益の養子親次《ちかつぐ》（初名親善《ちかよし》、?～一六六〇）はキリシタンであったことから、父に背いて居城である岡城に籠城し、島津勢を迎え撃ったのである。島津勢は名将新納忠元らが一〇月二〇日から攻撃を繰り返したが、攻略することは出来なかった。逆に一一月頃からは、岡城からのゲリラ攻撃に島津勢は苦しめられていた。このため義弘は進撃することが出来なくなったのである。

一〇月以降、毛利勢の攻撃を受けていた筑前の秋月種実は、後詰めのため筑前の南側に位置する豊後国玖珠郡まで出陣するよう義弘に求めてきた。このため、義弘は朽網《くたみ》（竹田市久住町仏原《ぶつばる》）に陣替えし、新納忠元らを玖珠《くす》郡に派遣している。一一月頃のことであろう。

一二月二八日、義弘は家久が制圧した府内に移動しようとしたが、岡城の志賀親次の攻撃を受け、入田・志賀両氏から南郡制圧を懇願される。やむなく義弘はそのまま朽網で越年したようである。そして、府内から家久を朽網に呼び寄せ、義弘は玖珠郡攻略の拠点である野上《のがみ》城（大分県玖珠《くす》郡九重町野上《ここのえまち》）に出陣している。しかし、毛利勢に居城古処山城を包囲された秋月種実は一二月中に降伏した。豊後制圧にもたついている隙に筑前・豊前両国は豊臣勢によって制圧されたのである。

この間の事情は、天正一五年（一五八七）二月七日、義久近くにいたと見られる元老中の喜入季久《すえひさ》（一五三二～八八）宛義弘書状に細かく記されている（『旧記後』二―一三三）。これによると、秋月種実から出陣要請があった際は、「談合衆に相談したところ、神慮を問うべきだと皆が言うので霧島社で鬮を引き、玖珠郡を攻めるべきと出たので朽網に陣替えした」とある。年明けに府内に移ろうとしたところ、野上からは出陣を求められ朽網からは残留を求められて困惑したので、「談合衆に相談したところ、またまた鬮を引くべきと皆が申すので、霧島社に神慮を問うたところ野上出陣との鬮が出た」という。判断に迷った時、義弘は自分で決断するのではなく、一々談合衆に協議させ、その判断で霧島社の鬮を引いて軍事行動を決めていたのである。これではとても迅速な軍事行動は覚束《おぼつか》ない。三州統一戦のころの血気にはやる猪武者振りは全く影を潜め、「名代」という立場に固執する余り〝自縄自縛〟に陥っていたのである。この時期義弘は武将としては最大のスランプに陥っていた。

こうした神慮に基づくたびたびの陣替えについて、兄義久は義弘の勝手気ままな陣替えで進攻軍が混乱していると憂慮していたようである。この書状は義弘が陣替えの理由を説明し、決して「私曲」つまり個人の利害で判断したことではないと釈明するために記したものである。

義弘の要請により府内から朽網の守備にまで駆り出された家久も、義弘に不満を抱いていた。正月一〇日頃、家久は義弟樺山忠助《ただすけ》を呼び出し、「義弘様は手柄＝軍功がはかばかしくないので、自分と争っているようだ。それは総大将の振る舞いとしてふさわしくなく、島津勢にとって悪いことだ」と語ったという（『樺山紹劔《しょうけん》自記』）。

戸次川の戦いで大勝利をあげた弟家久と違い、岡城を落とせず談合衆の意見による神慮に振り回され右往左往する義弘を、家久は自分に嫉妬《しっと》していると感じていたようである。兄義久からも弟家久からも非難を浴び、義弘は進退窮まっていた。

和睦交渉と豊後からの撤退

天正一四年（一五八六）一二月四日、備後鞆の浦の足利義昭は、義久・義弘・家久・伊集院忠棟宛の書状を側近一色昭秀に持たせ、秀吉との和睦仲介を申し出る。

こうした動きに応じてか、天正一五年正月一九日、義久は豊臣秀長と石田三成に弁明の書状を送っている（『旧記後』二―二三〇・二三一）。「仙石秀久・長宗我部元親が豊後に出陣したと聞いた際『関白殿が出陣を命じても、島津家から京都に対して疎略に思ったことは全くありません。いかなるご遺恨があるというのでしょうか。軍事討伐はおやめください』と申し上げたのですが、ご納得なく攻めかかって来たので、一戦交えて勝ってしまいました。思いもしなかったことです」と記している。「こちら側に反抗の意図がない証《あかし》に、府内の『京都・四国之士卒』のため、弟家久は大船三・四艘ほどを用意して帰国させました」と主張している。これは秀吉への降伏の意思というより、この期に及んでまだ自分は「停戦命令」に違反していないと弁明・釈明しているのである。戸次川の戦いの大勝により、ある程度対等の立場で講和に持ち込めると義久は踏んでいたのかもしれないが、これで豊臣軍の進軍が止まるはずもなかった。

この義久書状を受け二月二六日、足利義昭は「秀長存分」＝秀長の考えを詳しく一色昭秀に申し含めて、今度は豊後在陣中の義弘のもとに派遣している。義昭が豊臣秀長と島津家の間に入って、事実上の和睦交渉をおこなっていたのであろう。

三月に入ると義弘は府内に入って、家久と善後策を協議する。そうしたなか、三月一五日、義昭が派遣した一色昭秀と、恐らく秀長が派遣したであろう高野山《こうやさん》の木食応其《もくじきおうご》が府内に到着し、義弘・家久に降伏勧告をしたとみられる。その日の夕方、義弘・家久は豊後からの撤退を決断する。三月一日に豊臣秀長が下関《しものせき》（山口県下関市）に着陣しており、同月二五日には秀吉率いる本隊も下関に到達している。豊臣勢本隊を豊後で迎え撃つ不利を悟り、本隊到着前の撤退を決断したのであろう。

島津勢は肥後方面と日向方面の二手に分かれて撤退を開始する。大友勢や地下人《じげにん》達の反撃を受け、有力武将が次々と討たれるなか、義弘・家久は三月一八日前後に日向に退却し、歳久・征久らは三月二五日頃、肥後まで退却している。三月二〇日、義弘は日向都於郡城に入り、義久と対面したという。どのような会話が交わされたのかは不明である。

根白坂の戦いでの敗戦

天正一五年（一五八七）四月三日、義久は足利義昭家臣真木島昭光に書状を送り、二月四日付義昭御内書を三月五日に受け取ったこと、義昭の提案を受け秀吉との和睦を受諾する旨を伝えている。実際に書状を受け取ってから受諾まで一か月もかかっており、恐らく義弘や老中ら重臣との協議が難航したのであろう。しかし、後述のように直後に島津勢は豊臣勢に決戦を挑んでおり、和睦受諾は義久の独断であった可能性が高い。

四月六日、豊臣秀長率いる十万余の大軍が日向国に進攻し、まもなく山田有信の籠もる新納院高城（宮崎県児湯郡木城町）を包囲する。秀長勢は、秀長家臣のほか毛利輝元・小早川隆景・吉川元長ら毛利勢、黒田孝高・蜂須賀家政《はちすかいえまさ》・尾藤知宣《びとうとものぶ》、宮部継潤《みやべけいじゅん》ら因幡《いなば》・伯耆《ほうき》勢によって構成されており、高城と財部城（同郡高鍋町）との間に五一か所の陣所を築き、高城を完全包囲すると共に島津勢の襲撃に備えた。

その直後の四月一二日、足利義昭・羽柴秀長の使者木食応其・一色昭秀が都於郡に到着し、義久に降伏勧告をしたとみられ、義久はこれに応じたとする史料もある。これまでの流れから推測するに義久は一刻も早い講和を望んだであろう。一方、義弘は豊臣本隊との決戦をすることなく講和することに抵抗し、豊臣勢に戦いを挑むことになる。

四月一七日、義弘率いる島津勢二万は、高城から小丸川を挟んで南側に位置する根白坂（同郡木城町椎木）に布陣する南条元続《なんじょうもとつぐ》ら因幡・伯耆勢の陣に夜襲をかけた。宮部継潤・黒田孝高ら一万五〇〇〇がこれを迎え撃って激戦となり、秀長陣からも藤堂高虎《とうどうたかとら》らが援軍に駆けつけた。島津勢は根白坂の陣を落とすことすら出来ず、島津歳久の養子忠隣《ただちか》（一五六九〜八七）をはじめとして三百余人が討死して撤退していった。島津勢の組織的抵抗はこれが最後となる。

島津義久の降伏

ここに至り、島津家久と老中伊集院忠棟は義久・義弘に降伏を上申したという。四月二二日、伊集院忠棟は秀長勢の先手陣所に入り、島津義久の赦免を願い出て、高城・財部両城を明け渡した。もちろん義久の意向を受けてのことであろう。義久はこの時点で降伏の意思を明確にしたのである。

一方、島津歳久らは肥後に撤退したが、三月末ごろから肥後国衆の多くが豊臣側に寝返り、島津勢は多くの犠牲を出しつつ薩摩へと撤退していった。四月上旬に肥後国に進軍した豊臣秀吉は、薩摩出水の島津薩州家忠永《ただなが》（のちの忠辰《ただとき》）の寝返りもあって、四月二五日には同国川内泰平寺《せんだいたいへいじ》（鹿児島県薩摩《さつま》川内《せんだい》市）まで進撃している。日向から鹿児島に戻った義久は出家して恭順の意思を示し、五月八日、川内泰平寺にて秀吉に拝謁。正式に降伏した。ただ、当主義久は降伏したものの、義弘以下多くの一門・家臣はいまだ抵抗を続けており、しばらくの間九州南部の混乱は続くことになる。

第二部

豊臣政権との関係

――義久・義弘兄弟の反目――

第一章　降伏直後の島津領国―混乱と領国経営破綻―

義久・義弘・家久の降伏と「国分」

天正一五年（一五八七）四月の段階で太守島津義久は、足利義昭の仲介により豊臣秀吉と和睦《わぼく》するつもりであったが、名代義弘らの抗戦論に押し切られて根白坂《ねじろざか》の戦いに突入し、大敗を喫した。鹿児島に撤退した義久は出家した上で、五月八日に川内泰平寺《せんだいたいへいじ》で秀吉に見参し、三女亀寿《かめじゅ》（一五七一～一六三〇）を人質に出して降伏する。義久五五歳、義弘五三歳のことである。翌月以降、義久は「龍伯《りゅうはく》」と名乗り、書状にもこのように署名しているが、本書では便宜上義久で統一する。老中ら重臣も義久に合わせて出家し、伊集院忠棟《いじゅういんただむね》が「幸侃《こうかん》」、本《ほん》田親貞《だちかさだ》が「三省《さんせい》」、伊集院久治《ひさはる》が「抱節《ほうせつ》」。山田有信《やまだありのぶ》が「理安《りあん》」などと号するが、彼らも実名のままとする。

義久見参・降伏翌日の五月九日、豊臣秀吉は義久を赦免し、薩摩一国のみを安堵《あんど》した。残る大隅・日向両国がどうなるのか、しばらくの間流動的な状況が続く。これがはっきりしない以上、両国を本拠とするものたちは抵抗姿勢を崩すわけにはいかなかった。

義久降伏前日の五月七日、本拠である日向国飯野《いいの》城（宮崎県えびの市原田《はらだ》）に戻っていた義弘は老中本田親貞に書状を送り、自身と祁答院《けどういん》（鹿児島県薩摩郡さつま町）の歳久はしっかり籠城《ろうじょう》して豊臣勢を防ぐ覚悟であることを伝え、祁答院への援軍派遣を要請している。このなかで義弘は「此度日州於御安堵宮崎之事、霧島《きりしま》へ可為御拝進由、御立願可目出候、さては高原《たかはる》之儀も同前ニ可有御寄付、御祈念肝要候」と記している（『旧記後』二―二九二）。この時点で豊臣政権と和睦交渉がおこなわれていることを義弘も知っており、義久は日向一国が安堵されれば、宮崎を霧島社に寄進する旨願文を出していたようである。義弘も高原を寄付する意向を示し、祈念の重要性を説いている。まだ軍事抵抗を続ければ、日向国安堵など有利な条件で和睦に持ち込めると考えていたのであろうが、義久は翌日あっさり秀吉に降伏してしまう。

それでも義弘は飯野籠城の姿勢を崩さなかった。義久が降伏する一方で義弘が抵抗姿勢を示すことで、豊臣側からより好条件を引き出そうとしたとも考えられるが、この段階で島津家中の統制が取れていたとは思えない。義久の降伏は先に降伏していた伊集院忠棟との連携はあったかもしれないが、義弘は了承していなかったのではないか。

義久の降伏をうけて、秀吉は「国分《くにわけ》」すなわち新たな大名・領主配置を構想しはじめる。

五月一三日、秀吉は日向口に進攻した弟秀長《ひでなが》に書状を送り、国分案を示している。

・日向国を大友宗麟《おおともそうりん》に与え、この内大隅寄りの一城・一郡を伊東祐兵《いとうすけたか》（一五五九〜一六〇〇、島津家に追放された伊東義祐《よしすけ》二男）に与え宗麟の与力とする。

・大隅国は嫡男信親《のぶちか》を失った長宗我部《ちょうそかべ》元親《もとちか》に加増分として与える。

・伊集院忠棟は義久を助けるべく秀長陣に降伏したことを「敵ながら義理がたく頼もしい者」だとして取り立て、大隅国内の薩摩寄りの一郡を与える。

日向・大隅両国は完全に島津家から召し上げられ、既に降伏していた伊集院忠棟のみが取り立てられて、直接一郡を与えられることが決定していた。秀吉が帰順した大名家の重臣を一本釣りし、直接知行地を与えることで統制しようとしたことはよくあるケースで、九州平定では大友宗麟の重臣立花宗茂《たちばなむねしげ》が筑後《ちくご》国内の四郡を与えられ、豊臣大名となっている。

この間義弘は、日向国を徐々に南下しつつあった豊臣秀長の家臣福智長通《ふくちながみち》・桑山重晴《くわやましげはる》らから二男久保《ひさやす》（一五七三〜九三、長男は早世）を人質に出して降伏するよう説得を受け、五月一九日、野尻《のじり》（宮崎県小林《こばやし》市野尻町）に布陣していた秀長に見参し、降伏する。秀吉も川内を発《た》ち、川内川沿いに北上する。途中、島津歳久《としひさ》の居城である「祁答院之城」（虎居《とらい》城、鹿児島県薩摩郡さつま町宮之城屋《みやのじょうや》地《ち》）に立ち寄ろうとしたが、歳久から断られ秀吉は迂回《うかい》している。これが後年、歳久が秀吉の命により討伐される遠因となった。

五月二二日、秀吉は鶴田《つるだ》（同町鶴田）に至り、ここに義弘は出頭し、秀吉に見参する。その直後の五月二五日、秀吉は義弘に対し「新恩地」として大隅国を宛行《あてが》い、肝付《きもつき》一郡を伊集院忠棟領とする朱印状を下した。さらに同日付で、秀吉は義弘が人質として差し出した二男久保に対し、「日向国真幸院《まさきいん》付一郡」を宛行う旨の朱印状を下している。ここにようやく、薩摩国に加えて大隅国が島津領として残り、日向国も一郡を確保したのである。

後述のように「真幸院付一郡」が具体的にどこを指すのかが問題となるが、少なくとも島津家久《いえひさ》が領する佐土原《さどわら》は当時那珂《なか》郡に属しており、これが含まれないのは確かだった。五月二六日、秀吉が義弘に宛てた覚書によると、「家久は人質を出し居城を明け渡し、秀長にお供して上方《かみがた》に移って相応の知行地をもらって奉公したい」との意向を示していたという（『島津』三七九）。秀吉はこうした姿勢を「神妙」とし、佐土原城付きの知行地を返す意向を伝えている。

こうした家久上京の噂に対し、同日義久は家久に書状を送り、「無心元存候、是非以不被背公界《くがい》様、能々分別肝要候」（心配しております。是非とも「公界」に背かないよう、よくよく考えての判断が大事です）とクギを刺している（『旧記後』二―三三八）。この「公界」をどう解釈するかで意味が違ってくるが、桐野《きりの》作人《さくじん》氏は公界を「島津家中」と解釈して、家久の豊臣大名化を懸念していたとする。島津領の範囲がはっきりしない日向国においては、既得権益を確保すべく島津家中の諸将が独自に政権側と交渉していたのであり、義久が求心力を維持すべく苦慮していたのは事実であろう。結局、秀吉の意向どおり、五月二七日、豊臣秀長は家久に対し「佐土原城　并《ならびに》本知」を「返付」すなわち安堵している。ただ、この時安堵された所領には本来家久領ではなかった都於郡《とのこおり》（宮崎県西都《さいと》市）なども含まれており、実質的には加増のうえ独立した豊臣大名となったのである。

前出の秀長の野尻への進軍には島津家久も同行していた。しかし、家久は野尻で秀長と食事を同席した際に重病となり、急遽《きゅうきょ》佐土原に戻ったが、六月五日に急死する。家譜類は秀長に「鴆毒《ちんどく》」（猛毒）を盛られて毒殺されたとする。本当に毒殺なのか、毒殺なら誰の仕業なのか、真相は不明である。

日向「国分」をめぐる交渉

豊臣秀吉は六月七日に博多《はかた》に戻ると、七月初頭まで滞在して、九州全域の「国分」や博多復興を指示し、七月一四日に大坂に戻っている。日向国内の「真幸院付一郡」がどの範囲なのか、伊東領がどの範囲なのかといった細かな「国分」は豊前国小倉《ぶぜんのくにこくら》（福岡県北九州《きたきゅうしゅう》市）に残った豊臣秀長に任され、現地では秀長家臣の福智長通が秀長の「名代」・「蔵入地代官《くらいりちだいかん》」として調整に当たった。

七月三日、秀吉は降伏した秋月種実《あきづきたねざね》の長男種長《たねなが》（一五六七〜一六一四）に「日向国高鍋《たかなべ》城」とその周辺の「明所分」を宛行い、その「知行方目録」＝具体的な知行地の一覧は秀長から受け取るよう命じている（『秀吉』三―二二六一）。同月五日、秀長が北郷時久《ほんごうときひさ》に宛てた書状には、日向国内に秋月・高橋両氏が移封になることと、もし「境目以下申事」があるなら聞き届ける旨伝えている。七月までに日向国内には、島津久保、家久の遺児豊久《とよひさ》（初名忠《ただ》豊《とよ》、一五七〇〜一六〇〇）のほかに、伊東祐兵・秋月種長・高橋元種《たかはしもとたね》（秋月種長実弟、高橋鑑《あき》種《たね》養子、一五七一〜一六一四）が配置されることは確定していたのであるが、その支配領域確定作業が豊臣秀長とその重臣福智長通に任されたのである。

その頃日向国内には、依然として人質を出さずに抵抗姿勢を続ける庄内《しょうない》都城《みやこのじょう》の北郷時久・忠虎《ただとら》、飫肥《おび》城の上原尚近《うえはらなおちか》ら島津氏御一家や島津家中がおり、依然として混乱が続いていた。こうした抵抗勢力を説得して人質を取るべく、石田三成《いしだみつなり》や細川幽斎《ほそかわゆうさい》、安国寺《あんこくじ》恵《え》瓊《けい》らが日向・大隅で活動している。こうした豊臣政権の吏僚に対して、義久そして日向を本拠とする島津家中はみずからに有利な裁定を引き出すべく、様々な工作をおこなっていた。六月一一日、義久は豊臣政権側の吏僚の誰かに条書を送り、金子すなわち成功報酬をちらつかせ、既に秀吉から朱印状をもらっている島津久保・家久後継（豊久）・伊東祐兵の所領を除く日向国全域が島津領となるよう働きかけている（『旧記後』二―三四三）。

義久自らこうした工作をおこなっており、それは現地の重臣達も同様であった。六月一三日、安国寺恵瓊は宮崎地頭の上井《うわい》覚兼《かくけん》に書状を送り、宮崎の安堵については福智長通に交渉するよう伝え、「広い所領なので、礼儀を特にお考えになるべき」と、多額の賄賂《わいろ》を用意するようアドバイスしている（『旧記後』二―三四五）。恵瓊がこう述べるということは、賄賂と交渉次第ではなんとかなる余地があったのだろう。

六月一五日、義久は、秀吉の命により老中伊集院忠棟・本田親貞・町田《まちだ》久倍《ひさます》らとともに、石田三成に伴われ上洛《じょうらく》することになり、鹿児島を出発した。福智長通らへの工作は、「真幸院付一郡」を宛行われた島津久保の父で、飯野に残った義弘に託されたのである。その前日の六月一四日、安国寺恵瓊は義弘に対して「真幸院付郡諸県之事」については、日州土持《つちもち》（現在の宮崎県延岡《のべおか》市）に残留している福智長通と交渉するよう伝えている。義弘は、真幸院は諸県郡に付随しており、諸県郡全域を島津領として認めるよう求めていたのであろう。

同じ頃、飫肥（同県日南《にちなん》市）・志布志《しぶし》（鹿児島県志布志市）・大崎（同県曽於《そお》郡大崎町《おおさきちょう》）でも島津家中が籠城したまま訴状を福智長通に送り、島津領として安堵するよう求めて抵抗を続けていたようである。七月一九日、福智長通は義弘に対し、こうした訴えは秀長に取り次げないとした上で、「真幸郡御給之事之条、諸県之儀毛頭同心不被申候」と、久保に宛行われたのはあくまでも「真幸郡」であって、それを諸県郡全域に拡大解釈することは出来ないと回答している（『旧記後』二―三六六）。しかし、義弘らはその後も工作を続けたようであり、真幸郡（院）＝諸県郡であるとの説明を義弘側近有川貞真《ありかわさだざね》・老中伊集院忠棟から受けた福智は、九月一四日、豊臣秀長にこの旨を伝え秀吉に判断を求めることになったと、義弘に回答している。

翌天正一六年（一五八八）二月一一日、秀吉は義弘に対し、「日州知行分出入」については義弘が上洛した際に判断すると伝えており、同時に義弘と伊集院忠棟に上洛が命じられた。この間、各外城《とじょう》に籠城した島津家中の地頭はなかなか下城せず、飫肥城の上原尚近に至っては同年閏《うるう》五月の時点でもまだ頑強に抵抗しており、飫肥城を居城とする予定の伊東祐兵を困らせている。天正一五年夏以降に勃発した肥後国衆一揆《ひごくにしゅういっき》が同年末まで長期化したこともあり、義弘はようやく天正一六年四月末に飯野を出立し、閏五月二三日、和泉国堺《いずみのくにさかい》（大阪府堺市）に到着した。

豊臣政権側は義弘に対し、「真幸院付一郡」が諸県郡全域を示す証拠を示すよう求めており、六月四日、義弘が国元に残した三男忠恒《ただつね》（のちの家久《いえひさ》、一五七六～一六三八）に宛てた書状には、「日向図田帳本」が国元から届かないため「笑止」＝困っていると述べ、至急届けるよう国元の重臣上井里兼《さとかね》（覚兼甥《おい》、一五六六～一六三二）への指示を命じている。「日向国図田帳」とは建久《けんきゅう》八年（一一九七）六月に鎌倉《かまくら》幕府の命により当時の国衙《こくが》在庁によって作成された日向国内の寺社・国衙領の田数・領主の名を記したものであり、国宝「島津家文書」にその写が残されている（『島津』一六五）。確かに「真幸院三百二十丁、右同郡内《(諸県郡)》」とあり、真幸院が諸県郡に含まれることの証拠にはなろう。

家臣達の奔走もあってか、七月末までに「真幸院付一郡」が諸県郡であることが認められたようであり、ようやく日向国内各大名の領域が確定する。天正一六年八月四日から五日にかけて、日向国内各大名に対し領知宛行状《あてがい》と知行方目録が発給されている。「於日向国諸県郡知行方、千四百四町」は、結局島津久保ではなく父義弘に対して宛行われている（『島津』三八二・三八三）。

なお、諸県郡全域が義弘領となったのではない。義弘宛の知行方目録には、北郷忠虎領の庄内（都城盆地）が含まれていない。天正一五年六月一一日付島津義久条書には「自分の家来がもし日向国で秀吉から直接知行地を与えられたとしても、それは拙者に与えられたものだと考えます」とある（『旧記後』二―三四三）。現存していないが、人質を出した時点で、有力御一家である北郷氏や島津薩州家、大隅清水《きよみず》の島津以久《もちひさ》（征久《ゆきひさ》、一五五〇～一六一〇）は、伊集院忠棟とともに秀吉から直接、領知宛行状を給付されたとみられる。

また、諸県郡東端の現在の宮崎県東諸県《ひがしもろかた》郡国富町《くにとみちょう》の一部や宮崎市に含まれる吉野《よしの》・堤《つつみ》内《うち》・金崎《かねざき》などが高橋領や秋月領に組み入れられた。これらは義弘の本拠真幸院から島津豊久領の佐土原・都於郡への街道沿いであり、両者の連携を妨げる狙いがあったのかもしれない。

家中の抵抗と領国内の混乱

天正一五年（一五八七）六月から同一六年七月にかけて一年以上、日向国内の「国分」＝支配領域確定作業がおこなわれた。この間、日向国内の島津家中・島津氏御一家は籠城を続け、みずからに有利な「国分」となるよう豊臣秀長側に工作を続けた。「真幸院付一郡」が文字どおり真幸院（宮崎県えびの市・小林市）に限定された場合、「日州両院」とよばれる日向国宮崎郡・那珂郡一帯は召し上げとなり、この地域に地頭や衆中として配置されていた島津家中は、居所と所領を失うことになる。島津家への忠義というよりみずからの生存権をかけて抵抗姿勢を見せたのである。

彼らのうち、島津本宗家から独立した領主である御一家北郷氏に対しては、豊臣側も一定の配慮をみせており、秀吉は人質のほか実子を一人出すことで本領安堵を約束している（『旧記後』二—三三四）。北郷時久は三男三久《みつひさ》（忠虎異母弟、一五七三〜一六二〇）と四男忠頼《ただより》を人質として出しており、翌年八月までに安堵の秀吉朱印状を獲得したとみられる。

北郷氏と異なり島津家中に属するものはより必死であった。天正一五年七月二一日、福智長通は島津義弘に対し、諸県郡を拝領したと称して都於郡も諸県郡内だと主張していることや、飫肥・志布志・大崎が抵抗していることを強く非難している。いまだ「真幸院付一郡」が確定しないなか、実効支配を続けようとしたのである。

特に上原尚近の抵抗は頑強であった。天正一六年四月二五日、飫肥城に入城予定の伊東祐兵は義弘に書状を送って上原に下城を命じるよう求め、従わない場合豊臣政権に通報すると通告している。京都にいた義久は石田三成・細川幽斎から責められ、閏五月一一日、義久は上原に直接書状を送り、飫肥城籠城を「言語道断曲事《くせごと》」と糾弾し「不忠之至」だと叱責《しっせき》して下城を命じた（『旧記後』二—四六五）。さらに上原は同月下旬、豊臣秀長が「朱印状」を持たせて派遣した上使を討ち果たすという暴挙に出て、秀長を激怒させている。もはや謀叛《むほん》に等しい行為である。彼らの行為は主君への忠誠などではなく、権益確保への危機感によるものであろう。そして、義久・義弘兄弟そして老中たちが、地頭クラスの重臣を統制できていない状況が顕然化したのである。

天正一六年（一五八八）四月二一日、いまだ飯野城にあった義弘は、義久と在京中の重臣本田親貞・比志島国貞《ひしじまくにさだ》に書状を送って窮状を訴えている（『旧記後』二—四四三）。義弘のもとに老中が一人もいないので「諸篇《しょへん》難成」（なにごともうまくいかない）、「調一円不事成」（調整がまったくできない）という状況にあり、家中に「反銭・屋別銭」を賦課しても誰も納入せず、「こちらは経済困難でどうしようもない」と歎《なげ》く。このため義久・久保ら在京衆の費用は準備できず、義弘もまもなく上京するが京都で借銀を依頼するほかないと述べている。

こうした領国経営破綻《はたん》の原因について義弘は、「老中の職務怠慢ぶりがここまでとは思っていなかった」と記しており、戦国期に政策決定と軍役・公事の賦課を一手に担っていた老中が全く機能しなくなったことに原因を求めている。それと同時に義弘自身も「不及力」と自分の統率力の無さを率直に認めている。義久不在のなか「名代」義弘は、老中を含む重臣たちの統制に失敗したのである。

実は豊臣秀吉に降伏後、しばらくの間老中連署の命令や安堵状・宛行状がほとんど確認できなくなる。豊臣政権に軍事的敗北を喫し、肥後そして日向国の過半を失った結果、両国に給地を持っていたもの、あるいは地頭や衆中《しゅちゅう》として配属していたものは知行地を失ったはずである。豊後《ぶんご》や筑後などで島津方についた国衆の一部も、入田氏や田尻《たじり》氏・土持氏のように島津家を頼って一族を引き連れ島津領国に逃れてきていた。本来ならば老中らによる「重臣談合」の上、地頭や衆中の再配置、給地を失ったものたちへの救済を含む全体的な知行見直しをおこなう必要があった。しかし、これまで見てきたように日向国の島津領はなかなか確定せず、六月には老中伊集院忠棟・島津忠長《ただたけ》・本田親貞・町田久倍とともに義久は上京してしまう。談合開催を命じるべき司令塔義久と実務を担う老中が三名も不在となったのである。

秀吉への降伏直前、老中はこれ以外に平田光宗《みつむね》・上井覚兼の二人がいたはずであるが、上井覚兼は宮崎の安堵工作でそれどころではなかったであろう。動けるのは平田光宗一人だけであり、彼だけで混乱収拾は困難であった。

しかも、豊後攻めにおいて義弘は軍事指揮に失敗しており、義久と義弘の関係は悪化していた。その修復もままならないまま、根白坂の戦いでの敗戦、義久の単独降伏へと至っており、義久上洛後、急に義弘単独で二人の老中を動かして談合を開催し、知行地再編・臨時課役の賦課を実施するのは無理がある。太守義久・名代義弘この二人の諮問に基づく、老中を中心とした「重臣談合」を軸とする領国支配体制・支配機構は、義久の秀吉降伏後の混乱と日向「国分」の境界画定が長引いた結果、破綻したのである。

結論から述べると、島津家ではこうした家臣団統制の崩壊状態を十分に立て直せないまま、文禄《ぶんろく》・慶長《けいちょう》の役を迎えてしまい、「日本一之遅陣」という大失態を招く。この時期の島津家の家臣団統制の脆弱《ぜいじゃく》さを戦国期にさかのぼらせる傾向がある。しかし、本章で縷々《るる》述べてきたように、秀吉政権に対する軍事的敗北後の混乱が島津家中全体に与えた影響を無視してはならない。稲本紀昭《いなもとのりあき》氏はこうした実態を踏まえ、家臣団支配の脆弱さを「日向まで拡大した島津氏の領国が一挙に崩壊する中で、給地を喪失した家臣団に対して島津氏が知行制再編を軸とする有効な対策をなしえなかったから」と看破している。この指摘は極めて重要であろう。

第二章　義弘の「豊臣大名」化と島津久保の家督継承内定

島津義久の上洛と義久「侍従」就任の可能性

国元が大混乱をきたし、義弘らが家臣団の統制・掌握に苦闘するなか、秀吉の命で上洛した義久はどうしていたのであろうか。

天正一五年（一五八七）六月一五日、義久は三女亀寿、老中の伊集院忠棟・本田親貞・町田久倍、奏者の比志島国貞ら重臣らを伴い鹿児島を発つ。途中博多で石田三成・細川幽斎と合流し、七月一〇日には和泉国堺（大阪府堺市）に到着している。なお、義久と同行していたかは不明だが、義弘嫡男の久保も人質として同時期に上洛している。

同年九月、秀吉は京都に完成した聚楽第《じゅらくてい》（京都市上京《かみぎょう》区）に入っており、以後京都と大坂を行き来している。義久も主に京都に滞在しているが、どこに居住していたかは不明である。

諸大名は京都・大坂に屋敷を建設する必要があったが、島津家は前章のように滞在費用すら借銀に頼っており、なかなか屋敷建造に至っていない。こうした窮状を察してか、一〇月一三日、秀吉は加藤清正《かとうきよまさ》・増田長盛《ましたながもり》に対し米三〇〇〇石を義久に下すよう命じるとともに、翌日には「在京之堪忍分」＝在京滞在費として来春上方にて一万石を宛行うことを約し、今年分として米五〇〇〇石を下している。翌天正一六年七月五日には、摂津《せっつ》・播磨《はりま》両国内に一万石の領知を宛行われている。

義久は以前から交流のあった近衛前久《このえさきひさ》（龍山《りゅうざん》、一五三六〜一六一二）や連歌師の里村紹巴《さとむらじょうは》と連歌を楽しむなど、かつては亡き弟家久も訪れた京都で人質暮らしを満喫していたが、義久にとって思わぬ事態が生じた。『旧記雑録後編』が天正一六年（一五八八）に比定する、義久宛とみられる年欠二月二日付近衛龍山（前久）書状に、興味深い記述がある（『島津』六七二）。

「芳札令披見候、仍《よって》貴老昇殿之儀、無望事にて候を、世上取沙汰之由、御迷惑之由尤存候」

貴老＝義久の「昇殿」とは殿上人になること、すなわち「侍従」に昇進することを意味する。その後の部分は二通りに意味がとれる。ひとつは、あなたが侍従昇進を望んでいないと世間で噂されており迷惑しているとのこともっともです。もうひとつは、義久の侍従昇進に望みはないと世間で噂されている、つまり義久自身は侍従昇進を期待していたが、政権側にそのつもりがないと噂されており困惑している、という解釈である。

秀吉は、天正一三年の参内を契機として、一門・有力外様大名を「公家成《くげなり》」つまり従五位下侍従に叙任させ、あわせて羽柴《はしば》名字を授与していった。さらに秀吉の親族・大老は清華家格《せいがけ》＝大臣・大将を兼ねて太政大臣《だじょうだいじん》になれる家格に列して「清華成」とした。さらに、「清華成」大名家の家臣や小大名・秀吉旗本出身の大名は、従五位下に叙位・任官される「諸大夫成《しょだいぶなり》」として、「清華成」・「公家成」・「諸大夫成」の階層構造を有する武家官位制が確立していった。

島津義久は、豊臣政権に服従する以前の永禄《えいろく》七年（一五六四）、「正五位下　修理大夫《しゅりのだいぶ》」に叙任し、天正九年（一五八一）五月三日には「従四位下」に昇進している。いずれも近衛前久の奏請によるものであった。どうも天正一六年正月ごろ、豊臣政権はほかの有力外様大名と同様に義久を「侍従」にするかどうか、つまり「公家成」させるか検討したらしい。そのなかで噂が流れて義久は不安になり、以前から朝廷との仲介役であった近衛前久に相談したのであろう。この時前久は、隠居して世俗とは離れているとして、やんわり関与を拒否している。前述のふたつの解釈は、後者つまり豊臣政権側が義久を「公家成」させない方向で動いていた可能性が高いのではないだろうか。それで近衛前久に働きかけて何とかならないか相談したのであろう。結局、義久が侍従に昇進することはなく、当然ながら「羽柴」名字も授与されていない。その後も義久は一貫して「島津修理大夫入道」と呼ばれている。

「公家成」大名となることは同時に羽柴名字を授与されることから、羽柴氏の一門となることを意味する。黒田基樹《くろだもとき》氏の分析によると「公家成大名は、豊臣政権の一門にしてかつ『公儀』の構成者であり、同時に、豊臣政権という中央の『公儀』を分有する、いわば地域的『公儀』の主体であると位置づけられる」という。義久の侍従昇進が見送られたのなら、それは豊臣政権が主体的に義久を「公儀」から外す選択をしたことになろう。その直後の天正一六年二月一二日、秀吉は島津義弘と老中伊集院忠棟に対し、上洛を命じている。「公家成」を逃したからなのか、その後義久は心身に変調をきたしている。五月一〇日、義久は国元の新納忠元《にいろただもと》への書状で「此表滞在之儀、無何《なんとなく》与笑止之至候」と、在京の苦痛を伝えている。翌日付で細川幽斎が新納忠元に宛てた書状には、義久を疎略にはしていないのだが長期の在京で「窮屈」になったようで、「国家のためなので御分別ください」と数度にわたりなだめた」とある（『旧記後』二―四六〇）。義久は在京に疲れ果てて帰国したいと言い出したのであろう。数度にわたるとはよっぽどのことである。幽斎は義久の「御暇」＝帰国について、共に島津氏と豊臣政権の「取次」をつとめる石田三成と談合し、秀吉に取りなすつもりだと伝えている。

義弘の「侍従」任官と羽柴名字拝領

天正一六年（一五八八）五月二六日、重臣掌握・統制に失敗して領国経営に行き詰まった義弘は、失意のうちに本拠飯野を出立した。

義弘は、閏五月二三日に和泉国堺に上陸し、六月四日に大坂城で秀吉に見参する。この時義弘は秀吉から、直接「公家にしてやる」と言われている（『島津』一四九三）。翌日は大坂城山里丸にて千宗易《せんのそうえき》（利休《りきゅう》、一五二二〜九一）の手前で茶を振る舞われ、秀吉はその場で細川幽斎に対し義弘の「公家成」支度を命じ、「在坂料」として二〇〇石を与える旨を伝えられている（同前）。

そして、上洛後の六月一五日、義弘は「従五位下侍従」に叙任し「公家成」した。堺上陸からわずか三週間で、義弘は官職の上で当主である兄義久を上回り、豊臣政権の「公儀」を担う「豊臣大名」となったのである。以後、義弘は「羽柴薩摩侍従」と呼ばれている。なお、同年七月二六日には「従四位上」に叙され、位階でも兄義久に並んでいる。

義弘が叙位・任官し、突然島津家を代表する立場になったのと同じ六月一五日、義久と義弘は起請文《きしょうもん》を交わしている。『新編島津氏世録正統系図』義久譜に前書の案文が収録されており、それには「龍伯《（義久）》様ヨリ武庫《（義弘）》様エ御神文」との朱書きがある（『旧記後』二―四七三）。

起請文

一、何事も二人が一致して談合し、今後も関係が変わらないようにすること。
　付けたり、いささかも敵対しないこと。

一、私の振る舞いについて。（自分は）もともと短気であり、特に最近は老いてきたので自分を見失うことばかりである。問題があるときはすぐに意見して欲しい。改まらない時は、三度でも諫《いさ》めて欲しい。

一、讒言《ざんげん》を信用しないこと。ただし、道理のとおった訴えなら、談合すること。

天正一五年の前半、豊臣勢・大友勢との抗争期以降、義久・義弘兄弟の関係は微妙であった。堺に上陸した義弘は、閏五月二五日に兄義久と面会している。これは根白坂の戦いでの敗戦以来、約一年二か月ぶりの対面であった。しかもその一か月後、豊臣政権下での二人の関係は逆転してしまった。しかし、島津本宗家＝奥州《おうしゅう》家当主の地位は忠恒に譲るまで、義久のままであり、家臣達の多くは主君を義久と認識している。それは国元で老中すら掌握できなかった義弘も痛感していたであろう。豊臣政権下における豊臣大名島津家の代表は義弘、島津本宗家当主で家臣と主従関係を結んでいるのは義久という、ねじれた「両殿《りょうとの》」体制が成立してしまったのである。お互いに含むところがあったろうが、今後の島津家の存立、領国経営を考え両者の協力関係を誓うためにこうした起請文が交わされたのである。

特に二条目から、義久は自分が短気であり、それが老齢のため悪化していることを自覚しており、弟の諫言《かんげん》を求めている。しかし、長く兄を見てきた義弘の義久に対する遠慮というか気遣いはかなりのものであり、これ以後も直接義弘が兄に諫言することはほとんどない。あくまでも義久側近に苦言を呈し、それとなく義久を説得するよう依頼するばかりであった。

こうした微妙な兄弟関係が、文禄・慶長の役を挟んで、義久が家督を譲るまで続くのである。

島津義久の帰国

天正一六年（一五八八）八月七日、義弘は国元の新納忠元に書状を送り、自身が「公家成」したことと、義久の帰国が決まったことを伝えている。細川幽斎・石田三成の秀吉への取りなしが成功したのであろう。ちょうどこの頃、前章で記したように日向国内の「国分」が決着し、義弘以下の各大名に知行方目録が発給されている。この決着により義久の帰国も許されたのであろう。

九月一四日、義久は義弘・久保に見送られ、堺を出港して帰途についた。同日付で義久は石田三成・細川幽斎に書状を送り、「伊集院忠棟領の肝付郡目録を承りました。去年分の年貢についてはすべて今年命じます。もし上納を渋るものがいれば島津家から納入いたします」と伝えている（『旧記後』二―五二四）。前年五月二五日の義弘宛秀吉朱印状にて「肝付一郡」を老中伊集院忠棟に与えることが明記されており、それに基づき肝付郡の知行方目録が作成されたのであろう。ただ、混乱のなか天正一五年分の年貢は伊集院氏に納入されておらず、義久がその弁済を約したのである。

伊集院忠棟は義久家臣であるが、秀吉から朱印状で所領を与えられた「御朱印衆」であり、年貢徴収も島津家からは独立することを意味していた。九月一〇日には、義久の従兄弟《いとこ》で大隅清水領主であった島津以久に対しても、秀吉から直接「其方本知事」を安堵する旨の朱印状が下されている（『旧記後』二―五一八）。八月までに日向国の「国分」が確定したのと同時に、島津領国内に島津家の「与力」として秀吉から朱印状によって所領を与えられた「御朱印衆」に対しても、知行方目録が発給されその支配領域が確定していったのであろう。彼らは島津家の「与力」ではあったが、当然ながら豊臣政権との関係強化を図り、島津家からの自立を志向する可能性が高かった。

先述のように、義久は前年六月一一日にこうした「与力」拝領分についても「これは拙者が拝領したものと考えることにします」と強がっていたが、取次の石田三成・細川幽斎から現実を突きつけられ、帰国後は彼らをどう統制していくか苦慮することになる。一二月一二日、義久は北郷忠虎と起請文を交わし、島津家に対する「無二」の「忠勤」と日向国内の秋月・高橋・伊東と「入魂」にならないよう約束させている。北郷氏独自の外交活動を制限し、あくまでも島津家の御一家であることを求めたのである。

一方で、「御朱印衆」以外の島津家中は依然として混乱状態にあったとみられる。義久下向以前から義久・義弘ともに国元の重臣に書状を送り、彼らを慰撫《いぶ》している。六月一二日には宮崎を失い伊集院に移った覚兼に対し義久は、豊後からの撤退戦での軍労を賞した上で

「しばらく伊集院に滞在しているとのこと、難儀されているでしょう。可能な限り新たな領地を与えるつもりです」と記している（『旧記後』二―三四四）。なお、覚兼は失意の内に翌年六月一二日に没している。

七月五日には義弘が日向高《たか》城地頭だった山田有信に書状を送り、「高城衆が生活できない状況にあるようだが、どうあっても我慢することが大事だ」と記しており、高城から退去した旧高城衆の新たな知行地が決まらず困窮している状況がうかがえる。八月一九日にも義弘は日向櫛《くし》間《ま》地頭だった伊集院久治に書状を送って慰労し、「新たな居所・所領は少ないかもしれないが全員分を考えている」と伝えている（『旧記後』二―四七七・五〇六）。

戦国島津家の北上を支えた重臣たちが地頭として守ってきた城と給地を失い、その指揮下の衆中たちも困窮していた。帰国する義久には彼らの要求に応《こた》え、知行地再編を伴う家臣団再編という重い課題が課せられたのである。一〇月五日、義久は日向国細島《ほそしま》（宮崎県日向市）に上陸する。そこには豊臣大名となった甥の島津豊久のほか、鹿児島衆をはじめとする領内各地の衆中が待ち構えていた。主君の帰国を歓迎するためであろうが、両殿不在中の混乱をなんとか解決して欲しいという強い期待を義久は痛感したであろう。

義久の領国経営立て直し

天正一七年（一五八九）、一年半ぶりに帰国した義久は、石田三成に書状を送り「帰国してこちらの様子を見廻《みまわ》って驚きました。領国内が荒廃しきっております。すぐに元通りにはならないでしょう」と、困惑を伝えている（『旧記後』二―五三五）。帰国前、義久は政権側に起請文を提出し、今後は義久・義弘が交代で大坂に在住することを誓ったようであるが、義久・義弘・久保が交替で一年に一度上洛するように変更して欲しいと懇願している。上洛の負担軽減のため、国元の荒廃を大袈裟《おおげさ》に言っている可能性もあるが、「国中廃亡之至」を単なる農村の荒廃だけでなく、日向・肥後で給地を失った地頭・衆中らの流入による混乱と考えれば大袈裟とは言えまい。

領内の荒廃を伝えた石田三成宛義久書状によると、「御朱印衆」島津薩州家忠永《ただなが》（忠辰《ただとき》、一五五三～九三）が、島津本宗家の「与力」であるにもかかわらず、京都への直の奉公を主張して「国役」を拒否していたという。義久は三成に対し、「御朱印令拝領事不浅候」として、政権側から薩州家を説得するよう求めている。義久は自らの権威回復のため政権側を利用することも厭《いと》わなかった。それは、宗教権威にも及んだ。

天正一七年二月一六日、義久は菩提《ぼだい》寺である福昌《ふくしょうじ》寺に対し、「寺家に対する公役は、福昌寺にとっては前代未聞であろうが、京都の法に基づき堅く命じる」と伝えている（『旧記後』二―五七九）。島津奥州家代々の菩提寺福昌寺には開基の島津元久《もとひさ》以来、諸役免除を保証してきた。しかし義久はこの先例を「京法」を楯《たて》に、今後は諸役を勤仕するよう命じたのである。

次は懸案の家臣団統制に着手する。五月二四日、本田正親《まさちか》以下国元の重臣二一名は起請文に連署し、「壱ヶ条」を仰せ聞かせられたことを踏まえ、「今後ずっと異心なく島津家への奉公に励み、〝壱ヶ条〟に限らず他家に情報を漏らさないこと」と、他家からのいかなる「計策」にも乗らず島津家に奉公することを誓っている。袖には義久・義弘の花押が据えられており、「両殿」への奉公を誓ったものである。義久が家臣等に伝えたであろう「壱ヶ条」の中身は不明だが、恐らく義弘が「公家成」大名となったが、義久は島津本宗家当主のままであり「両殿」体制が続くことを宣言したのであろう。その上で、改めて臣従を誓う起請文への署判を重臣らに求めたのである。

二一名のなかには、老中の島津忠長・平田光宗のほか、新納忠元・鎌田《かまた》政近《まさちか》・山田有信といった地頭、義弘側近の有川貞真といった重臣たちが名を連ねている。彼らの結束と島津家への絶対的忠誠が、動揺した家臣団編成の第一歩であった。その後も義久は、個別に新納忠元・伊集院久治・鎌田政近らに書状を送って、これまでの奉公・辛労を慰労しつつ、起請文署名への謝意を伝えている。崩れかかった主従の信頼回復に、義久は努めていたのである。

主従関係の再構築と同時に、老中をトップとする領国支配機構の再編と、新たな知行地再編もおこなわれたとみられる。ただ、天正一六〜同二〇年夏ごろまで、給地宛行の坪付打渡《つぼつけうちわたし》状《じょう》は数通しか残存していない。数少ない残存資料の一つ、天正一七年八月吉日付の前田源三郎《まえだげんざぶろう》宛坪付打渡状は、町田久倍・平田歳宗《としむね》（?〜一五九八）・本田親貞の老中三名連署となっている。平田歳宗は秀吉に降伏するまで老中だった平田光宗の長男であり、これ以前に父に代わって老中に就任していたようである。義久とともに上洛していた老中の帰国や代替わりにより、老中を中心とする重臣談合をおこなえる状態となり、戦国期同様の領知宛行が再開されたとみられる。

こうしてようやく義久が領国経営の立て直しを開始した直後の八月一〇日、義弘が大坂を発って帰国の途につき、義久はその交替で上洛すべく、八月二〇日に鹿児島を出発した。

久保家督継承への動き、義弘の栗野入り

天正一七年（一五八九）九月二四日、義久は老中島津忠長らと共に大坂に到着。その後京都の聚楽第にて秀吉に見参する。それから一月後の一〇月二三日、義久は島津家の弓馬師範であった川上経久《かわかみつねひさ》に対し書状を送っている（『旧記後』二―三九五）。『旧記雑録後編』はこれを天正一五年に比定するが、後述の条書や久保書状の内容からみて、天正一七年のものである。これには「又一郎（久保）事器用ニ相見候之故、従　関白様縁重并家督之儀被仰定、尤珍重候」とあり、秀吉から器量を認められた久保に対し、「縁重」（縁組み・結婚）と、次期島津本宗家家督とすることを命じられたようで、義久はこれを承諾する。この「縁重」とは、義久の人質としてともに上洛した三女亀寿との縁組みである。義久は川上から国元の義弘に伝えるよう命じている。

天正一三年に義弘が「名代」就任と同時に次期家督に内定したことは第一部第四章で指摘したが、これがどこまで有効だったのかは不明である。少なくともこの時点で、島津本宗家家督は義弘を飛ばして、義久↓久保と継承されることが秀吉の意向で内定したのである。

その翌月の一一月二〇日、義弘周辺の何者かが条書を作成している（『旧記後』二―六二二）。

一義久様御家督又一郎（久保）へ御相続縁中之儀迄、被成上意御礼事、付進物分量之事
一我等上洛可仕調之事、付時分之事、
一御料人様并又一郎上洛時分之事、付石治少（三成）へ御内儀之事
（後略）

同日付で上洛中の島津久保が「在京中にありがたくも（秀吉の）過分な上意を頂戴《ちょうだい》した」と伝える書状が国元の比志島国貞に出されており、この条書も帰国した義弘に伝える内容を

書き付けたものであろう。一条目のように、義弘二男又一郎《またいちろう》久保の家督相続と「縁中」について秀吉の上意があったようであり、一〇月二二日付義久書状の内容と一致する。その上意に対する御礼として義弘側が進物を贈るということは、義久が下向中に義弘周辺がそうした上意が出るよう働きかけをしていたのであろう。三条目に「御料人」つまり義久三女亀寿と久保の上洛時期は、石田三成の内儀＝意向を確認することが記されている。亀寿と久保の婚儀と久保の次期家督就任はセットであり、これを画策しているのは義弘周辺と取次の石田三成であろう。

この年一一月、小田原《おだわら》の北条氏政《ほうじょううじまさ》・氏直《うじなお》討伐が決定しており、翌年三月に秀吉みずからが出馬すると島津側にも伝えられている。年末に帰国を認められた久保は、秀吉に従軍することが決まっていた。久保の家督継承者指名を急がせたのは、秀吉に従軍する久保を島津家次期当主という立場にしておきたかったのであろう。さらに、義弘のみを「公家成」大名にしたことを考え合わせると、豊臣政権側からの指示・命令を出す対象を、義弘・久保父子に一本化し、早期に義久を隠居に追い込みたいとの意図があったようにも思える。

なお、本拠である日向国真幸の飯野城に下向した義弘は、政権側の指示により大隅国栗野《くりの》城（鹿児島県姶良《あいら》郡湧水町《ゆうすいちょう》）に居城を移している。『旧記雑録後編』所収の「国老記」には、この栗野への移住に続いて「御在城御家」として四名の名前を列挙している。義弘付きの老中という意味であろう。川上忠兄《かわかみただえ》（一五六一～一六二三）・有川貞真（?～一五九三）・上井秀《ひで》秋《あき》（覚兼実弟）・新納旅庵《りょあん》（長住《ちょうじゅう》、一五五三～一六〇二）の四人である。新納旅庵は肥後八代荘《やつしろしょう》厳寺《ごんじ》の住持であったが、秀吉への降伏後に義久の依頼で家臣に復帰したという。それ以外の三人は、義弘が真幸領主だった頃からの譜代被官である。この時期、義弘の手足となって動ける老中はこうした真幸以来のものたちであり、戦国以来の老中はいまだ義久の指揮下にあった。島津家が義久老中を中心とする重臣談合を頂点とする支配体制を続ける限り、義弘が島津家中全体を掌握することは極めて難しい状況にあった。

島津久保の小田原従軍と「唐入り」の決定

天正一八年（一五九〇）正月二七日、島津久保は栗野を出立し、二月二二日に大坂に到着している。三月一日、秀吉は北条家討伐のため京都を出陣し、久保は二月二八日、伯父《おじ》義久に見送られて京都を出陣している。久保のお供は騎馬一五騎、歩行《かち》四五〇に過ぎなかったといい、重臣では北郷三久、大野《おおの》忠高《ただたか》（のちの樺山久高《かばやまひさたか》、一五六〇～一六三四）、佐多《さた》忠増《ただます》（一五六二～一六四二）、有川貞昌《さだまさ》（のちの伊勢《いせ》貞昌、一五七〇～一六四一）らがお供している。彼らは義久・義弘の重臣の子息であり、当時二〇代から三〇代の久保に年齢が近い若武者たちである。いずれ家督を継ぐ久保の側近として期待され選抜されたものたちであろう。実際、彼らが文禄・慶長の役から琉球《りゆうきゆう》侵攻にかけての島津家を支えていくことになる。

七月一一日に北条氏政は自害し、同氏直が降伏して小田原合戦は終結する。その後秀吉は奥州平定のため会津《あいづ》（福島県会津《あいづ》若松《わかまつ》市）に向かい、久保も従軍している。これにより東国全域がいったん平定されるが、その一方で秀吉の大陸侵攻計画が徐々に進行していった。

天正一六年八月一二日、義久は以前から従属的存在と位置づけていた琉球王国に対し、秀吉に服属の使者派遣を促す書状を送っている。実際にこの書状が琉球に届けられたのは一一月であり、義久は政権側からの命令を意図的に遅らせたと理解されている。天正一七年正月二一日、細川幽斎・石田三成は義久に対し琉球からの使者派遣を急がせるよう厳命し、もし豊臣政権が直接琉球を攻めることになれば、義久は面目を失い、「御家のめつはう（滅亡）」となると恫喝《どうかつ》している。政権側は琉球を通じて明《みん》に公的貿易を復活させることを目指しており、琉球を服属させることはその布石でもあった。

琉球では尚永王《しようえいおう》が天正一六年一一月に没したばかりであり、尚寧王《しようねいおう》（一五六四～一六二〇）が即位した。尚寧王は天正一七年五月にようやく琉球天龍寺《てんりゆうじ》の桃庵祖昌《とうあんそしよう》らを使節として派遣し、義久が派遣した大慈寺《だいじ》龍雲《じりゆううん》に伴われ、八月に鹿児島に到着した。義久はこの使者を伴って上洛しており、一〇月に使者は聚楽第で秀吉に謁見して尚寧王の国書を呈した。これに対し秀吉は、翌天正一八年二月二八日に尚寧王への返書を発し、琉球使節は帰国していった。この返書で秀吉は、近い内に「大明」に対し軍勢を派遣するつもりであることを明記している。秀吉は琉球王国が服属したと理解しており、琉球は秀吉の「唐入《からい》り」に巻き込まれていく。

九月上旬、秀吉が関東から帰京し、従軍していた久保も帰京を果たす。それに合わせたかのように、九月二八日以前に義弘が国元から大坂に到着する。これに伴い、義久は帰国することになるのだが、この帰国がふたりの関係に決定的な亀裂《きれつ》を生じさせる。

第三章　義久・義弘兄弟の対立表面化と「唐入り」準備

義久への政権からの指示

天正一五年（一五八七）六月、秀吉は義久を通じて琉球国王に上洛を求めたのと同様に、対馬《つしま》の宗義智《そうよしとし》（一五六八～一六一五）を通じて朝鮮国王に対して参洛を求め、参洛しない場合「誅伐《ちゅうばつ》」を加えると恫喝している。天正一八年七月、再三の要請によりようやく朝鮮からの使節が京都に到着し、東国から戻った秀吉は一一月七日、使節と聚楽第で接見して国書を受け取った。秀吉は今度も朝鮮が服属したと認識しており、朝鮮国王への返書で「征明嚮《きょう》導《どう》」（明国征服に際して先導をつとめること）を要求する。これより先に大陸侵攻の準備を命じられていた小西行長《こにしゆきなが》は、一二月までに肥前国名護屋《ひぜんのくになごや》（佐賀県唐津《からつ》市鎮西町《ちんぜいまち》）に拠点を築くことを決定している。いよいよ、侵攻準備が始まっていった。

そうしたなか、帰国直前の天正一八年一二月四日、義久・義弘は細川幽斎の京屋敷に招かれた。その場には石田三成も同席し、「薩隅辺之御置目《おんおきめ》」について話があったという。義久はこれを了承し、一二月一九日に大坂を発ち帰途についた。

一二月四日の「薩隅辺之御置目」についての細川幽斎・石田三成からの話は、一二月五日付で両名連署の条書にまとめられ、義久に渡されている（『旧記後』二―五五一・七九二）。

覚

一大隅・薩摩・日向之内もろかた郡に在之御蔵入并寺社領・給人方諸成物、不残指出被仰付、其面ニ判形候て可有御取事、

一御家作入目之事、指出之応員数可被仰付事、

一又一郎殿・同御女中様、来春早々可有御上洛事、

一又一郎殿御在京中、慥成《たしかなる》老中可被付置事、

已上

極月五日　　　三成判　　　玄旨判

島津家には久保夫妻が入る京屋敷の造営が命じられ、その前提として検地の実施が命じられたようである。まず、島津領内の蔵入地＝島津家直轄領・寺社領・給人領＝家臣の給地の「成物《なりもの》」＝収穫量を差し出すように命じるよう求めている。指出《さしだし》検地、つまり実測によらず、土地の所持者から収穫高などを申告させて知行地を把握する検地の実施を命じたのである。

それは二条目にあるように、「御家作入目《おいえづくりいりめ》」つまり京都屋敷造営費用を捻出《ねんしゅつ》するためであり、指出検地の結果に基づき、知行高に応じて賦課するよう求めている。そして、三条目のように久保とその「女中」＝亀寿に来春早々＝天正一九年正月に上洛するよう命じるとともに、四条目のように上洛する久保にはしっかりとした老中を補佐役として付けるよう求めている。

前日に伝えられた「薩隅辺之御置目」とは、単に「薩摩・大隅の支配方法・方針」を示したのではなく、指出検地を前提とする京都屋敷造営料の領国内への賦課だった。もちろん、屋敷造営費用捻出のためだけに検地を命じたのではなく、「唐入り」が目前に迫るなか、島津家との取次である石田・細川両名としては、島津領国が軍役賦課に即応できる状態にすべく、蔵入地や給人領を把握して軍役賦課基準を確定したかったのであろう。

義久と義弘の対立表面化

天正一八年（一五九〇）一二月二七日、義久は日向国細島に上陸するも、厳寒のため持病の「虫気《むしけ》」を発症し、天正一九年（一五九一）正月一四日にようやく鹿児島に到着している。義久は「虫気」を天正一〇年以降たびたび発症しており、重篤化したこともある。天正一九年閏正月二〇日、在京中の義弘は帰国中の嫡男久保に書状を送り、「いつも言っているように酒を飲みすぎないように肝に銘じよ。細川幽斎・石田三成も酒を飲みすぎないよう何度も龍伯様＝義久を説得している」と記している。在京中の義久は取次二人がたびたびたしなめるほど深酒していたようである。「虫気」発症はこれが原因であろうか。

この書状で義弘は、久保に義久との関係について細かく指示している。まず、「義久様が下向されたので、あなたに色々と意見するだろう。くれぐれも聴いておくように。あなたのためにに良いだろうと考えて意見しているのだから、これに逆らっては世間からあざけりを受け、島津家の恥辱となる。よくよく気をつけて、いいことも悪いことも義久様のお考え次第と従う覚悟が大事だ」と義久の小言には全部従うよう命じている。それは義久の意見が全て正しいからではなく、義久との関係が悪化すると「家の恥辱」だからというのが「外聞」を気にする義弘らしい。恐らく、長年義弘も「名代」でありながら兄から小言を言われ続けていたが、それをずっと耐え忍んできたのであろう。兄の性格を考えると、少しでも反論すると関係が破綻することを、経験から学んでいたのである。

その一方で、先述の深酒への戒めのあと、「義久様から酒宴に誘われても、義久様に心を許さない程度に酒を嗜《たしな》むように。普段あなたの近くで召し使っている者も、義久様のお考えにかなう人を使うように」とも記している。酒は付き合っても心を許してしまうほど酔ってはいけないとはなかなか難しい注文である。さらに側近も義久から嫌われないような人を選ぶようにとの細かな指示を与えている。義弘としては、義久の娘婿という形で家督を継ぐ予定の久保が養父義久を怒らせないか心配な一方で、義久に心を許して取り込まれてしまうことも恐れており、一刻も早い上洛を求めたのであろう。兄との関係で長年悩んできた義弘の細かな気遣いがうかがえる。

一方、義久は閏正月から二月頃、豊臣政権内の誰かに書状を送っている（『旧記後』二―七二二）。細川幽斎もしくは石田三成宛だろう。関東への長期在陣を慰労するとともに「入唐之打立中々無申計候」と不安を漏らしている。そして、久保に上洛を命じたが延引していることを伝えるとともに、「名護屋城普請・唐入りが連続し、その準備が難しいことはご想像のとおりです。ただ油断しているのではなく、すぐに尽力するつもりなのですが〝国振り〟のせいで財源不足であり、やむを得ないのです」と、政権側からの軍役賦課に即応出来ない状況を釈明している。

その上で「今からは薩隅、島津家への賦課・命令は、義弘・久保に直接命じていただけないか。自分はいよいよ老いぼれてきたので、諸々免除していただきたい」と、事実上隠居願いをして、名護屋城普請・「唐入り」準備は義弘・久保が担当すべきとの見解を示したのである。豊臣政権下に入る前も、虫気などで体調が悪化すると政務を忌避し、駄々をこねて重臣たちを困らせることがあった。朝鮮侵攻が迫るなか、またもや義久の悪癖が出てしまったようである。

なぜ、義久は急に隠居を言い出したのか。病気以外にも原因がありそうである。閏正月ごろには、在京の義弘らと国元の義久との情報共有に齟齬《そご》をきたしている。前述のように義久は、下向直前に細川幽斎・石田三成から指出検地の実施について指示を受け、京屋敷造営費用を京都に送る手はずになっていたと思われるが、それが一向に進まず、京都から催促を受けたのであろう。京都からは東国情勢次第では秀吉自身の出馬もあり得るとして、久保の上洛を急がせたのである。

こうした要請に対して、義久は閏正月に恐らく在京重臣宛（『旧記後』二―七三九）、二月には義弘宛（『旧記後』二―七四〇）に書状を送って反論している。前者では、「屋形作談合」についてはやっているが、まず京都から「出物之勘状」＝建設の必要経費を算出して報告せよ、その上で費用を送る。関東への出兵は「屋形作料」がかかるので出来ない。久保夫婦の上洛も今年の春のうちは難しい。それは、「屋形作料」がいくらかも、関東出兵の実否もはっきりしないからであり、それがはっきりする六月以降になるとの見通しを示している。

京都からは在京老中の増員も訴えているようであり、二月中に島津忠長を派遣し、本田親貞は病気であると回答している。後者の義弘宛書状では、久保の上洛は準備が出来ておらず、八月上旬には出立できるよう厳命していると伝え、まず久保一人だけでも上洛すべきとの風聞があるが、義弘からの直接の書状がないので心許《こころもと》ないと不満をもらし、不如意の義弘に

「銀子百目」を送ってお茶を濁している。

　政権から指示を受けた指出検地は実際に家臣等に命じられており、天正一九年三月八日付で川上久辰《ひさとき》は自領の「指出之留帳」を作成している。しかし、それは領国全体には徹底されず、御朱印衆のひとり島津薩州家忠辰に至っては、同年七月一日、「指出」は直接秀吉御伽《おとぎ》衆《しゅう》の小寺《こでら》休夢《きゅうむ》（黒田《くろだ》孝高《よしたか》叔父《おじ》）に提出したとして、島津家への提出を拒否している。なお、義弘側が老中の上洛を求めているのは、政策決定の要《かなめ》である重臣談合を、義弘主導に改めたいとの意向がうかがえる。そこまで言うのなら自分は隠居するので、義弘・久保だけで豊臣政権からの要求に対応せよというのが、義久の本音なのだろう。

　それでも義弘は直接義久に諫言することはできなかった。二月一六日、義弘は義久のゼロ回答に対し、国元の奏者とみられる税所篤和《さいしょあつかず》・本田正親・比志島国貞に対し、「屋形作儀、并先年已来借物返弁、就中又一郎夫婦在京之始末」（屋形造営と先年以来の借銀返済、とくに久保夫婦在京の準備）がいまだに調わない件について、国元での談合を促すべく、鎌田政近を下向させたことを伝え、政近と「熟談」のうえ老中を説得するよう求めるとともに、「御前」＝義久への根回しも依頼している（『旧記後』二―五八〇）。

　さらに、国元の重臣新納久饒《ひさあつ》・新納忠元・伊集院久治・伊地知重秀《しげひで》・新納忠包《ただかね》にも書状を送っている。「屋形作」など義久の下向以前に談合したにもかかわらず、義久の未対応により在京の準備が全く進まないのだと嘆き、鎌田政近と「熟談」の上での「馳走《ちそう》」を依頼している。義久に取り込まれた老中ではなく、その下の奏者や地頭クラスの家臣を説得することで、重臣談合での「国本御置目等」の改革を実現しようとしたのである。

なお、義弘は三月一九日、国元の妻宰相《さいしょう》に手紙を送り、「今夜もそなたの夢をみて、本当に会ったような気がする」と記し、手紙を書いてくれと懇願している。五七歳のラブレターとも言われるが、兄と豊臣政権の板挟みでかなり疲れており、癒《いや》されたかったのであろう。

義弘の決断――「京儀」優先主義への転換――

鎌田政近を国元に派遣し、重臣談合の改革をもとめた義弘であったが、功を奏しなかったようであり、義弘は石田三成家臣安宅秀安《あたぎひでやす》に相談している。これ以後、義弘は三成を頼りとし、そのアドバイスに基づいて義久の統制下にある重臣たちを、豊臣政権の権威を背景に動かそうとする。

四月一九日と五月七日の二度にわたり、義弘は国元に下向した鎌田政近に長文の書状を送る（『旧記後』二―五八七・七五八）。その要点は次のとおりである。

・これまで親切だった取次の石田三成の態度が豹変し、「島津家滅亡ハ程有間敷」（島津家の滅亡はまもなくであろう）と言うようになった。それは島津家が国持大名であるにもかかわらず動員力がなく無勢であり、関白様の御用に立たないからである。
・京都・大坂を往復する際、島津家では騎馬が五騎、三騎ほどで、鑓《やり》を持つ供衆すらいない。これは同じ九州大名の龍造寺《りゅうぞうじ》・鍋島《なべしま》・立花・伊東にも劣っており、「言語道断沙汰之外」である。義久・義弘ともに二度も上洛しているのだから、京都の様式・侍の風体は知ったはずであり、恥ずかしい。
・島津家は豊臣家に何の忠貞もなく、屋形作りも人並みにできず借物（借金）に頼るばかりである。多くの扶持《ふち》をもらいながら借金するのは不届きであり、それは「国之置目」＝国元の支配がいいかげんだからである。
・義久が下向する前、細川幽斎邸にて国元の置目や屋形作りの処置について石田三成から丁寧に指示があったのに、いまだに実現できていない。これはひとえに義久が心得ていないからである。石田三成は無駄なことを言ったと後悔している。
・義久は取次＝細川幽斎・石田三成が島津家内部のことまで立ち入って「熟談」するのは不要だと考えていると聞いた。一方、三成は島津家の存続は難しく、良くて国替えで「御家滅亡」はまもなくだと言っている。
・「国の置目」をいいかげんにせず借金をしなければ、騎馬武者の一〇人、二〇人も引き連れ「外聞」も国持大名らしくなり、屋作りも人並みに準備できる。

・「京儀」＝京都での豊臣政権への奉公に精を入れるものは国元衆からは嫌われ、義久もこうした国元衆に同意して「京儀」を重視していないと、石田三成は聞き及んでいるという。義久以下小姓衆・小者、女房衆に至るまで政権批判をしないように。

本当に石田三成が義弘に突然冷たくなって島津家を見放すようなことを言ったのかは分からない。恐らく、三成か安宅秀安がそのように国元に伝えるよう義弘にアドバイスしたのではないだろうか。つまり、「京儀」をないがしろにする義久や国元衆に対し、政権側が島津家を潰《つぶ》そうとしていると脅すことで、義弘がコントロールできるよう示唆したのではないか。

義弘がいうように、義久や国元衆が「国の置目」を強化・厳正化するつもりがないことは確かであろう。この頃から義弘は、明確に義久や国元衆のこうした方針に真っ向から反対し、「京儀」を最優先にすべきと考えるようになる。義弘は、「国の置目」を厳正化して「京儀」を優先すれば、京都・大坂における島津家の「外聞」が保たれると強調する。これは「外聞実儀」・「他国之覚」を最優先すべきとする島津家中の伝統的価値観をくすぐることで納得させようとしたのであろう。

しかし、義久が「国の置目」の厳正化に踏みきれなかったのは、豊臣軍への敗戦と敗戦後の領国削減を原因とする領国の混乱・荒廃が背景にある。「国の置目」の厳正化とは検地による給地削減と在地への収奪強化にほかならない。義久は自分を頼って敗戦後も領国に戻って困窮を極めている家臣団に対し、そうした〝痛みを伴う改革〟に踏みきれなかったとも考えられよう。それが義久の〝甘さ〟といってしまえばそれまでだが、降伏後弟義弘を「公家成」大名として取り立て、久保への家督譲渡を迫る豊臣政権に対し、そこまで義理立てする必要はないという義久の考えも充分理解できよう。

一方、義弘からすると、敗戦後の領国支配に失敗し重臣たちを統制できなくなって上洛したにもかかわらず、豊臣秀吉は突然「公家成」大名に取り立て、その上自分の嫡男久保を次の島津氏家督に指名してくれたという大きすぎる恩顧がある。その取次こそが石田三成であり、義弘が豊臣大名として生き残っていくには、三成の協力を得るしかなかったのであろう。三成が本当に突然冷たくあたり「島津家滅亡」間違いなしと脅したとするなら、義弘を上げるだけ上げておいて精神的に追い込むという、見事なマインドコントロールの手法である。豊臣政権の権威なくして島津家は立ちゆかないと義弘に思いこませることで、義弘をトップとする島津家を思いのままに動かそうとする三成の思惑が透けて見える。

義久と義弘、対立の構図

豊臣政権下において島津家内部に路線対立があったことは通説化している。それを指摘したのは山本博文《やまもとひろふみ》氏であり、〈豊臣政権の路線を積極的に導入して大名権力の一層の強化＝中央集権化を図ろうとする老中筆頭の伊集院幸侃（忠棟）と、それを支持する大名の一員である島津義弘らのグループ〉対〈大名を頂点としつつルーズな在地領主勢力の連合を本質とする戦国大名体制を温存し、かつ豊臣政権からは独立の状態を保とうとする島津義久と老中らを中心とする上級家臣団のグループ〉の権力抗争という図式を示した。

一方、中野等《なかのひとし》氏は「豊臣政権への服属後、義久と義弘は政権との距離をめぐって微妙な緊張関係」にあったことは認めつつも、「二つの勢力は必ずしも対等な関係で存在したわけではない」として、義久や老中を中心とする勢力こそ〝主流派〟であり、「島津氏の当主はあくまで義久で一貫しており、義弘は決して義久の分を超えるような動きは見せていない」と指摘する。

山本氏の提唱以降、豊臣期の島津家中が義久派と義弘派に分裂しているかのような理解が広がったが、義久と義弘の立場は対等ではないとの中野氏の指摘は極めて重要である。これまで見てきたように、義久の最初の上洛直後、義弘は老中をはじめとする重臣たちを統制できず、領国経営は破綻していた。「公家成」大名となってからも、戦国期以来の老中は義久の指揮下に戻り、義弘独自の老中は新納旅庵以外、真幸領主以来の譜代家臣であった。島津領国内における義弘の権力基盤はむしろ弱く、義弘が信頼できる重臣は一部のものに過ぎなかった。決して家中に「義弘派」が出来たわけではなく、老中筆頭であるとともに「御朱印衆」でもある伊集院忠棟が、政権との関係上義弘に与《くみ》したため、義弘と伊集院忠棟が政権の支持を得て家中を掌握したかのように見えるだけである。権力基盤が弱いからこそ石田三成に接近し、その権威を背景に義久を牽制《けんせい》し、老中以外の重臣たちを説得しようとしたのであろう。

「御前帳」の調進の遅延と義弘の怒り

天正一八年一二月五日に命じられた指出検地実施と、それに基づく京都屋敷造営料賦課がなかなか進まず、在京中の義弘と国元の義久の対立が顕然化するなか、あらたな命令が政権から発せられる。いわゆる「御前帳《ごぜんちょう》」の調進（作成・提出）である。「御前帳」とは国郡別に編成された国家的土地台帳であり、石高記載の検地帳と郡ごとの絵図の提出が全国の大名に命じられた。これにより豊臣政権は、日本全土を石高制で把握し、その石高をもとに来るべき「唐入り」の軍役を賦課しようとした。

天正一九年（一五九一）五月三日、前田玄以《げんい》・石田三成ら奉行衆四名は在京中の義弘に対し、「御国之御知行御前帳」を来る一〇月までに調進するよう命じる。義弘は白浜重政《しらはましげまさ》・新納旅庵を国元に派遣し、これを兄義久に伝えた。前年一二月に命じられた指出検地は、八月五日の時点で、国元から京都には「一所一郷」の指出も届いていなかった。

事態を憂慮した義弘は、同日付で国元の老中四人（平田歳宗・本田親貞・伊集院忠棟・町田久倍）に書状を送り、細かく指示をする（『旧記後』二―七六九）。国元で「御前帳」を作成するのは無理と細川幽斎・石田三成は判断し、「村数・屋敷・田畠并種子蒔《たねまき》足付（種子蒔の費用）国枡にて米・大豆等収納いかほど」と、それぞれの田数と収納高を記した「指出」のみを京都に送れば、あとは京都で算用して「本帳」＝御前帳を作成する旨、白浜重政・新納旅庵両名が伝えたはずであるが、一か村分も届かないと嘆き、一か所ずつでも出来次第上進せよと厳命する。

注目すべきは最後の部分であり、「いつもお前達老中は、義久様に報告して以降は、きっと義久様のご判断でおこなわれるのだろうと、老中自身は積極的に動かない」と、これまでの対応を批判する。その上で、今はそうことでは「国家之ため不可然」＝島津領国・島津家のためによくないのであり、「いよいよ変革していくべきだ」と何度も言ってきたではないかと、厳しく老中自身が自己改革していく必要を説いている。

一連の対応をみていくと、島津領国の意思決定・政策実行過程のあり方について、義久・老中と義弘との間に深刻な断絶が生じていることが分かる。義久は、第一部で明らかにしたような戦国期以来の「重臣談合」方式を踏襲しているのであり、義久は重臣らに諮問だけして後は老中たちの談合に任せているのであろう。三か月後の一一月二日、義久が義弘に送った書状には、「万事、老中に何度も言っているのだが、ただ自分のためだけを考えて、少しも島津家のことを考えていない。いよいよ残念だ」とあり（『旧記後』二―七八七）、責任を老中達に転嫁している。

そもそも、「重臣談合」方式が当主義久に責任を負わせないような構造になっており、それが責任の曖昧《あいまい》化と決定の遅延を招いていた。義弘は豊臣大名の上意下達的な迅速かつ強権的な政策決定・実行を見て、島津領国内のやり方を全面的に改める必要性を痛感しており、とうとう「御前帳」調進遅延に直面して、老中達への怒りが爆発したのであろう。

御前帳の「完成」と名護屋普請・対琉球交渉

このように、島津領国では「御前帳」の調進は前提となる指出すら満足に揃わなかった。八月一五日、石田三成の兄正澄《まさずみ》は在京中の義弘に対し、島津家の「御軍役」が「一万五千」になったこと、名護屋での普請はその三分の一を割り付けるよう、「両三人」＝義久・義弘・久保に命じられることになったと伝えている。軍役の人数が確定したということは、その前提となる島津領国の石高が確定したことを意味する。八月五日の時点で「一ヶ村分」の指出も届かなかったにもかかわらず、どうもこの時点で島津領国の「御前帳」は出来つつあった。

義弘の命により「御前帳」調進方法を国元に伝えた新納旅庵の覚書（鹿児島大学附属図書

館蔵「玉里《たまざと》文庫」所収）によると、徐々に揃いつつあった指出収納量に基づき積算された三〇万石に、石田三成が人為的に八万石を加算して〝三八万石〟という石高を記載した「御前帳」が作成されたようである。前出の「一万五千」という数字は、八万石加算分を除いた三〇万石に対し、一万石あたり五〇〇人の軍役規定で算出したものであろう。ただ、先行研究も指摘するように、文禄四年（一五九五）の知行方目録から算出される「御前帳」の石高は約二一万四〇〇〇石（薩州家領を除く）であり、三〇万石という数字は薩州家領出水《いずみ》を加算したとしても多すぎる。秋澤繁《あきさわしげる》氏は「本帳作製が京都と指定された経緯からみれば、石高実数はともかく、何らかの政治的要因が作用したであろう」と推測している。つまり、どこまで指出が提出されたかは不明であるが、「一万五千」という数字が先にあって、それに合わせた石高が「御前帳」に記された可能性がある。

こうして「御前帳」に基づく軍役人数が確定し、国元にいた義久に対し名護屋普請の陣頭指揮が命じられたようである。天正一九年一〇月、義久は名護屋に向かおうと風待ちをしている時に、またもや持病の「虫気」を発症して「散々」となり、名護屋に向かうことができなくなった。家譜類は、鹿児島を発ち隈之《くまの》城付近（鹿児島県薩摩《さつま》川内《せんだい》市隈之城町《くまのじょうちょう》）で発症して帰宅したとする。義久は名護屋の政権側の誰かに老中町田久倍を派遣し、この年九月に京都から大隅栗野に戻ったばかりの義弘が向かうことになったので、少々遅参するがよろしくお願いしたいと釈明している。

義弘はやむなく一一月に名護屋に向かったようであるが、石田三成はかなり怒っていた。一一月二日、義久が義弘に送った書状によると、義弘は三成家臣安宅秀安からの書状を義久に見せたようである。安宅の書状には「義久のすべてが気に入らない」と書かれており、「何共慮外至極候」と義久も困惑している（『旧記後』二―七八七）。先述の、義久が命じても老中は自分たちのことだけ考えて島津家のために動かないと言い訳しているのもこの書状である。義弘はあえて石田・安宅の義久に対する不信感を義久に直接見せることで猛省を促したのだろう。

国元に残った義久には政権側も危惧《きぐ》する大きな課題が二つあった。ひとつは、島津家の与力である薩摩国出水（鹿児島県出水市）領主島津薩州家忠辰の自立化、もうひとつは「唐入り」の軍役を賦課された琉球王国への対応である。

一〇月二日、義久は取次の石田三成・細川幽斎の二人に宛てて書状を送り、薩州家忠辰が薩摩＝島津家ではなく「別所」の与力となろうとしており、「水帳」つまり「御前帳」調進のための指出を拒否し、「石役奈子屋之御普請」＝名護屋城普請への人数派遣と石材調達も拒否しているとし、薩州家をどこか別に移封して出水は島津家直轄領とするよう求めている（『旧記後』二―七九一）。翌天正二〇年（一五九二）正月一九日、秀吉は義久・義弘に対し、

「薩薩摩国出水の薩摩守忠辰は、一国全体の支配を義弘に命じているのだから、陣普請も義弘と一緒につとめるように」と命じ（『島津』三六〇）、同日付で薩州家忠辰に対しても義弘と一緒に陣普請などをつとめるよう命じている。結局忠辰はこの命に背いて自滅することになる。

この天正二〇年（一五九二）正月一九日付書状で秀吉は、琉球を大明国に出陣するついでに改易するつもりであったが、義久の取次により挨拶《あいさつ》にきたので安堵し、島津家の「与力」として「唐入り」への出陣を命じている。これより先の天正一九年一〇月二四日の時点で、義久は尚寧王に対し、「入唐」に際し島津家には琉球分も込みで一万五〇〇〇人の軍役が賦課されたことを伝え、琉球からは軍勢の代わりに七〇〇〇人の兵糧一〇か月分を二月までに坊津（鹿児島県南さつま市坊津町）に輸送するよう求めた。さらに、一二月一九日にも義久は尚寧王に対し、「綾船《あやぶね》」の派遣が遅いと豊臣政権から責められて「島津家の面目が失われた」と抗議し、「入唐」の軍役についても、「天下一統之国役」はどんな遠くの島であっても逃れられないと恫喝している。

義久自身の軍役には病と称して忌避する一方で、琉球側には政権からの命令を楯に強気に出ている。こうした義久のスタンスには様々な見方ができようが、ポイントは対琉球交渉が義弘ではなく義久に一本化されているということである。豊臣政権への降伏以前も義弘は琉球との交渉に関与した形跡がない。薩琉交渉のノウハウは義久とその側近にしかなく、豊臣政権としても対明交渉で有効な琉球ルートは義久に依存せざるを得なかったのであろう。これが、政権側の諸政策に一貫して非協力的で名護屋参陣も拒否し、取次の石田三成を怒らせながらも、義久を隠居に追い込むことができない最大の要因であった。

第四章　「日本一之遅陣」と島津歳久成敗

文禄の役の開始

天正一九年（一五九一）一二月二八日、秀吉は関白を甥の秀次《ひでつぐ》に譲って「太閤《たいこう》」となり、「唐入り」に専念していく。翌天正二〇年正月五日、秀吉は諸大名に「軍令」を発すると共に、往還筋への「掟《おきて》」を発し、いわゆる「文禄の役」が始まる。秀吉の目的はあくまでも「唐入り」にあり、事前に「服属」したはずの朝鮮は通過するだけであり、まず小西行長を派遣して朝鮮に協力を求めさせ、従わない場合は四月に軍事侵攻に踏みきると通告した。

天正二〇年正月一九日、細川幽斎・石田三成は、「虫気」で国元に残っていた義久に書状を送り、琉球からの「綾船」派遣が遅延していることを糺《ただ》し、義久自身も秀吉が到着する前に名護屋に参陣し、出迎えるよう厳命している。しかし、正月二六日、義久は石田三成家臣安宅秀安・細川幽斎家臣麻植《おえ》長通《ながみち》に対し書状を送り、「唐入」は騎馬武者以下を形だけ申しつけたが、「田舎之国ぶり」のためまったく準備が出来ていないと釈明し、軍役数が揃わないまま義弘が名護屋に出陣することを伝えている。さらに、延び延びになっている島津久保・亀寿夫妻の上洛についても「仕立《したて》」が見苦しいという理由で、久保だけを上洛させると回答している（『旧記後』二—八一六）。

それでも義久・義弘は国衆・重臣らに軍勢催促を命じているが、国衆・家中ともに腰は重かった。天正二〇年二月二七日、義弘は本拠栗野（鹿児島県始良郡湧水町）を出陣するが、供奉する武者は二三騎に過ぎず、途中大口《おおくち》（同県伊佐《いさ》市）にて兵が揃うのを待つこととしている。二一万石の国持大名としてはあり得ない出陣であった。三月五日、義弘は栗野近くの古刹般若寺《はんにゃじ》に対し、自分が「面目」を失わず「当家長久」のまま帰国できれば、米一〇〇石を七年にわたって寄進すると約している。兵が揃わないなか、島津家を存続させるべくどう「面目」を保つかが、義弘にとってこの戦いの一貫した目的となった。

三月一三日、秀吉は「陣立て」を発して、諸将に朝鮮への渡海を命じた。西国の諸大名の軍勢都合一五万八七〇〇人を一番から九番に編成し、義弘は豊前小倉城主毛利《もうり》吉成《よしなり》（のちの勝信《かつのぶ》、？～一六一一）率いる第四軍に属し、一万人の軍役を課されている。前年の石田正澄から伝えられたものより五〇〇〇人減っているが、この時点で義弘のもとには一〇〇〇人も揃っていなかったであろう。四月一三日、小西行長・宗義智ら第一軍は釜山《プサン》城攻撃を開始し、戦闘が始まる。以後、続々と日本勢は朝鮮に渡海していった。

義弘は三月末までには名護屋に着陣していたが、渡海するための船が無かった。四月六日、義弘・久保父子は国元に書状を送り、国元から「渡唐船」が一艘《そう》も廻って来ないため、「外聞実儀」困惑している。まずは「かり船」で義弘・久保父子だけ渡海することになり、兵は残し置くので、国元からの船が到着し次第、渡海させるよう申しつけたと伝えている。特に義弘は、今回準備もできていないのに出陣したのは、義久様の「身上」のため、「国家」＝島津領国のためであると強調している（『旧記後』二―八五〇）。国元から軍勢が来ず船も廻《かい》送《そう》されないのは、義久の指示が徹底していないと考えていたのであろう。しかし、国元の家臣達が非協力的だったのは別の理由があった。

「替米弁済」のための安宅秀安下向

天正一五年に豊臣政権に降伏して以降、義久・義弘兄弟は交替で上洛していた。その間の滞在費は秀吉から播磨・摂津に一万石の領知を与えられていたがそれでは賄えず、多額の借銀をしていた。「唐入り」が決定すると借銀を返済する必要に迫られ、天正一九年の秋、義弘は領国内に「弐斗四升段米」＝一反あたり二斗四升の臨時徴収米を賦課して、一括返済しようとした。臨時に領内に「反銭」を賦課することは戦国期でもたびたび実施されており、同様の手法で財政危機を乗り切ろうとしたのであろう。この「段米」は実際に賦課され為替《かわせ》で京都に送られたが、「唐入り」に取り紛れ「替米」がされなかった、つまり島津家の振出した為替が決済できなかったのである。これは石田三成の知るところとなり、加えて、天正一九年末に秀吉から厳命されていた京都への人質派遣に反し、久保夫人＝亀寿がいまだ上洛していないことも三成を怒らせる結果となった。

義弘は「替米・進上米」調進のため石田三成家臣の安宅秀安を国元に派遣するよう、三成に頼み込む。天正二〇年（一五九二）四月上旬、義弘は国元の重臣たちに安宅秀安の下向を伝え、よくよく熟談して協力するよう命じている。新納忠元には「国之儀」が整わないと何を申しても「御滅亡不可有程候」（取りつぶしはまもなくであろう）と危機感を伝えている。

義弘の要請を受け、安宅秀安は義弘老中の新納旅庵の案内により、四月七日、薩摩に下向した。安宅は領国内の寺社領を書き上げた「薩隅日寺社領注文」を作成させ、各寺社領の三分の二を上地《あげち》＝収公するという荒療治をおこなった。さらに、領国内の「地頭職分」も一町につき二反ずつの上地を命じたようであり、一説にはこの強行策により米三万七〇〇〇石を確保したという。先の「御前帳」調進は島津家重臣が主導した指出検地であったが、今回の上地は政権が派遣した人物が直接領国内に手を突っ込んで強制的に執行したのである。

前年秋にも「段米」が恐らく外城単位で賦課されており、地頭にとっては二重負担となって大いに困窮したであろう。これに対する地頭らの不満は極めて大きかったと推測され、名護屋参陣の忌避・遅参、さらには後述する「梅北一揆《うめきたいっき》」に繋《つな》がっていった。四月二八日、義久は国元の新納忠元に書状を送り「政権からの公役が厳しく世間も殺気立っており、島津家も一層困難な状況である」との認識を示している（『旧記後』二―八六五）。義久としても政権側の処置には忸怩《じくじ》たる思いがあったのだろう。

安宅は「替米弁済」のための強制徴収だけでなく、久保夫人の上洛、義久自身の名護屋参陣、琉球からの「綾船」遅参についても、石田三成の怒りを伝えたようである。義久は四月八日に琉球国建善寺《けんぜんじ》に書状を送って催促し、四月九日には恐らく石田三成本人に書状を送って弁明している（『旧記後』二―八四五）。久保夫人の上洛は順風が無かったため、そのうち出船するといい、自身の名護屋参陣は「虫気」で遅れている。「替米」の件は老中らの抵抗で自分が命じても実施されなかったが、安宅のおかげでまもなく調進できるとし、家中の名護屋参陣が遅れている件も督促していることなどを釈明し、秀吉への取りなしを懇願している。実際、久保夫人はまもなく上洛したようである。

義弘がいくら命じても埒《らち》が明かなかった諸問題が、安宅秀安の下向によって短期間に解消に向かったようである。少なくとも安宅は、政権側が直接指示しないと島津領統治は困難と三成に報告したであろう。これが政権側に島津領国内への強制的措置、つまり「太閤検地」実施の必要性を痛感させたのではないだろうか。

義弘の「日本一之遅陣」と義久の名護屋参陣

天正二〇年（一五九二）四月一七日、渡船の無い島津勢を置いたまま、毛利吉成率いる第四軍は釜山近郊金海《キメ》に上陸した。小西行長ら第一軍、加藤清正・鍋島直茂《なおしげ》ら第二軍は破竹の勢いで北上し、五月三日には朝鮮の都漢城《ハンソン》（現在の韓国ソウル）を攻略している。

一方、出遅れた義弘・久保父子は四月二七日にようやく対馬を発ち、第四軍に遅れること一七日後の五月三日に釜山に上陸した。義弘は直後の五月五日、国元の重臣川上忠智《ただとも》に対し上陸までの苦境を伝えている（『旧記後』二―八八三）。その要点は次のとおりである。

・国元から船が全く来ないので、船賃を払い四月二七日に対馬を発ち、五月三日に釜山に到着した。都（漢城）はまもなく落ちるとのこと。毛利吉成らはまもなく都に入るとのことなので、何が何でも毛利吉成を捜して追いつくつもり。

・軍役を調えるよう「老中談合」で決めたのに、今まで船一艘も来ないのは、「御家御国」を傾けることになる。

・義久様のため、御家のために身命を捨てて名護屋にいい時期に到着したのに、船が遅れたため「日本一之遅陣」となり、自国・他国の「面目」を失い、無念千万である。

・国元からの「見次《みつぎ》」（支援）を精一杯果たして欲しい。我々は国元の支援がないと物資が保《も》たない。銀子は「替米之返弁」と船賃で全く無くなり、困窮している。

・遅陣で困ったので、五枚帆一艘を借りて乗船し、先月対馬に渡った。小者一人で鎗を五本も持たないまま高麗《こうらい》まで渡り、情けない様子で涙もとまらない。恥ずかしくて船泊《ふなどまり》で身を隠した。国元の対応を恨んでいる。

・島津家は秀吉様から二か国と京都に一万石を拝領し、名物肩衝《かたつき》を頂戴するなど「御高恩深重」である。もしものときは御奉公しようとしたのに、船が来ずに「日本一之遅陣」となったのは口惜しい。

・川上忠兄・伊勢貞真《さだざね》（任世《にんせい》）ら一部の家臣は船に乗れず、壱岐《いき》に置いてきた。

・義久様はご存じないだろうが、「逆心之者共」（裏切り者）が島津家を崩すことになる。逆心を企てている者は後日明らかになるだろう。

義弘の朝鮮渡海までの苦労を細かく語り、国元の不作為に対して恨んでいると率直な気持ちを伝えている。注目すべき点は三つ。朝鮮への出陣について「老中談合」で決定したと明記しており、やはり重臣談合が依然として政策決定をおこなっていることが確認できると同時に、それへの義弘の不信感がうかがえる。義弘は本気で秀吉から受けた恩義に報いようとしており、義久や家中もそうあるべきだと信じている。そして最後に、「逆心之者共」の企みがいずれ明らかになると予言めいたことを言っている。実際、翌月に後述する「梅北一撲」が勃発《ぼっぱつ》しており、家中の政権に対する不満を義弘自身も実感していたのであろう。

この書状が出される直前、国元の義久は安宅秀安からの説得に応じ、名護屋への参陣と、久保夫人＝亀寿を上洛させることを決断していた。五月四日、義久は留守居をつとめる老中本田親貞・新納旅庵・同忠元・川上忠智ら八名に対して指示を与える（『島津』三―一四四九）。義久は名護屋参陣命令に応じることを伝えるとともに、数年に及ぶ義久・義弘の在京により「国家」＝島津領国が「困苦」したとし、皆で熟談して、高麗への支援、名護屋在陣・京都への調進、船手手配など昼夜油断なきよう命じている。そして、「当家一難儀相及事眼前候」（島津家の危機は目の前に迫っている）と今までに無く危機感を煽《あお》り、精を入れないものがあれば「京儀」に任せ成敗せよとまで命じている。

あれほど嫌っていた「京儀」を持ち出すほど、ここに来て義久は危機感を覚えていた。義久としては、天正一五年六月に自分が上洛して以後の領国経営崩壊が頭をよぎったのであろう。その二の舞だけは避けるべく、重臣たちに細かな指示を出した。

具体的な指示内容は、同日付の義久袖判のある覚書に記されている（『旧記後』二―八八〇）。全部で一七条からなり、問題となった「代米」のこと、高麗（朝鮮）・名護屋・京都への「見次」＝支援のほか、「軍衆立かさみの事」（朝鮮への出陣衆が渋滞していること）、造船命令に応じていない所を糾明することなど、義弘の軍勢不足・「日本一之遅陣」原因追及がようやく本格化したようである。そのために昼夜談合に励むよう命じ、最後の箇条では条々が決着するまで帰宅を一切許さないとしている。また、付けたりとして条々決着後も、新納忠元・川上忠智・山田有信・鎌田政近の四人が、二番交替で二人ずつ鹿児島在番をつとめることも命じている。重臣談合による政策決定・施行を維持し、鹿児島に権力の空白が生まれないよう気遣っている。

気になる条文もある。「返地配当可急事、付扉贔《（ママ）》すまじき事」と「諸所上所領、可相糺事」の二つは、どちらも安宅秀安が断行した上地に関する条文であろう。義久は安宅が上地した所領を返地しようとしていたのであり、また上地された所領について糾明を命じていた。恐らく急な上地に対し、寺社や地頭からの不満が高まっており、それが軍役拒否にも繋がっていたのであろう。一部の上地を返還することで、家中の不満を和らげようとしたのではないか。

義弘の朝鮮上陸後の動向は、太田《おおた》秀春《ひではる》氏や中野等氏の研究に詳しい。釜山に到着した義弘・久保はすぐさま北上を開始し、五月八日には慶尚道昌寧《キョンサンドチャンニョン》で朝鮮の「地下人《じげにん》」を追い払うなど小規模な戦闘をしつつ、五月八日には玄風《ヒョンプン》（韓国テグ市）の毛利元康《もとやす》陣の近くに布陣している。四月二五日に名護屋城に入った秀吉は、五月一六日に漢城陥落の報せを受けている。その後漢城周辺に集結した日本の諸将は協議して、朝鮮八道に諸将を派遣して経略を進めることに決する。毛利吉成・島津義弘ら第四軍は、江原道《カンウォンド》の経略担当となり、五月から八月にかけて毛利吉成と分担して各地を転戦する。八月二九日、小西行長と明の沈惟敬《しんいけい》が平壌《ピョンヤン》で和平交渉をおこない、とりあえず五〇日間の休戦協定が成立すると、義弘は京畿道《キョンギド》の永平《ヨンピョン》（韓国抱川市《ポチョン》）に駐屯した。

一方、五月八日に鹿児島を出発した義久は、六月五日にようやく名護屋に着陣し、石田三成・細川幽斎、そして秀吉に拝謁している。なお、六月三日、秀吉は朝鮮に石田三成・大谷吉継《おおたによしつぐ》ら奉行衆（御小姓衆）を派遣することを決し、石田三成は義久に面会した翌日の六月六日に名護屋を出航している。

梅北一揆の勃発と義久・細川幽斎の薩摩下向

義久が名護屋に着陣してからわずか一〇日後、義弘が予言していた「逆心之者共」による反乱が勃発する。いわゆる「梅北一揆」である。

梅北一揆とは、天正二〇年（一五九二）六月、島津家家臣梅北国兼《くにかね》が起こした豊臣政権への反乱である。梅北国兼は朝鮮に渡海して義弘に合流すべく出航したが、平戸《ひらど》付近で引き返し、田尻但馬《たじま》・伊集院三河守《みかわのかみ》（忠将または久光）・東郷甚右衛門重影《とうごうじんえもんしげかげ》らと結託し、六月一五日、加藤清正領だった佐敷城《さしき》（熊本県葦北郡芦北町《あしきたあしきたまち》）を奪取した。翌日、東郷重影・田尻但馬率いる一揆勢は小西行長領の八代麦島城《むぎしま》（同県八代市古城町《ふるしろまち》）攻略を目指して進軍した。しかし、六月一七日、加藤家留守居衆は隙をみて梅北国兼を殺害し、わずか二日で佐敷城奪回に成功する。この報をうけて東郷・田尻両氏は急遽佐敷に撤退を図るが、八代勢に殲滅《せんめつ》され、梅北一揆は蜂起《ほうき》からわずか三日で鎮圧されたという。

この一揆の首謀者梅北国兼は大隅湯之尾《ゆのお》（鹿児島県伊佐市菱刈川北《ひしかりかわきた》・川南《かわみなみ》）の地頭であり、これに与した伊集院三河守も大隅大姶良《おおあいら》（同県鹿屋《かのや》市）の地頭だったと伝えられる。先述のように義弘の出陣前後に「段米」の賦課や「地頭職分」の上地により、地頭らの政権側への不満が充満していた。また、東郷重影は薩摩国衆入来院重時《いりきいんしげとき》の家老とされ、入来院勢の一部を率いていた。政権に不満をもつ地頭や国衆らの支持が得られると目論《もくろ》んでの蜂起だったのだろう。のちに義久が義弘に送った書状によると、「立かさみの衆」（渡海出来ていなかった軍勢）も佐敷に集結して皆亡ぼされたと記している。渡海命令を受けながらダラダラと出陣を引き延ばしていた島津家家臣の一部が、梅北国兼らに同調していたことがうかがえる。そして、この「立かさみの衆」には、薩摩国祁答院領主で義久・義弘の弟島津歳久の「悴者《かせもの》」＝被官がかなり含まれていたようである。

名護屋城在陣中の秀吉は梅北国兼蜂起の一報をうけ、一揆勢鎮圧のため軍勢を派遣すると共に、六月一八日には、朝鮮渡海衆の加藤清正・鍋島直茂・毛利輝元《てるもと》らに書状を送り、一揆勢鎮圧のため軍勢を派遣したことを報じて、島津義弘に安心するよう伝えている。朝鮮攻めの最中であり、反乱の拡大、特に島津勢の動揺を抑えようとしたのであろう。

六月二〇日、細川幽斎は朝鮮の義弘に書状を送り、秀吉から「彼悪逆人一類」成敗のため義久とともに薩摩に下向するよう命じられたことを報じている。また、翌日付で幽斎家臣麻植長通が義弘側近伊勢貞真に宛てた書状には、「大隅・薩摩に対し新たな検地を命じるように」との秀吉の上意があったとし、「御法度」が軽んじられているからこのようなことが起きると警告している（『島津』四―一七三〇、『旧記後』二―九〇七）。幽斎の下向は梅北一揆に与した「彼悪逆人一類」の成敗と島津領国に対する検地が目的だったのであり、秀吉としては反乱の再発防止と、島津勢の派兵体制の再構築を命じたのである。

七月六日、義久は鹿児島に戻り、細川幽斎も直後に鹿児島入りした。帰国直後に義久は義弘に書状を送っており、梅北国兼が「逆心」を構え、自分は処刑されてもしょうがないところ、太閤様＝秀吉から許されたと記し、「薩隅置目」を改めよとの秀吉の命で細川幽斎と共に下国したと伝えている（『旧記後』二―九一七）。義弘勢が「無人衆」であるのは、島津豊《ほう》州《しゅう》家朝久《ともひさ》や北郷三久などまだ渡海していない者がいるためであり、なかには梅北一揆に加担して渡海しなかった者もいるから「笑止千万」（とても困ったことだ）と伝えている。この時点で義久は、秀吉が幽斎に命じた「彼悪逆人一類」成敗が何を指すのか聞いていなかったようである。

島津歳久の上意討ち

天正二〇年（一五九二）七月五日、帰国した義久は秀吉に書状を送ったようであり、同月一〇日、秀吉はその返書を送り、義久に厳しい対応を迫った（『島津』一―三六三）。その要点は次のとおりである。

・「梅北一類」の首が刎《は》ねられ、義久下向以前に名護屋に届いたのは良かったが、なお念を入れること＝残党刈りをすること。

・先年＝天正一五年、薩摩国に下向した際に義久・義弘を赦免したが、「家道院事《（祁答院）》」＝歳久は上意に対し慮外の動きがあり、曲事に思っていた。その時誅伐すべきであったが、お前達を赦免したからにはやむを得なかった。

・歳久にはその後も重ねて不届きなことがあり、京都からも命じたが「御次」がないまま延引した。

・これから歳久が義弘と高麗へ渡海すれば、その身は助けるが、「彼家中之者、悪逆之棟《とう》梁《りょう》」がいるので、一〇人・二〇人も首を刎ねて送るように。

・高麗に渡らないのなら、国元で歳久の首を刎ねて出すように。

・滞るようなら、軍勢を派遣して歳久はいうまでもなく、近隣郷まで撫《な》で切りを命じるように。
・これらが履行されないなら「御検地之御奉行」は派遣しない。

秀吉は、天正一五年五月、義久降伏後に筑前《ちくぜん》博多へ戻る際、歳久本拠の祁答院（鹿児島県薩摩郡さつま町）に立ち寄ろうとしたが、歳久に入城を拒否され、歳久は秀吉への見参もしていない。それ以来の不届きを指摘した上で「彼家中之者、悪逆之棟梁」すなわち梅北一揆の中核に歳久家中がいたことを指摘している。

歳久は天正一四年の時点で手足が痺《しび》れる持病（リウマチか）を発症しており、豊後進攻は輿《こし》に乗って指揮を執っている。さらに病気は進行しており、朝鮮出陣はとても無理であり、もちろん近郷の撫で切りもありえない。秀吉はそれを分かった上でこうした命令を出しており、ようするに義久に対し自分の判断で歳久の首を刎ねるよう命じたのである。明らかにこれまで政権側の命令をはぐらかし続けた義久への報復であり、対琉球交渉などでまだ使い道のある義久の命を助ける代わりに、秀吉への絶対服従を弟の殺害という形で証明するよう求めたのであろう。

義久は歳久を鹿児島に招いたが、不穏な空気を察した歳久は祁答院に戻ろうと、七月一七日に船で鹿児島を脱出して脇元《わきもと》（始良市脇元）を目指そうとした。しかし、既に老中町田久倍の兵が待ち構えていたため、白浜《しらはま》に上陸し、竜ヶ水《りゅうがみず》（現在の平松《ひらまつ》神社付近とされる）で追っ手に包囲される。七月一八日、義久は歳久に書状を送り、秀吉から切腹させよと命じられたことを伝え、上意に従い腹を切れば妻子眷属《けんぞく》は助ける旨、細川幽斎が約束したので、当家のため、国のため「名誉之腹」を切れば、後代に名を残すことになると、自害を勧めた。

同日、歳久の側近二七名（一説には百余人）は追っ手を迎え撃ち全員討死する。歳久は病のため手足が痺れて自害できず、寄せ手に誰か首を取れと言い、原田甚次に討ち取られたという。自害の前に歳久（入道名晴蓑《せいさ》）は、義久側近の白浜重治《しげはる》・比志島国貞に宛てて辞世の句を送っている。

晴蓑めが玉の有かを人問ハ、いざ白雲のうへとこたゑん

八月一四日、秀吉は義久に対し、「祁答院一類」を早々に成敗し首を送ってきたことを賞している。一〇月七日、京都在住の道正庵《どうしょうあん》（木下《きのした》）宗固《そうこ》は、「聚楽橋《じゅらくばし》」に晒《さら》された歳久の首を確認し、高札に書かれた罪状を書状にて伝えている。それには、「梅北一揆も祁答院＝歳久の所行なので、義久に命じて成敗された。島津殿＝義久の咎《とが》であるとも、処分についても記述は一切無かった」とある（『旧記後』二―九七六）。秀吉は歳久の首と引き替えに義久の失態を不問に付したのである。

歳久の娘婿忠隣《ただちか》は、天正一五年四月一七日の根白坂の戦いで討死していた。歳久の居城虎

居城（薩摩郡さつま町宮之城屋地）には、歳久室とその娘＝忠隣未亡人、そして忠隣の遺児袈《け》裟菊丸《さぎくまる》（のちの常久《つねひさ》、一五八七〜一六一四）が残り、家臣団と籠城するに至った。七月二六日、義久と細川幽斎は袈裟菊丸に起請文を与え、三人と家臣らの「安穏」を保障する旨誓い、三人は八月一一日にようやく下城した。文禄四年（一五九五）、袈裟菊丸は薩摩国日置《ひおき》の山《やま》田《だ》・神ノ川《かみかわ》（日置市日吉町《ひよしちょう》山田、同市東市来町《ひがしいちきちょう》南神之川《みなみかみのかわ》）三六〇〇石を与えられている。これによって成立した日置島津家は幕末まで一門家として続いていく。

幽斎「仕置」と義久の主体性発揮

細川幽斎が義久とともに薩摩に下向したのは、島津歳久を処分するだけが目的ではなく、先述のように「薩隅置目」を改めることが最大の目的であった。島津歳久の首が京都に届いた直後の天正二〇年（一五九二）八月一四日、秀吉は義久に対し、①祁答院（歳久）知行分を検地の上、義久の蔵入地とすること、②寺社領、義久・義弘が沽却《こきゃく》＝売却した領知を勘落《かんらく》＝没収し全て蔵入地とすること、③「薩州惣国《そうこく》」には奉行を派遣し、検地を命じることの三つを指示している。同日、義久・細川幽斎に対しての三か条の覚書には、これらに加えて「島津家中諸代官算用之儀、可相改事」とある（『島津』一―三六八）。秀吉はこれとは別に幽斎にも条書を与えており、島津氏の蔵入地、そのほか諸代官の「噯分《さばき》」＝得分を改め、算用を遂げることととある。これまで何度か試みられた「薩隅置目」の改革がうまくいかなかった背景に、年貢等の徴収に直接あたる代官層の得分、つまり〝中抜き〟があるとにらんでいたのであろう。

天正二〇年一一月五日、名護屋城にあった秀吉は義久に対し、寺院はともかく神社領の没収は困るとの義久の訴えを却下して寺社領の蔵入地化を厳命するとともに、検地については、今年は所務＝年貢徴収に差し障るので、来年命じて派遣するとし、「薩州惣国」への検地は延期され、島津歳久領と没収された寺社領のみの検地となった。同日付の副状《そえじょう》で細川幽斎は、義久に対し年内に寺社領没収を完了するよう命じている。こうして、同年冬から翌年正月にかけて細川幽斎主導の「仕置」が実施される。

この幽斎「仕置」については、初めから義久の抵抗によって幽斎は妥協的にならざるを得ず、当初の方針が貫徹されなかった、あるいは見るべき成果もないままに終結したと否定的な評価がなされていた。しかし近年、畑山周平《はたやましゅうへい》氏は従来注目されていなかった史料を掘り起こすことで、この幽斎「仕置」を積極的に評価する。この年四月に下向した安宅秀安は寺社・「地頭職分」の上地を命じていたが、家臣に対する上地が実行されたのは幽斎「仕置」の時であったとし、当初指示のあった「地頭職分」だけでなく、御一家や国衆と呼ばれる自立性の強い有力領主層の所領が上地の対象になっていることを指摘した。これは畑山氏も指摘するように、島津家においては極めて画期的なことであった。

さらに畑山氏は、幽斎と義久が名護屋に戻った後の文禄二年（一五九三）六月五日、一時帰国していた石田三成に義久が宛てた書状に注目した。これは一連の幽斎「仕置」への不満・抗議を一四条にわたって書き連ねたものである（『鹿児島県史料　家わけ三』所収「町田氏正統系譜」二五四号）。これによると、幽斎は蔵入地の代官に義久がまったく知らない「若輩者」を登用し、逆に義久が信を置く代官は「悪所」に召移となった。佐土原領主島津豊久の実弟忠直《ただなお》（初名重虎《しげとら》、一五七四〜一六一二）には義久に無断で串木野《くしきの》城等を与え、御一家の喜入久道《きいれひさみち》の後継に、これも義久の意向に反して出家していた弟忠政《ただまさ》（忠続《ただつぐ》）を還俗《げんぞく》させて跡を継がせるなど、義久の頭越しに知行配当や蔵入地支配体制構築が強権的におこなわれたようである。

ただ、こうした「仕置」は幽斎の独断でおこなわれたものではない。文禄元年一二月二日、義久宛秀吉朱印状には「代官には法度など上方に準じるよう詳しく幽斎に命じておいた」とあり、幽斎は寺社領勘落などで出来た義久蔵入地の支配について、上方流の支配を徹底し、それまでの代官がやっていたような〝中抜き〟を防ぐ仕組みの構築を命じたのであろう。それが結果的に義久に長年仕えていた家臣の左遷につながったのである。こうした状況は義久の求心力を低下させ、御一家や家中のなかには幽斎に直接領知宛行を求めるケースがあったことが、畑山氏によって指摘されている。

これに義久は不満をもち、最終的に石田三成に訴え出ているが、それ以前にみずからへの求心力を回復しようと主体的に動いている。天正二〇年八月以前、島津家の領知宛行は老中連署の「坪付打渡状」でおこなわれており、義久の直状形式のものは無かった。しかし、幽斎「仕置」が始まった同年九月以降、寺社や家中に対する領知宛行状や知行方目録は、老中町田久倍が署判した上に、義久の角印が袖《そで》に据えられている。こうした形式の領知宛行は同年一二月末以降、町田久倍に加え、鎌田政近・比志島国貞・伊集院久治・長寿院盛淳《ちようじゆいんせいじゆん》といった鹿児島在番衆の連署に移行している。老中以外の者が加わったため義久の権威保証が必要だったと理解されているが、むしろ、義久が戦国期以来関与してこなかった領知宛行状に、義久がみずから印を据えたことを積極的に評価すべきであろう。義久がみずからの意思で宛行うことを視覚的に明示したのである。

義久の主体性発揮はこれに留《とど》まらない。何度も指摘するように、義久の領国統治方針はあくまでも「重臣談合」の尊重にあり、義久は大枠を示して重臣らの判断に任せていた。このため、義久が家中に具体的指示をすることは極めて稀《まれ》であった。しかし、天正二〇年一〇月、義久は在国の重臣本田親正《ちかまさ》・伊集院久信《ひさのぶ》（久春《ひさはる》）・桂忠昉《かつらただあき》（忠詮《ただのり》）に対し「朝鮮渡海軍衆の粮物《ろうもつ》」などを命じるよう京都から連絡があり、朝鮮の義弘からも兵糧を支援するよう要請があったのに、ある者は船が無いと言い、理屈をいって先延ばしにしているのは曲事である。船が無いものは船賃を用意し、早々に一五〇〇人ほど渡海させるよう堅く申しつける」と、細かな指示を出している。こうした具体的な細かな指示を義久が家臣に書状で指示するのは前代未聞のことであったが、これ以降、義久はこうした細かな指示をたびたび出すようになる。先の袖印付領知宛行状といい、幽斎「仕置」に対抗するかのように、義久は急に主体性を発揮し、みずからの求心力回復を図ろうとしたようである。

天正二〇年一二月末以降、この義久袖印領知方目録が数多く家臣たちに発給されている。これらの給地対象は、恐らく島津歳久の旧領や勘落＝没収された寺社領であり、本来なら秀吉の指示どおり島津家の蔵入地になるはずだったものである。家中のものたちが細川幽斎に直接交渉するに至った背景に、秀吉への降伏以後の給地不足があったのは、畑山氏の指摘どおりである。彼らからの支持を受け、みずからの求心力を回復するには、蔵入地に手を付けて給地を宛行うしか無かったのであろう。しかし、こうした行為は朝鮮在陣中の義弘・久保父子や石田三成の反発を招くことになる。

朝鮮の戦況—文禄の役の終結—

細川幽斎による「仕置」がおこなわれる直前、朝鮮では義兵の蜂起や朝鮮水軍の抵抗などにより日本軍の快進撃が止まり、秀吉は明への早期侵攻よりも朝鮮支配を優先せざるを得なくなっていた。天正二〇年八月二九日、小西行長と明軍の沈惟敬の協議により五〇日間の停戦が実現している。

この間、義弘は国元にたびたび軍勢と兵糧等の不足を訴えていたが、なかなか改善されなかった。同年九月二九日、義弘は国元の比志島国貞に対して長文の書状を送り、朝鮮渡海以来の国元の協力不備に抗議している（『旧記後』二―九七〇）。そのなかで義弘は、いまだに軍勢が揃わず、無人衆で軍役を果たさないままだと「国家」＝島津領国と島津家のためにならないと強調し、「国家」存続のための「御才覚」つまり義久自身の自覚と工夫を求めている。その上で、先日のように在陣の用意もせず、軍勢も派遣せず、軍役が不相応なまま自分が「御名代」をつとめることはできないと突き放している。あくまでも自分は義久の「名代」であるとの主張である。

その上で、「最近は何の望みも無いが、大隅・日向諸県郡の二か所の軍役負担だと考えています」とも述べている。確かに義弘は大隅国と日向国諸県郡を与える旨の秀吉朱印状は受けているが、薩摩国は義久領である。義久が非協力的なので、自分は薩摩以外の軍役を果たしているつもりだということであろう。国元への不満は頂点に達しようとしていた。

そうしたなか一〇月になると、義弘は加藤清正・鍋島直茂ら第二軍が進攻している咸鏡道《ハムギョンド》と日本軍の拠点漢城（ソウル）を含む京畿道《キョンギド》を結ぶ交通の要衝金化《クムファ》への陣替えを石田三成から命じられ、明軍の襲撃を受けた春川《チュンチョン》の島津豊久を救援しつつ、一二月末までに金化に移っている。

結局、明との和平は成立せず、義弘が金化に移った頃、明軍四万が鴨緑江《おうりょくこう》を越えて朝鮮に進軍した。翌文禄二年（一五九三）正月七日、小西行長らは平壌から脱出している。日本軍は漢城に集結することになり、義弘も正月中旬に漢城郊外の東大門《トンデムン》付近に布陣している。明軍は漢城を制圧すべく南下するが、正月二七日、碧蹄館《へきていかん》の戦いで小早川隆景《こばやかわたかかげ》・立花宗茂らが明軍を撃破し、以後戦線は膠着《こうちゃく》状態となった。

この戦い直後の正月二八日、細川幽斎の「仕置」で実務を担当していた幽斎家臣の麻植長通が義弘と共に朝鮮在陣中の伊勢任世（貞真）に書状を送り、「仕置」の完了を伝えている（『旧記後』二―一〇五二）。麻植は寺社領を勘落＝没収して蔵入地にしたものの、延期となった薩隅への検地を実施しないと軍役調達は難しいので、石田三成によくよく検地実施をお願いするようアドバイスしている。その上で麻植は、「憚《はばか》られることですが、義久の命令はいつも緩んでいるのではないか」と述べ、遠慮無く諫言したが事がなかなか進まなかったと愚痴っている。ここでも、義久の幽斎「仕置」への抵抗がうかがえよう。

そもそも、幽斎「仕置」の命令が出た七月の段階で、義弘自身はみずからが留守中の検地には反対しており、石田三成が帰国した際に検地を依頼すべきだと主張している。さらに、幽斎「仕置」後の国元の状況が朝鮮に伝わってくると、義久への不信と石田三成による全領国規模の検地実施への期待が、義弘周辺で高まっていく。

文禄二年三月中旬、明の沈惟敬と日本側諸将との間で和平交渉が再開され、①明から講和使節を日本に派遣、②明軍の朝鮮からの撤退、③日本軍の漢城からの撤退、④加藤清正に捕らえられた朝鮮の王子二名と従臣の身柄返還で交渉は妥結した。といっても、明皇帝の許可を得たものではなく、明からの講和使節は偽物であった。

四月一七日、偽の明使節は人質として漢城に入り、日本軍は五月中旬までに釜山を中心とする慶尚道《キョンサンド》南部に撤退・集結していった。小西行長は石田三成とともに、偽の明使節を連れて帰国しており、前出の義久から石田三成への幽斎「仕置」についての抗議文はこのタイミングで出されたものであった。義弘・久保父子は、六月二二日から慶尚道の晋州城《チンジュ》（もくその城）攻撃に従事し、同月二九日の晋州城陥落後は釜山近海の「唐島《からしま》」＝巨済島《コジェド》への陣替えを命じられ、生駒親正《いこまちかまさ》が築いた永登浦倭城《ヨンドウンポわじょう》に入っている。

義弘が晋州城攻撃を命じられた五月二〇日付秀吉朱印「覚」によると、義弘の軍勢は二一二八人であった。朝鮮渡海時の軍役は一万人であり、四分の一以下である。もちろん長期の戦闘で戦死あるいは病死したものも多かったろうが、義弘が何度も国元に軍勢不足を訴えていることからみて、一度も軍役数を満たしたことは無かったのであろう。同じ史料で、加藤清正とともに激戦を戦い抜いた肥前の鍋島直茂の軍勢は七六四二人を数えている。その石高は三〇万石であり、一万二〇〇〇人の軍役を賦課されていた。それと比べると、島津勢の動員がいかに不十分であったかがうかがえよう。

なお、文禄二年五月一日、秀吉は豊後の大友吉統《よしむね》、薩摩出水の島津薩州家忠辰を改易している。大友吉統は小西行長が平壌から撤退した際、小西勢を待たずに勝手に撤退したことが「臆病《おくびょう》」とされたことで、島津忠辰は義弘の「与力」であったにもかかわらず同陣せず、仮病をつかって名護屋に留まりつづけ、釜山渡海後も島津義弘のもとに参陣しなかったためであった。忠辰は改易直後の八月二七日に朝鮮で亡くなり、子息らは小西行長にお預けとなった。

第五章　島津忠恒の世嗣承認と文禄の「太閤検地」

一、島津久保死去と忠恒の擁立

久保の怒り

細川幽斎の「仕置」の結果、多くの寺社領が勘落＝没収となり、家臣の所領が上地となった結果、ある程度の蔵入地が出来たはずであるが、義久は給地不足を訴える家臣の要求とみずからの求心力を高めるため、袖に自身の角印を据えた知行方目録によって、蔵入地を給与していった。そうした実態は、文禄二年（一五九三）夏頃、唐島＝巨済島在陣中の義弘・久保父子の知るところとなったようである。

文禄二年八月二三日付で栗野留守居の新納旅庵が、在朝鮮の義弘側近とみられる山崎久兵衛尉《やまざききゅうべえのじょう》・川上忠兄に宛てた書状によると、幽斎「仕置」のあと義弘領であるにもかかわらず、大隅国の「可然在所」＝収穫量のいい場所はみな鹿児島＝義久の蔵入地になり、残りは鎌田政近・長寿院盛淳ら鹿児島在番衆が所持しており、ようやく宮内《みやうち》・大窪《おおくぼ》・田口《たぐち》（鹿児島県霧島市）に少し「公領」が残っているが、門・屋敷がわずかに一二、三あるだけで、何千石といっても畠《はたけ》だけで役には立たないと報告している（『旧記後』二—一一八五）。

この長文の書状には、旅庵が「若輩」（当時四三歳）であるため、義久付の老中達に抵抗できないことへの愚痴・弱音が切々と語られている。この年七月、義弘の五男久四郎忠清《きゅうしろうただきよ》（一五八二〜九五）が義弘室宰相の代わりに人質として上洛しているが、鹿児島からの「合力」は一銭もなかったという。さらに、朝鮮に出陣しようとする家臣を押しとどめ、鹿児島に出仕するよう説得するなど、様々な鹿児島在番衆からの妨害を書き上げている。義久付きの鹿児島在番衆と、義弘の留守を預かる栗野在番衆との間に深刻な対立があったのは間違いないだろう。

八月三日、久保は留守居の新納忠元に書状を送る。久保は去年以来「棄破勘落」＝没収した所領は蔵入地にせよとの秀吉の命令があったにもかかわらず、みなに配当したのは納得できないとし、配分した所領をことごとく没収し、去年・今年の年貢を確かに納入させよと命じる。そして、その実行のため山田有信を帰国させることを伝え、山田と共にまず日向国諸県郡分の没収を厳しく実施するよう求め、もし「気任《きまかせ》」＝勝手なものがいたら「成敗」するよう命じている。久保がこれほど厳しい指示を出しているのは後にも先にも無く、怒り心頭の様子がうかがえる。

義久強制隠居計画

義弘・久保父子は急ぎ山田有信を派遣したものの、国元が応じない場合を懸念して石田三成とともに朝鮮在陣中の安宅秀安に相談したようである。義弘の三成、そしてその家臣安宅への信頼は絶大なものがあった。それは国元の重臣に信頼できる者がいないことへの裏返しでもある。三成・安宅はそうした「信頼」と「依存」を利用しようとした。三成は義弘と共に朝鮮在陣中の島津家老中伊集院忠棟とも相談し、安宅を通じて義弘・久保父子に秘策を伝える。それが、文禄二年八月一六日付の安宅秀安書状である（『島津』四―一七五九）。その要点は次のとおりである。

・国元で勘落分の蔵入地再編入が実施されているかの糾明は、伊集院忠棟の帰国までは確認できないので、まず側近の丸目五右衛門《まるめごえもん》を派遣して、義弘領の大隅・日向諸県郡分の蔵入地編入を命じるべき。

・幽斎「仕置」後の状況を義弘・久保父子と石田三成にも報告せよと、名護屋で義久役人衆に堅く命じたが、その後の報告は無い。諸県郡の知行配当は伊勢貞成《さだしげ》（義弘側近伊勢貞真の長男）に命じて、その後の処置を京都に報告させるよう強く命じるように。

・石田三成が上洛次第、義久の隠居を秀吉に言上するので、今年の年貢収穫前に義久は隠居するであろう。その上で、薩隅諸県の「棄破勘落」した分の年貢を残らず徴収すればよい。

・薩隅諸県の所務＝年貢を取り逃すと、久保が家督を譲られても京都御屋形作はできない。久保の在京には物入りであり、義久隠居分に知行をやる必要もある。朝鮮から撤退後も、大仏造営・伏見城普請が続くので、薩隅諸県の所務を確保する必要がある。

・石田三成が上洛して二〇日後に使者を一人京都に派遣せよ。義久の隠居を言上して、秀吉の命を使者に伝える。義久が名護屋から直接上洛した場合、義久の隠居を「公儀」＝豊臣政権として直接伝える。早々に父子にも伝えるため使者を上洛させるように。

要は、石田三成が秀吉を説得して、義久を強制的に隠居させて久保が家督を継承し、義弘・久保父子が領国支配の全権を掌握するという強行策・荒療治である。父子は兄義久の勘落分給付に憤慨して相談を持ちかけたが、まさかこんな強行策を提示されるとは想定していなかったのではないか。伊集院忠棟の名前が出ており、この秘策には三成・安宅だけでなく、忠棟も一枚噛《か》んでいた可能性が高い。安宅は「能々御思案此時候」（よくよく思案して今こそ決断すべき時だ）と、義弘・久保父子の覚悟と決断を迫っている。石田三成・伊集院忠棟はとうとう義久を排除すべきと決断したのである。中野等氏は、石田三成が「従来から〝親豊臣〟として良好な関係にあった義弘―久保体制へのシフトを模索し、そうした体制のもとでの領国再編を企画」したと評価している。

八月二一日にも安宅秀安は義弘・久保父子に書状を送り、これまでの義久ら国元の不作為を書き上げて糾弾した上で、「御分別此時候」と父子の決断を迫っている（『島津』四―一七五八）。この文書からは義久隠居の文言は削られており、こうした強行策に少なくとも義弘は同調できなかったようだ。この前後、義弘は名護屋在陣中の奉行衆長束正家《なつかまさいえ》に対して書状を送り、幽斎「仕置」で「棄破勘落」された寺社領のうち一万一〇〇〇石が代官や朝鮮に出陣もしない者らに宛行われている現状を訴え、「棄破勘落」分を残らず久保の蔵入地にするよう命じる秀吉朱印状の発給を要請している（『旧記後』二―一一九二）。

こうした義弘の腰の引けた対応に、石田三成・安宅秀安は説得を続ける。八月二七日、安宅は義弘・久保に書状を送る（『島津』四―一七六〇）。安宅は「義久に隠居を求める策につき、義弘には色々と思うところがあるようだが、自分には理解できないことである」とし、このたびの幽斎「仕置」は前代未聞である。家中のものが主人の知行を届けることなく悉《ことごと》く分け取りにして出陣もしない。こうしたことを無念にも思わないとは善悪を知らないのではないかと、義弘の弱腰を批判する。その上で久保に対し、たとえ義弘が逡巡《しゅんじゅん》するようなことがあっても、久保自身は（義久との縁を）切る覚悟をして、使者を派遣することが大事ですと、秀吉に義久隠居を求める使者の派遣を求めたようである。さらに、使者派遣の件を、いつものように「談合談合」といっていると、はがゆい状態になると島津家特有の「談合」体質を批判し、とにかく急ぎ判断して使者を派遣するよう急かしている。

それでも義弘・久保父子は決断できなかったようであり、翌八月二八日、再度安宅秀安は義弘・久保に書状を送る（『島津』四―一七六一）。安宅は細川幽斎による「仕置」自体が間違っていたとし、「薩隅諸県」を「幽斎之仕置」のままにしておくと、どのみち島津家は続かない。細川幽斎自身が欲にまみれており、義久・義弘・久保が果ててもなんとも思っていないのに対し、石田三成は決して裏切らないと強調する。その上で、義弘の「御心よはく候事」（情に脆《もろ》い、非情になれないこと）を家中衆も知っているので、主人に届けもせず知行を分け取り、知行地や代官職なども好きに交替させているのだと義弘の弱腰姿勢を批判し、三成の策に応じるよう決断を迫っている。こうなるともはや脅迫である。

義弘は一貫して国元の不作為に不満をもち、兄義久の責任も追及していたが、石田三成の強行策にはどうしても同調できなかったようである。多くの家中が義弘ではなく義久を「主君」と仰いでいる状況を義弘自身が分かっており、歳久への処置など豊臣政権に対する憎悪を抱く家臣が多いなか、政権の力を借りて義久の強制隠居により家督を久保に継がせても、うまくいかないことをよく分かっていたのだろう。

結局、この強行策が実行に移されることは無かった。文禄二年（一五九三）九月八日、家督継承者の島津久保が、巨済島にて二一歳の若さで病死してしまったからである。

久保後継をめぐる石田三成と伊集院忠棟の策動

嫡男を異国で失った義弘の心中は、察するに余りある。翌日、義弘は悲嘆に暮れながらも、久保の同母弟又八郎忠恒《またはちろうただつね》（一五七六～一六三八）に書状を送り、久保が亡くなったことを伝えるとともに、朝鮮渡海を予定していた忠恒に帰国を命じ、母宰相の側にいるよう命じている。この書状によると、久保は患ってはいたが深刻な病状ではなく、深夜に急死したという。

久保の急死で困惑したのは親族だけではない。直前まで義久を隠居に追い込み、久保に家督を継がせて、島津家をコントロールしようと企んでいた石田三成にとっても大打撃だったろう。九月一〇日、三成は朝鮮在陣中の島津忠長以下御一家・国衆七名、喜入忠続以下重臣一六名に対し条書を与え、久保供養のための帰国は義弘が命じた一〇〇名以内とし、久保の陣所に誰か「老衆之中」または「人持之仁」を在陣させることを命じている。在番体制の維持とともに島津家中の掌握を図ろうとしたのであろう。

そして石田三成は、久保亡き跡の家督継承者選定においても主導権を握ろうとする。文禄二年九月二五日、名護屋まで戻った三成は、宛所はないが恐らく伊集院忠棟に書状を送っている（『旧記後』二—一二〇六）。内容は多岐にわたるがポイントは久保の後継についてである。「久保の跡目について、義弘の意向を伺ったところ、義久やあなた＝伊集院忠棟が在京しているであろうから相談してくれと答えたので、内々に決めれば良いと思う」とあり、悲しみにくれる義弘は兄義久や重臣に一任したのである。その上で三成は、「義久も伊集院忠棟も帰国しているので、久保跡目について検討して義久と談合の上、大変ではあるが忠棟が上洛して、義久の意向を秀吉に報告して承認を得たら、朝鮮の義弘に必ず報告するように」と、今後の手順について伊集院忠棟に一任する。その直後には「今義弘は久保を失って取り乱している。島津家にとって一番大事なのはこの時なので、油断しないように」と記す。義弘が悲しみに暮れて取り乱している隙を狙ったのは三成自身である。

上記の手順によれば、久保の後継指名の主導権は義久にあるように見えるが、別の箇条では次のように記す。

島津氏家督継承者の件は、恐らく義久の考えや家老衆の意見もあるだろうが、言うまでもないが久保にはすぐ下の舎弟＝忠恒がいるので、そうしたところに落着すれば、早々に忠恒を連れてあなたが上洛し秀吉の承認を得れば、必ず決着するのではないか。

義久や重臣たちの意向を重視するような姿勢を取りつつ、三成と伊集院忠棟の間では故久保の次弟又八郎忠恒に名跡を継がせることで意見の一致をみていたようである。閏九月晦日《みそか》（三〇日）、三成と共に名護屋から上洛していた安宅秀安は朝鮮の義弘に書状を送っている（『島津』四―一七六四）。安宅は、義久御隠居の件は久保が亡くなったため、秀吉への上申は取りやめになったと伝えると共に、石田三成の意向を次のように記している。

三成は、忠恒様のお供をして伊集院忠棟が上洛するよう、忠棟と義久様に書状で伝えたので、きっと近日中に忠恒様が上京されるでしょう。上京し次第、秀吉様が久保殿跡目を忠恒様に命じられるよう、どんなことをしても尽力して実現させると申しております。

初めから三成は忠恒が後継に指名されるよう画策していたことが分かる。中野等氏が指摘するように「あきらかに島津氏への内政干渉」であった。

前出の九月二五日付伊集院忠棟宛三成書状には、「以前熊川《ウンチョン》（韓国昌原《チャンウォン》市）で協議したように、島津領国の仕置＝検地も決定した。詳しくはあなたに説明するよう秀吉の上意があったので、あなたの上洛が大事です」と記しており、朝鮮在陣中に島津領国への検地が決定しており、それは三成と伊集院忠棟が主導して実施するとの秀吉の内諾も取り付けていたことになる。この熊川での協議が久保死去の前なのか後なのかはっきりしないが、検地実施を見据えて、国元で久保後継を忠恒に決定→忠恒と伊集院が上洛→秀吉の承認→「太閤検地」実施命令という計画が、石田三成と伊集院忠棟の間で出来てきたことは間違いない。伊集院忠棟は秀吉から直接領知を宛行われた「御朱印衆」という立場と、島津家筆頭老中という立場を利用して、久保後継を決定する重臣談合を主導するという、極めて重要な役割を担ったようである。

久保の後継候補と忠恒の世嗣決定

安宅秀安は閏九月の時点で忠恒の上洛は間もないとの見通しを示していたが、久保後継をめぐる重臣談合は紛糾したとみえ、忠恒の上洛は同年一一月から一二月のことである。結果的に忠恒が久保の跡目となり後年初代薩摩藩主となることから、スムーズに決まったようなイメージがあるが、実際はかなり違う。

義久の後継者としては複数の選択肢があった。久保は義久の「名代」である義弘の嫡男という血筋に加え、義久三女亀寿の婿という立場があった。義久には三人娘がおり、二女新城《しんじょう》（一五六三～一六四一）は大隅国清水領主島津以久の嫡男彰久《てるひさ》（一五六七～九五）の室となり、嫡男忠仍《ただなお》（のちの久信《ひさのぶ》、一五八五～一六三七）を生んでいる。久下沼譲《くげぬまゆずる》氏の研究によると、島津以久とその父忠将は、義弘が「名代」に就任するまで、本宗家家督継承が可能な「脇之惣領」であった。天正一五年に豊臣政権に降伏後も、島津以久領は秀吉から安堵されており、伊集院忠棟同様島津家の「与力」＝御朱印衆であった。久保後継問題が浮上して以降、義久

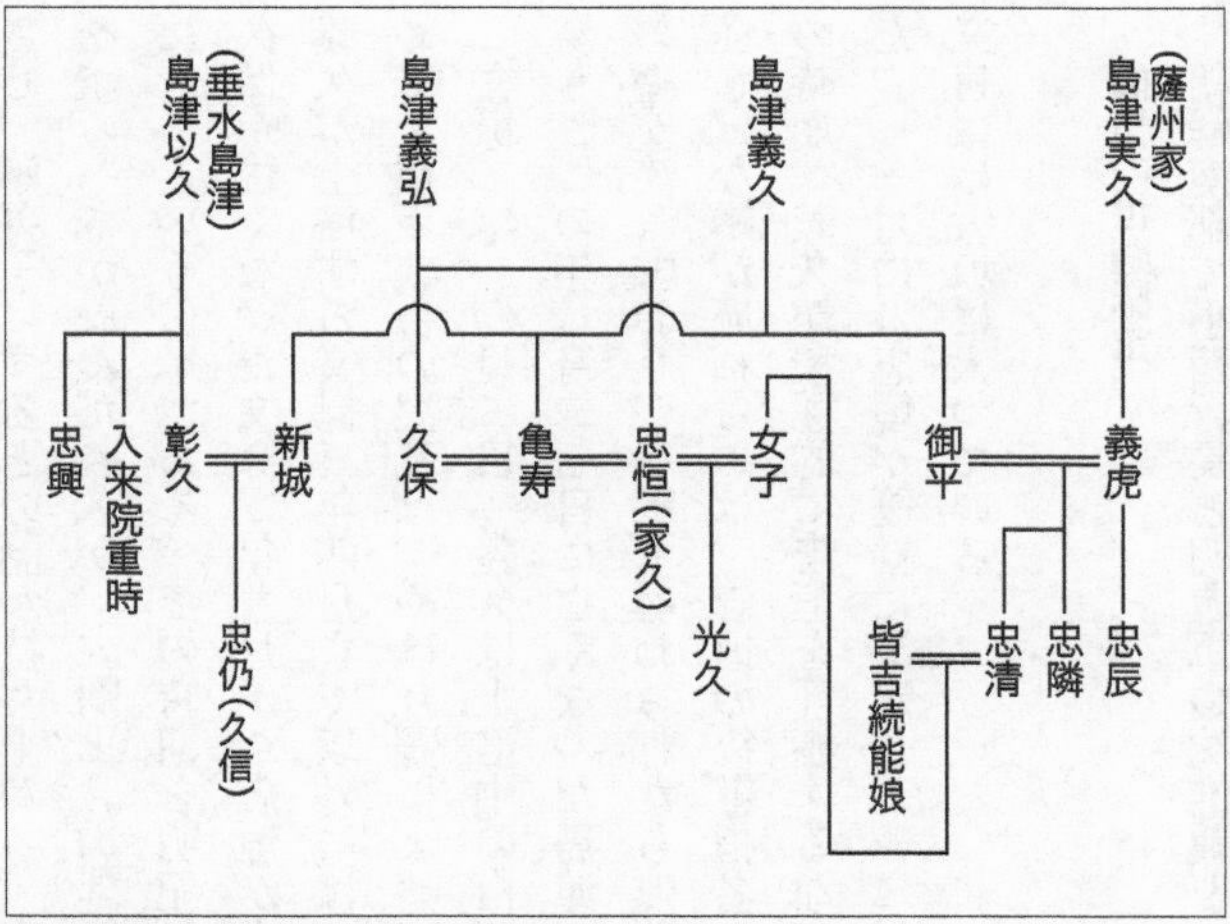

図5　豊臣政権期島津氏略系図

の娘婿彰久や外孫忠仍も忠恒に劣らぬ後継候補であった。

義久が外孫忠仍を家督に据えようと考えていたことを示すものとして、よく挙げられる史料に「末川家文書家譜」（『鹿児島県史料　旧記雑録拾遺家わけ十一』所収）の次の記述がある。

惟新様御息又八郎忠恒殿を聟御養子ニ被成、第三之御女《（亀寿）》国分様を奉取合度事之由御申上ニ而候、然者両条之間、龍伯公御心依難御決、正八幡宮江被遊御参詣、御孫相模守《（忠仍）》・御甥又八郎《（忠恒）》両人之間、守護職御譲之御鬮申上被成候所、又八郎殿へ御鬮下候而、又八郎殿御養子ニ御成被成候、

久保の次弟忠恒を久保未亡人亀寿と結婚

させ、婿養子にするとの話が持ち上がる。忠恒と新城の子相模守《さがみのかみ》忠仍、どちらに「守護職」を譲るべきか悩んだ義久が、大隅正八幡宮《しょうはちまんぐう》で鬮《くじ》を引いた結果、忠恒を養子として譲ることにしたという伝承である。その時期を明記していないが、義久がその選択を迫られたのは、久保が亡くなった文禄二年九月から忠恒が上洛する同年一二月まで、あるいは後述のように義久が上洛する文禄三年四月まで以外には考えにくい。亡き久保に代わる次期家督継承者をめぐる重臣談合の混乱は、やはり鬮によって解決がはかられた可能性があろう。

文禄二年一〇月二日、義久は上洛中の白浜重治・新納旅庵に書状を送り、秀吉によって改易されこの年八月二七日に亡くなった島津薩州家忠辰について、義久が「贔屓《ひいき》」していたとの噂が流れており、京都で尋ねられたら無関係であると説明するよう命じている。こうした怪しげな噂が流れるのは、忠恒の後継指名を承認しない義久への圧力の可能性もあろう。この時期、義久が積極的に忠恒を評価するなり、後継と認める旨の史料は一切存在しない。ただ、一一月には忠恒が後継に決定し、一二月には伊集院忠棟と共に鹿児島を発ち、一二月一三日には大坂に入っている。

忠恒の世嗣認定

朝鮮南部で小西行長と明遊軍の沈惟敬との間で交渉が続くなか、島津忠恒を久保後継として秀吉に承認させるための工作がおこなわれたようである。忠恒自身は堺で疱瘡《ほうそう》に罹《かか》り、暫《しばら》く療養していたようであるが、三月には回復したようである。

この間、文禄三年（一五九四）正月二七日、現存していないが伊集院忠棟は朝鮮の義弘に対して書状を送っており、三月一〇日付で義弘から伊集院忠棟への返信が出されている（『旧記後』二―一二八二）。伊集院からの報告内容も含めて、その要点は次のとおり。

・忠恒の秀吉への拝謁が済み次第、忠恒は朝鮮に渡海するよう、石田三成から命じられた。

・忠恒のお供として鎌田政近・伊集院久治・比志島国貞の三人を朝鮮に渡海させるよう、三成が国元に命じた。

・義弘はこうした三成の尽力・措置に謝意を示し、特に三人の老臣の渡海が決まれば、「若輩之在陣」も気遣いがなくなると歓迎。

・忠恒の在京中の生活について、伊集院忠棟に「異見」するよう求め、万事依頼。

忠恒の秀吉への見参は久保の跡目を継承することを意味し、島津氏世嗣として朝鮮渡海を命じられたようである。そしてポイントは、鎌田以下三人の老臣の朝鮮渡海が命じられたことである。細川幽斎の「仕置」に際して、義久が袖印を据えた知行方目録に町田久倍・長寿院盛淳とともに連署していたものたちである。つまり、義弘・久保が激怒した寺社からの「棄破勘落」分を家臣達に分配した張本人であった。彼らを朝鮮に出陣させ、領国そして義久から引き離そうとしたのである。義弘が三成に感謝するのも当然であろう。正月二八日、忠恒は国元にいるとみられる川上忠智に書状を送り、こうした指示と忠恒の朝鮮渡海準備のため、新納旅庵を国元に下向させたことを伝えている。

吉野山《よしのやま》で花見を楽しみ、高野山《こうやさん》で父母の供養をおこなった豊臣秀吉は、文禄三年三月一七日に伏見屋敷《ふしみ》（のちの指月《しづき》伏見城、京都市伏見区桃山町《ももやまちょう》）に戻った。三月一九日堺を発った忠恒は、石田三成の「指南」により、伏見屋敷にて秀吉に見参する。見参は近年に無くうまくいったといい、忠恒は無事世嗣と認められたのである。

当初の予定では忠恒はすぐに朝鮮に渡海するはずであったが、しばらく京都の道正庵宗固の所に滞在している。道正庵は戦国期以来島津家との関係の深い曹洞宗《そうとう》寺院であり、その庵主木下宗固は島津家の在京代官的役割を担っていた。忠恒・忠清兄弟は、ここで多くの来客に対応し、京都在住の船木重勝《ふなきしげかつ》・徳岡宗与《とくおかそうよ》といった側近の案内で、乱舞や侘茶《わびちゃ》を楽しんでいる。来客の中には近衛信輔《のぶすけ》（のちの信尹《のぶただ》、一五六五～一六一四）もいたが、信輔はその直後の四月一一日、秀吉の勘気（怒り）を蒙《こうむ》って薩摩配流となり、文禄五年（一五九六）七月まで坊津《ぼうのつ》（鹿児島県南さつま市坊津町）や鹿児島に滞在することになる。

忠恒の在京が長引いたのは、石田三成の思惑があったからである。四月七日、伊集院忠棟は朝鮮の義弘に書状を送って忠恒の近況を知らせると同時に、三成が義久の上洛を望んでいる旨伝えている。義久の上洛後、「『御縁中』＝忠恒と久保室亀寿の縁組みを決め、その祝言を済ませた上で、朝鮮へ渡海するのがいいだろう」との意向である。豊臣政権としては秀吉への見参で事足りるが、島津本宗家家督としての正統性を、義久三女亀寿との婚儀成立により確保した上で渡海した方が、島津家内部の支持を得るためにも重要と考えたのであろう。伊集院忠棟は三成の意向として伝えているが、そう入れ知恵したのは忠棟自身であろう。

石田三成・安宅秀安の狙い

石田三成が義久の上洛を求めたのは、亀寿の婚儀を認めさせること、忠恒の渡海・忠清の帰国にともなう在京人質の確保が大義名分であろうが、中野等氏が指摘するように、義久自身を領国から引き離すこと自体が大きな目的であったと思われる。二月には長寿院盛淳も上洛しており、これによって、幽斎「仕置」で義弘・久保蔵入地を好き勝手に分配したと非難された、義久やその重臣達のほとんどが領国から切り離されることになる。石田三成の策により、忠恒の世嗣決定、義久派重臣たちの領国からの排除が実現しつつあった。

そこで石田三成は何をやろうとしていたのか。二月七日、三成重臣の安宅秀安は朝鮮の義弘に書状を送っている（『旧記後』二―一二七〇）。詳細は伊集院忠棟・長寿院盛淳が伝えるとしているが、忠恒の秀吉への見参が済めば、「悉く国ぶりを変えて豊臣政権からの軍役をしっかり果たせるようにしないと、島津家は存続できないだろう」と、政権からの命令が貫徹しない領国支配体制の変革を求めている。その上で、「国家之役儀」をこれまで無沙汰《ぶさた》しても島津家が存続できていたのは「取次」の石田三成・細川幽斎のおかげであり、島津家が変革しないのなら三成は「取次」を辞めると脅している。最後には、高麗への出陣の際、義弘が小姓だけつれて賃船で渡海したこと、名護屋での替米の不備、高麗在陣中無人数で苦労したことなど、あなたは忘れているのでしょうかと、傷口に塩を塗り込むようなことを書き連ね、「あなたが善悪を判断しないと、なにをこちらから命じても無駄になる。あなた自身の覚悟があれば島津家は存続するだろう」と覚悟を求めている。

明言していないが、朝鮮在陣中の義久強制隠居計画をふまえると、善悪の「悪」とは義久とその周辺を意味するのであり、それを島津家の支配体制から排除すると、義弘自身が覚悟・決断するよう迫ったものとみられる。こののち三成主導で実施される「太閤検地」の目的のひとつが、この島津家内部の支配体制の変革にあったのは間違いない。

安宅がここまで脅迫的な文言を書き連ねたのは、久保生前以来、義弘が義久の排除に消極的であったからに他ならない。この年三月上旬頃、義弘は秀吉への見参を控えた忠恒に教訓を書き連ねた覚書を与えている（『旧記後』二―一二五五）。これには、「秀吉朱印状に龍伯様（義久）か自分が書状を添えていないものは、許容してはならない」とあるほか、「起請文は誰とも取り交わしてはならない」、「雑談は止めること」、「真実と称してどのようなことを言う者があっても、自分が承認するまでは同心してはならない」、「無能なものを側に召し置いてはならない」など、世嗣となる忠恒の行動を厳しく制限している。

特に大事なのが冒頭の一条で、秀吉朱印状つまり政権側からの命令の実行にあたっては、義久・義弘の添状＝承認が必要ということである。忠恒による久保跡目の継承と秀吉によるその承認は、石田三成の尽力によるものであった。それは、義弘・忠恒父子に恩を売って、忠恒をみずからのコントロール下に置こうとの意図が見え見えであった。義弘としてはそれを防ごうとし、しかも三成が排除しようとしていた義久とともに忠恒の行動を制限する方針をはっきり示したのである。これは前出の安宅秀安が迫った覚悟とはまったく違うベクトルであろう。

これに対し忠恒は、義久・義弘に起請文を出し、両殿への忠孝を誓うとともに、両殿様からたとえ「無理非道之御嗳《おあつかい》」を受けても孝を違《たが》えないとし、「御家相続」を両殿から命じられたご高恩に報いるべく、当家の安泰のために忠貞に勤めるとしている。父の意向を受けて、義久・義弘ともに尊重する旨を誓ったのである。こうして、義久・義弘・忠恒の「三殿」体制が、「太閤検地」や庄内の乱、関ヶ原《せきがはら》の戦いを挟みつつも、琉球侵攻まで継続していくことになる。

島津忠恒の飲酒問題

文禄二年（一五九三）一一月一一日、在朝鮮の義弘は上洛予定の忠恒に書状を送っている。石田三成の「指南」、伊集院忠棟の「異見」（意見）に従うよう命じ、京都で知人が多く出来ると後日の「あざけり」になるので控えよとか、義弘の知人が尋ねてきたら忠棟に相談せよとか、京都見物は一切禁止などと、上洛中の生活について細かく指示している。

義弘が心配したのは忠恒の「飲酒」が気がかりだったからのようだ。父義弘は朝鮮からたびたび国元の忠恒に書状を送り、繰り返し忠恒の飲酒を戒めている。例えば文禄二年六月二二日付書状では、「あなたは酒を飲んではいけない。どんなに人々が酒を強要したとしても、一滴も飲んではならない」と厳しく禁酒を命じ、「なにごとも酒が原因で悪いことが起こるものである」と戒めている（『旧記後』二—一二四六）。

飲酒について義弘が何度も説諭するのは理由があった。前出の文禄三年（一五九四）三月上旬頃の忠恒宛義弘覚書には、「生得下戸にて候処、酒一口モ可為無用事」との条文がある。忠恒は生まれながらの「下戸」つまり酒が飲めない体質だったのである。義弘はこれも前出の三月一〇日付伊集院忠棟宛書状でも、「忠恒は生まれながらの下戸である。しかし人々から勧められると、酒の稽古《けいこ》だといって飲んでしまう。そして、正気を失ってしまい、その場の雰囲気を壊してしまう」と記している。

世嗣久保の弟として国元にいるだけならそれでも良かったのであろうが、島津氏の世嗣として在京中様々な饗宴《きょうえん》に出る立場となった以上、泥酔して醜態をさらすことは絶対避けなければならないと、父義弘は考えたのであろう。義弘は忠棟に対し、「忠恒が酒を一口も飲まないよう諫言するように」と、お目付役を命じたのである。忠恒にとって伊集院忠棟は、自分を家督継承者に就けてくれた恩人であると同時に、飲酒を監視する小うるさい存在となったのである。後年、伊集院忠棟が忠恒から手打ちに遭うことを考えた時、義弘は厄介な役目を忠棟に負わせたことになろう。

義久の上洛、忠恒の朝鮮渡海

文禄三年（一五九四）四月中旬、義久は鹿児島を発って上洛の途に就いた。政権側からは守旧派とみられていた新納忠元も、六九歳と高齢ながら義久に同行している。四月二八日、日向細島（宮崎県日向市）で坊津配流途上の近衛信輔に再会したあと、瀬戸内海《せとないかい》経由で堺に向かったようであるが、五月上旬に至っても義久は到着せず、忠恒や伊集院忠棟を苛《いら》つかせている。五月二日、伊集院忠棟は在朝鮮の相良《さがら》家長《いえなが》・川上忠兄に書状を送り、義久到着が遅れていることを愚痴った上で、石田三成の尽力のお陰で島津家が存続しているのだと強調し、三成一人を押し立てて、京儀を問題なく勤めることが大事であり、ほかに頼るべき人はいないとして、義弘への披露を求めている。忠恒の秀吉見参実現を契機に、政権側と島津家の「取次」を石田三成に一本化しようとの意図が感じられる。豊臣政権による島津家支配を、三成とその盟友となった伊集院忠棟との太いパイプによって独占・強化する策であろう。

義久・新納忠元らは五月下旬に到着したようである。三成は大坂で待ち構えており、恐らく義久に忠恒と三女亀寿との婚姻を認めるよう迫ったとみられる。そして、文禄三年六月一七日以前、忠恒と亀寿の祝言が執りおこなわれた。忠恒一九歳、亀寿二四歳であった。これにより、忠恒の島津氏世嗣としての正統性が確保されたのである。

八月下旬、名護屋に下向した忠恒は国元から兵が集まるのを待ち、一〇月上旬になってようやく御朱印衆の島津彰久、北郷三久とともに壱岐、そして対馬に渡る。そして、一〇月二六日、兵二五一名を率いて朝鮮釜山浦に到着する。一〇月三〇日には島津勢が在番する唐島(巨済島)に渡り、二年八か月ぶりに父義弘と再会を果たしている。

二、太閤検地と知行配当の混乱

「太閤検地」の実施

義久の上洛により、幽斎「仕置」後の蔵入地配分をおこなった義久―重臣談合の支配体制はようやく崩れた。義弘が石田三成に期待した「太閤検地」実行の機会が訪れたのである。

文禄三年（一五九四）初頭から、三成とその重臣安宅秀安は、検地とその後の知行割りの島津側代表として筆頭老中で三成盟友の伊集院忠棟、そして幽斎「仕置」時に鹿児島在番衆でもあった長寿院盛淳の二名を指名していたようである。

七月八日、義久は伊集院忠棟に誓紙を出す（『旧記後』二―一三三三）。三成主導の検地を認める内容であり、自分は在京中のため、「大儀之事」＝重大案件は「談合」をおこなうものの、「もろもろの判断・処置は悉く忠棟の判断に任せる」と、検地に関する全権を伊集院忠棟に委任した。もはや〝俎板《まないた》の鯉〟ということであろうか。七月一二日には、伊集院忠棟と国元に残った老中町田久倍・本田親貞とで起請文を交わし、義弘・石田三成のために「御検地総奉行」への妨害をせず、国元で任命された奉行にも誓紙を出させることを誓わせている（『旧記後』二―一三四三・一三四七）。

こうしてお膳立《ぜんだ》てが調うと、七月一六日、田畠の上中下の一反あたりの石盛＝田畑の石高の算定基準を定める「島津殿分国御検地斗代之事」と、検地における禁止事項を記した「島津分国検地御掟条々」が発布され、八月一一日には検地の指揮を執る「御検地総奉行」と称される石田家中二十数名が大坂を発ち、島津領国に下向した。検地は九月一四日、薩摩大口城麓《ふもと》から開始され、翌文禄四年（一五九五）二月までに完了した。
いわゆる「太閤検地」とは、中野等氏の定義によると「豊臣政権期に秀吉あるいは政権中枢が何らかの関与をして実施した土地調査」である。田畠に等級をつけ、土地の面積を町・段・斗・升・合・勺という単位に整理し、田畠・屋敷地まで生産力を米に換算し、米高として把握した。こうして村の石高（村高）・郡高・石高が算出され、大名の格式が石高で表されるようになり、軍役などもこの石高に応じて賦課されるようになる。

島津領における石高制は、天正一九年（一五九一）の「御前帳」調進の際に導入されているが、先述のように前提となる指出がうまくいかず、政治的意向で二一万四〇〇〇石（琉球、島津薩州家領を除く）という石高が算出されている。天正二〇年秋以降実施された細川幽斎の「仕置」では、没収された寺社領や島津歳久の旧領に対し検地が命じられており、文禄二年五月に改易となった島津薩州家の旧領出水（鹿児島県出水市）でも検地が実施されたようであるが、その実態はよく分からない。文禄三年（一五九四）九月に始まる、石田三成が派遣した奉行衆による「太閤検地」こそが、島津領全域を対象とした初めての惣検地であった。

唐島在陣中の島津勢と忠恒の悪評

唐島（巨済島）の永登浦《ヨンドウンポ》倭城を預かり、その在番を命じられた義弘は、太閤検地の最中も相変わらず軍勢と武具の支援不足に悩まされていた。朝鮮王朝側の「番船」（軍船）からたびたびゲリラ攻撃も受けており、長期の在陣と冬期の厳寒により、病没した久保だけでなく多くの将兵が病気となっていた。文禄三年（一五九四）八月五日、義弘は石田三成に書状を送り、去年以来、久保の遺骸《いがい》と共に帰国したものもあり、病死者・病人も帰朝したが、参陣する者がおらず無人数のままだと歎《なげ》いている。

島津忠恒が朝鮮唐島に着陣した直後の同年一一月上旬、義弘は石田三成に対し、島津家への軍役は二〇石に一人から四〇石に一人へと緩和され、五〇〇〇人となったのにもかかわらず、「国習之式」で急いで出陣する気配は無く無人数のままだと歎いた上で、現時点の島津勢の人数を具体的に報告している（『旧記後』二―一四一六）。「国習」とは「その地方に特有の風俗や習慣」である。現代でも九州南部では「薩摩時間」・「日向時間」といった、約束の時間から多少遅れても許されるという田舎特有の大らかな、あるいはルーズな時間感覚がある。この時代の「国習」あるいは「国ぶり」とは、時間感覚に限らず万事ルーズな対応を指すのだろう。豊臣大名としての自覚を持つべきと考える義弘にとっては、こうした国元のいい加減な感覚が我慢ならなくなっていた。特に義弘が問題視したのが、秀吉から直接朱印状で領知を宛行われた「御朱印衆」三氏＝北郷忠虎・島津以久・伊集院忠棟が軍役を守っていないことである。

この年春に報告した島津勢の人数は三七九〇人。忠恒が渡海時に率いていた軍勢は二五一人。それを合わせて、島津勢の総数は水主《かこ》（船乗り、水夫）四八〇人を含む三〇三〇人。春の段階から七〇〇人以上減っており、軍役数からは二〇〇〇人も少ない。御朱印衆のうち、北郷忠虎の軍役高は三万六五二七石であるが、在陣は三三四人。一一月六日に忠虎が四二〇人を連れて渡海してきたが、軍役規定からすると四九〇人の不足。島津以久の軍役高は六二九七石であるが、在陣は一〇七人。一〇月三〇日に以久の嫡男彰久が一九六人連れてきたので、軍役規定より三九人多い。

伊集院忠棟の軍役高は二万四〇一四石であるが、在陣は二三四人で軍役規定より三六六人不足している。その上、指揮を執っていた忠棟の嫡男源次郎忠真《げんじろうただざね》（一五七六～一六〇二）は病で夏に帰国し、交替すべき弟はいまだ着陣していないと、報告している。ここまで細かな数字を三成にわざわざ知らせたのは、義弘の三成に対する信頼の厚さを示す一方、三成の盟友で豊臣政権の方針を島津家に徹底させる「改革派」のような顔をしている伊集院忠棟が、実は朝鮮への軍役履行に関しては極めて消極的であることを伝えたかったのであろう。

なお、朝鮮の冬は厳しかったようで、文禄三年一二月一四日には北郷忠虎（享年三九）、文禄四年七月五日には島津彰久（義久娘婿、享年二九）と、御朱印衆の当主や嫡男が相次いで病没している。その一方で忠恒は、秀吉への見参のため在京しているころから蹴鞠《けまり》にはまっており、朝鮮に渡っても陣中で蹴鞠や茶の湯を楽しんでいる。そうした行動が在陣衆の反発を招いたのか、良からぬ噂が流れたようである。文禄四年五月二一日、義弘は忠恒に起請文を呈し、「あるいは世上で悪い噂が流れ、私が「貴所」＝忠恒を敵視して久四郎忠清を「専ニいたす」＝取り立てるなどと耳にしたとしても、私が心底からそんなことをすることは毛頭無い」と誓っている（『旧記後』二―一五一三）。これは後述する義弘の一時帰国に際して出されたものであり、この時点で忠恒よりもその同母弟忠清（一五八二～九五、一四歳）が次期当主にふさわしいとの声があったのだろう。帰国中に忠恒が疑心暗鬼にならないよう、こうした起請文を与えたのだろうが、忠清はこの年七月四日に病死している。

「太閤検地」の結果―義弘権力の確立と伊集院忠棟の躍進―

文禄四年（一五九五）二月までに島津領内の検地を終えた「御検地総奉行」と呼ばれる石田家中は、四月四日に伏見に戻っている。検地衆と共に下向していた伊集院忠棟・長寿院盛淳も、ほぼ同時期に上洛する。石田三成は順調に検地が終わったとするが、国元ではかなりの抵抗があったようである。義弘側近の伊勢貞成が五月二一日に記した書状には、検地の時、長寿院盛淳と鎌田蔵人頭《くろうどのとう》政富《まさとみ》（鎌田政近二男、一五六七～九八）が出くわし、政富は歯をぬかれて肝を潰したとあり、検地の島津側責任者の一人である長寿院と重臣のトラブルを目撃している。また同書状には、「彼大坊主」と長寿院盛淳の間は、表向きは仲がいいようにみえるが、「下心」＝本心は良くないと記している（『旧記後』二―一五二二）。「彼大坊主」とは伊集院忠棟のことであり、かなり嫌われていると同時に、長寿院ともそりが合わなかったようである。

家中との板挟みとなり、伊集院ともそりが合わなかった長寿院は、「役」＝検地担当を辞任する意向を示しており、伊集院忠棟も一人では無理だと報告している。四月六日、安宅秀安が義弘に宛てた書状には、二人の辛労の原因が御家中衆の「気任」＝わがまま・勝手にあるとする。先の伊勢貞成の書状を読むとさもありなん。そして、義久や義弘がこれまでずっと諸事いい加減に命じていた、つまり家中を甘やかしてきたからだと糾弾している。また、検地が済んでも、国の諸侍・百姓・町人以下は少しも納得しておらず、義久も納得していないとして、義弘帰国後の「覚悟」を求めている。すでに検地の最中から領国内には不満が渦巻いていたようである。それを抑えるためにも、義弘の帰国が不可欠だったのだろう。

その後、義久が検地完了の報告を秀吉におこない、上機嫌の秀吉は、四月一二日、義弘に対し「薩摩国知行割仕置」のため帰朝を命じる朱印状を発した。同月一四日付の忠恒宛石田三成書状には、「義久と義弘がよく協議して、今年の年貢徴収までに家中への知行配分を命じる」との方針を伝えている（『旧記後』二―一五〇一）。細川幽斎の「仕置」の際、義久や重臣たちが勝手に蔵入地を家臣に配分した轍《てつ》を踏まないように、義久・義弘の協議という形をとる必要があったようである。ただ、中野等氏は「知行配当の実務は、三成ら政権側の主導」で進められたと指摘する。

五月一〇日に朝鮮巨済島を発った義弘は、六月一〇日に上洛する。その後義久・義弘と老中伊集院忠棟・町田久倍らは連日、検地結果について協議したようである。そして文禄四年（一五九五）六月二九日、秀吉は検地結果をふまえ、薩摩・大隅・日向諸県郡五五万九五三三石を宛行う旨の領知宛行状と（『島津』一―四四七）、義弘・義久・伊集院忠棟・島津以久らの知行地を指定した知行方目録を、義弘に宛てて発給した（『島津』二―一〇九五）。これとは別に、国ごと、種別ごとの石高を列挙した知行方目録も発給されており（『旧記後』二―一五四七）、それを整理したものが表1である。

この目録には「先高」と「出米」＝検地の打ち出し分を足した「新高」が記されている。「先高」とは、天正一九年（一五九一）に国元からの指出をもとに石田三成・細川幽斎らによって調進された「御前帳」の石高とされる。薩隅日三か国ともに大幅な打ち出しがあり、二一万五〇〇〇石から約二・七倍の五七万九〇〇〇石に膨らんでいる。これら全てが島津領になったのではなく、大隅国始羅《しら》郡加治木《かじき》（鹿児島県始良市加治木町）に秀吉の蔵入地一万石（代官は石田三成）、同国曽於郡清水《きよみず》（同県霧島市国分《こくぶ》清水）に石田三成領六二〇〇石、同国肝付郡内（同県鹿屋市、肝属《きもつき》郡東串良町《ひがしくしらちょう》）に細川幽斎領三〇〇〇石が設定されていた。特に太閤蔵入地と三成領は要地であり、豊臣政権による島津領内監視の目的があったとされる。

先述のように領知宛行状・目録ともに義弘宛てになっており、政権側は名実ともに義弘を島津家の代表と認定したのである。それは義久・義弘それぞれに設定された無役＝軍役が賦課されない蔵入地の分布からもうかがえる。検地以前は薩摩が義久領、大隅・日向諸県郡が義弘領となっていたが、室町《むろまち》期以来島津本宗家の居城が置かれた薩摩国鹿児島郡を始めとして、同国要地は義弘領となり、義久領はほとんどが大隅国や日向諸県郡に設定されている。義久を本拠鹿児島から退去させる意図があったのは間違いない。中野等氏は豊臣政権側が「義久を当主とする従前の体制から義弘を実質的なトップとする体制への移行」を図ったと指摘している。

御朱印衆は、直前に当主忠虎が亡くなった北郷氏が除外され、伊集院忠棟と島津以久のみとなっている。特に伊集院忠棟は、五万九〇〇〇石も加増され、北郷氏の旧領である日向国諸県郡庄内（現在の都城盆地）全域と大隅半島東岸の大崎（鹿児島県曽於郡大崎町）・内之浦《うちのうら》（同県肝属郡肝付町《きもつきちょう》）など、八万石を宛行われた。今回の検地を石田三成と共に主導したことへの論功行賞であるとともに、島津家の内部体制を改革する意図があったとみられる。中野等氏はこれによって忠棟が「大名権力を構成する一極に位置する」に至ったとし、当主義久

表1　知行方目録

（単位：石）

	文禄4年（1595）知行方目録	加増分	天正御前帳
義久蔵入分（無役）	100,000	73,000	27,000
義弘蔵入分（無役）	100,000	88,000	12,000
伊集院忠棟領	80,000	59,000	21,000
島津以久分	10,000	1,700	8,300
給人本知	141,225		}
給人加増分	125,308		146,400
寺社領	3,000		}
太閤様御蔵入分	10,000		
石田三成領	6,200		
細川幽斎領	3,000		
合計	578,733		

	新高	出米	先高
薩摩国	283,488.74	191,250.65	92,238.90
大隅国	175,057.23	106,409.52	68,647.74
日向国諸県郡	120,187.44	66,327.98	53,859.46
合計	578,733.41	363,988.15	214,745.29

に対抗するため「基盤が必ずしも安定的とはいえない義弘を領国支配のレヴェルで支えることを期待」したと指摘している。

当主ではない義弘に求心力・権力基盤の弱さがあったことはこれまで縷々述べてきたように事実である。ただ、伊集院忠棟は政権側の立場で検地を実施し、後述のように島津家中の多くが実質的に知行を減らすなか、ただ一人大幅加増となって一身に家中の怨《うら》みと嫉《しっ》妬《と》を受けることになる。義弘を支える大名権力の一翼となるには、極めて厳しい環境に置かれたとも考えられよう。

家中への知行配分・大規模な召移

目録には「給人本知」＝家臣の元々の知行分とは別に、「給人御加増分」として一二万五三〇〇石が指定された。後者には「家臣への加増として宛行うも、新たな家臣を雇用するも、義久・義弘の考え次第」との割書きがあり、新たな恩賞地として留保された分である。島津側はこの留保分を「浮地《うきち》」と呼んでいる。

まず「給人本知」が家臣たちに配分されていった。では「本知」＝元々の知行分はどのように把握されたのか。その算出根拠となったのが、家臣への領知宛行状に記載される「五斗出米納之員数」である。これは検地以前に、家中全体に賦課された一反あたり五斗の「段米」のこととみられる。家臣それぞれの知行田数に応じて賦課されたので、知行地が算出できる。しかし多くの家臣は負担を減らすべく少なめに報告しており、これを基準にすると実質知行減となる。この「五斗出米」の徴収実績を取りまとめたものは、石田三成家中の「御検地総奉行」らが帰京する頃に京都＝政権側に提出され、政権側が家中の「本知」を把握したことが、中野等氏によって解明されている。こうした帳簿上の領知削減と検地にともなう「出米」により捻出されたのが、「給人御加増分」＝「浮地」一二万五三〇〇石であった。

その上で、文禄四年（一五九五）九月以降、老中の伊集院忠棟・本田親貞の連署で、文禄五年五月二三日に本田親貞が没してからは伊集院忠棟が単独で、「本知」分の領知宛行が実施された。御朱印衆の伊集院忠棟が大隅鹿屋から日向庄内に、島津以久が大隅清水から同国種子島《たねがしま》・屋久島《やくしま》・口永良部島《くちのえらぶじま》に移封されたのと同様に、ほとんどの家臣の給地がそれまでの場所とは異なる場所に設定された。地頭や衆中は戦国期以来たびたび所領替えがあり、給地が固定化されていたわけではないが、鎌倉・南北朝期以来の由緒をもつ御一家・国衆は、先祖伝来の「一所懸命」の地からの移封を余儀なくされたのである。

主なものをあげると、御朱印衆だった北郷忠虎の遺児長千代丸《ながちよまる》（のちの忠能《ただよし》）は日向庄内から薩摩国祁答院、佐多久慶《ひさよし》は薩摩国知覧《ちらん》から同国川辺《かわなべ》、喜入忠続は薩摩国鹿籠《かご》から同国永《なが》吉《よし》、種子島久時《ひさとき》は種子島から薩摩国知覧、入来院重時は薩摩国入来院から大隅国湯之尾、肝付兼三《かねひろ》は大隅国加治木から薩摩国喜入といった具合である。彼らは後年、旧領への復帰を働きかけることになる。

山本博文氏は、先の秀吉朱印状が義弘に宛てられたことから、「検地を契機に島津氏の家督は義弘に移行」したと積極的に評価したが、義弘自身にそんな気は全く無かった。七月一三日、義弘は朝鮮の喜入忠続に対して、秀吉が大規模な所替えを命じたので、国元に戻ることになったことを伝えている（『旧記後』二―一五六五）。これには「義久様のお供をして帰国することになった」とあり、あくまでも兄義久を島津氏当主として立てていることがうかがえる。

なお、この直前の七月八日、関白豊臣秀次が高野山に出奔し、同月一五日に自害している。その影響もあって義久は下向せず伏見に留まるよう命じられている。

義弘の帰国、帖佐移住

文禄四年（一五九五）七月一七日、京都を発った義弘は、同月二八日、三年ぶりに本拠栗野に戻った。遅れて伊集院忠棟と三成家臣安宅秀安も下向し、安宅の監視のもと、先述のように九月以降、領知宛行が始まった。実質的減知と移封で家臣達の不満も高まり、領内は大混乱に陥ったようである。

この混乱を収めるためか、九月一九日には義久も鹿児島に下向している。義久・義弘兄弟は、下向以前の協議で義久が鹿児島を明け渡すことに同意している。七月二〇日、朝鮮の忠恒宛て義久書状には、「自分も大隅に移る覚悟ができた。鹿児島には義弘が入ることになる」とあり、鹿児島衆＝義久馬廻りの多くは大隅に連れて行くので、残して欲しい者がいるなら相談にのると伝えている（『旧記後』二―一五六九）。鹿児島に義弘が入ることは、秀吉からの命令であった。一二月一日、栗野の義弘は忠恒に書状を送り、「自分は鹿児島にいるようにと秀吉様の命令があったが、鹿児島にすぐに移ることは困難なので、当分の間帖佐《ちょうさ》

（鹿児島県始良市中心部）に『中宿』＝途中休憩を命じて、来る一二月三日に帖佐に移る」と伝えている（『旧記後』二―一六三三）。

義久は一一月中に、大隅国浜之市湊《はまのいちみなと》に近接する富隈《とみのくま》（鹿児島県霧島市隼人町住吉《はやとちようすみよし》）に「宅地」＝富隈城を築いて移住しており、鹿児島入部が困難なのは義久がいるからではない。九月一三日付忠恒宛書状のなかで義弘は、みずからの馬廻りである栗野衆をすべて帖佐に移す意向を示し、「鹿児島には考えがあって、多く召し移すつもりはない」と伝え、義弘の留守居である新納旅庵・本田親商《ちかあき》は帖佐に置くことを厳命している（『旧記後』二―一五九九）。鹿児島へは、忠恒が帰国した際に忠恒の考えで召し移せばよいとも指示している。この頃、国内では明との和平が成立し、来春には朝鮮在番衆も撤退できるとの楽観論が広がっており、帰国後に忠恒家臣団の再編をおこなうと考えていたのであろう。

そして、義弘が鹿児島に入らなかったのは、未《いま》だ島津氏当主の地位にある兄義久への遠慮であろう。島津氏世嗣となった忠恒が鹿児島に入るのは問題ないが、秀吉と石田三成の意向とはいえ、家督継承以来義久の本拠であった鹿児島を奪うような形を取りたくなかったのであろう。ただ、それでは秀吉の命に背くことになるので、栗野と鹿児島の中間地点で義弘領でもある帖佐に「中宿」つまり一時滞在するという名目でお茶を濁したのである。帖佐には屋形が造営され（同県始良市鍋倉《なべくら》）、現在でも石垣が残るほか、周辺の家臣屋敷が発掘・整備されている。

こうして義久・義弘の新たな居城が定まると、政権側は義久・義弘に上京を命じた。義弘は一二月一九日に新たな本拠帖佐を出発し、筑前秋月で越年すると、翌文禄五年（一五九六）正月一七日に大坂入りしている。

伊集院忠棟への憎悪

伊集院忠棟は先述のように「五斗出米納之員数」に基づいて算出された石高を、家臣に対して「返地」として宛行う旨の領知目録を、文禄四年（一五九五）九月から翌文禄五年一二月にかけて発給したのち、「給人御加増分」＝「浮地」から「加増」分を宛行うことになっていた。

文禄五年（一五九六）正月になると、国元における知行配当の状況が朝鮮在陣衆のもとにも伝わったようであり、在陣中の島津家中に動揺が広がったようである。正月一四日付で朝鮮在番中の伊集院久治に宛てた忠恒書状には、「知行配当の状況についてまったく連絡がなく、どうなったのか不審の至りである」と、いらだちを隠さない（『旧記後』三―五）。

長期の在陣と厳冬のなか、在番衆の不審と不満が積もって士気低下に繋がったのであろう。忠恒としては士気を維持するためにも、何らかの手を打たざるを得なくなり、国元の知行配当がよく分からないまま、正月二〇日から自陣の家臣に対して独自に知行配当や本領安堵をおこなっている。それらの宛行状・安堵状には「代々相継之領地相離、殊打上之田数無足之条、可為迷惑」とあり、やはり本領からの召移・実質的知行減が、朝鮮在陣衆の不満に繋がっていたことがうかがえる。ただ、こうした宛行・安堵は、国元で仕切る伊集院忠棟の意向とは無関係におこなわれており、整合性をとる必要があった。

忠恒は国元の義久に八か条の要請書を送る。正月二三日付で出された義久の返信によると、忠恒の要請のひとつは、「浮地之分量并家景中諸侍之帳」（給人加増分の石高と家臣団の知行地一覧＝分限帳）を朝鮮に送って欲しいというものであった（『旧記後』三―一五）。これに基づいて、朝鮮在陣衆への配当をおこなおうとしていた。これに対し義久は、伊集院忠棟が把握しているので、忠棟から送るよう伝えたと記している。

さらに義久は、「有方」と名前をふせながらあきらかに伊集院忠棟について、当家景中（家中の島津家での呼称）を一人で取り仕切りたいという「心底」であり、遺恨を覚えた衆三、四人が悪口も言えないと歎いていることを記している。政権側の意向により知行配当をおこなう伊集院忠棟に対する不満が渦巻いていることを、忠恒にあえて伝えたのである。さらに義久は、これを伝えておきながら、「色にあらハされ候てハ可悪候」（表向き忠棟への不満・怒りを出しては良くない）とクギを刺し、忠恒近くの島津忠長・伊集院久治・比志島国貞には秘密にするよう命じている。だったら書かなければいいのであり、明らかに家中の不満は伊集院忠棟一人の責任であると伝え、忠恒と伊集院忠棟の分断を図ろうとしている。

二月六日にも義久は忠恒に書状を送り、家中の多くから不平・うらみ・愚痴が噴出している状況を伝え、忠恒みずから朝鮮で配当をおこなおうとの意思を褒めている（『旧記後』三―二〇）。その一方で、今回の知行配当は京都＝政権から伊集院忠棟に命じられており、忠恒が頭越しに配当すると、忠棟が京都に讒言し忠恒のためにならないと忠告している。義久は忠恒と交替で自分が朝鮮に在番するといい、帰国後に忠恒が配当を命じればいいと、忠恒への気遣いを示している。

忠恒としては、秀吉からの領知方目録に「給人御加増分」として指定された一二万五〇〇〇石を元に加増や本領安堵が可能と考えていたのだろう。しかし、二月六日付義久書状には、「朝鮮在陣中への加増の約束は、それほど多くはできないのでほどほどにするように」と述べ、「うき地三、四万ニたらしかと存事候」（浮地は三、四万石もない）と伝えている。

中野等氏が文禄五年秋頃に比定した、恐らく伊集院忠棟から忠恒に宛てられた覚書には、一二万石の「浮地」＝「給人御加増分」のうち加増分は四万石だとし、この四万石には「奥方之知行」＝亀寿の知行地一万六〇〇〇石程が含まれており、残る「浮地」は八万石程度だと記している。つまり、家臣の加増分は二万四〇〇〇石に過ぎず、先の義久の「うき地三、四万ニたらし」とはこのことを指すのである。中野等氏は「幸侃（伊集院忠棟）の意向に沿って浮地高のうち八万石にも及ぶ領知が当面の配当を凍結された」と指摘している。既に朝鮮在番衆への加増や本領安堵を約束している忠恒にとっては、みずからの領知宛行権を伊集院忠棟から制限されたことになり、後年表面化する忠恒の伊集院忠棟への憎悪は、この辺りが発端とみていいだろう。

講和交渉の決裂

文禄五年（一五九六）四月下旬、明の遊撃将軍沈惟敬は釜山で小西行長と会談し、明皇帝使節の日本派遣が決定する。これより先の三月、義弘は石田三成から、忠恒を帰国させるよう命じられ、この旨を忠恒や国元に伝えると共に、四月にはわざわざ迎えの使者を派遣している。忠恒の帰国は講和使節受け入れ準備のためとみられる。忠恒は五月二日に朝鮮を出航することにしていたが、四月二七日、石田三成は忠恒ら朝鮮在番衆帰国の中止を伝え、既に日本に渡海していたとしても、朝鮮に戻ってもとの在番体制に戻ることを命じている。義弘は忠恒の朝鮮在陣が長期に及んでいることから、自分が忠恒と交替すると石田三成に申し入れるが、却下されている。

帰国後は領国に戻って知行配分に乗り出そうと考えていた忠恒の落胆と、石田三成への怒りは想像に難くない。朝鮮に戻った忠恒は、六月二四日、同じく朝鮮に在番する重臣鎌田政近と伊集院久治に書状を送っている（『旧記後』三―七五・七六）。「検地後にみなが所領替えとなって、返地も少ないものであった。堪忍できないであろうことはよく分かる」と、所領替えと実質知行減への不満をくみ取ったうえで、「国家」を守っていくためにも「家臣達を安堵させたいとの鬱憤《うっぷん》がたまっている」と憤りを伝えている。

文禄五年閏七月、釜山を発った明使節一行は、八月に堺に到着し、九月一日、豊臣秀吉は大坂城にて明使節と対面した。しかし、明側は日本軍の朝鮮からの完全撤退を要求し、日本側の要求である朝鮮半島の割譲と朝鮮王子を人質として差し出すことが実現しなかったことから、講和交渉は決裂する。これにより、秀吉は第二次侵攻を決断し、慶長の役が勃発する。島津家としては検地後の知行配分問題に対する家中の混乱と不満が解消しないまま、再び朝鮮での戦闘に駆り出されていったのである。

秀吉は中国・四国勢に対して来年＝慶長二年（一五九七）三月、朝鮮に渡海するよう命じ、九州勢は年内に渡海して在番体制を整えるよう命じたようである。しかし、忠恒率いる朝鮮在番衆は相変わらず無勢で兵糧も足りなかった。忠恒は国元の義久・伊集院忠棟に対し何度も軍勢・兵糧派遣を依頼すると共に、一〇月二三日、三成家臣安宅秀安に書状を送っている。忠恒配下の在番衆への加増がおこなわれないため、彼らは「不弁」＝貧しくて身なりも見苦しく、ほかの在番諸大名に対して外聞が良くないと訴え、一刻も早い加増を国元に命じるよう、石田三成への取りなしを依頼している。忠恒の危機感はかなり強かった。

改元して慶長元年（一五九六）一〇月三〇日、忠恒は父義弘に書状を送り、伊集院忠棟に支援を要請しても実現しない状況を伝え、「今度軍役を準備できないと、島津家はどうなってしまいますか」と、文禄の役での失態を繰り返すわけにはいかないと訴える。こうした状況で「果而ハ　御両殿様御前ニたゝり可申候」（自分が死ねば、両殿様の前に化けて出て祟るぞ）と、養父義久・実父義弘を脅すようなことまで書いている。忠恒はかなり追い込まれていた。一一月末、たまらず忠恒は、朝鮮在番の老中島津忠長と鎌田政近を帰国させ、「支配」＝知行配当が正しくおこなわれているのか、糾明させている。

一方、一〇月一〇日に京都から国元に戻った義弘は、兄義久・息子忠恒の不平不満による混乱を収拾すべく、兄義久と起請文を交わし、「加増御支配」＝加増の領知宛行は義久・義弘・伊集院忠棟の三者熟談の上で決定したことであり、家中からの不平不満に同調すること無く、一味同心して対応することを約している。来るべき慶長の役にむけて、親子兄弟の対立や家中の離反だけは避けたいという義弘の心境がうかがえる。その一方で、老中に過ぎなかった伊集院忠棟が、義久・義弘と対等に扱われていることも注目されよう。中野等氏は、伊集院忠棟は「家臣」ではあるものの、「潜在的には島津氏を凌駕《りょうが》しうる可能性をもつ両義的な存在」に浮上したことを指摘している。しかしそれによって、義久・忠恒や多くの家中の怨嗟《えんさ》を一身に受けることになったことを、本人は気付いていたのだろうか。

第六章　慶長の役と秀吉の死、朝鮮からの撤退

一、慶長の役

慶長の役の開始と忠恒の不満

朝鮮への再侵攻＝「奥入」が決定し、慶長二年（一五九七）春の義弘の朝鮮渡海も決定した。一方、朝鮮加徳島《カドクド》で在番中の忠恒の不満は頂点に達しようとしていた。慢性的な軍勢・兵糧不足に加え、朝鮮在番衆への加増がなく国元で検地後の知行配当を担当していた伊集院忠棟らへの不信感が高まっていた。このため、忠恒は慶長元年一一月には老中島津忠長と鎌田政近を国元に下向させ、知行配当の糾明と朝鮮再派兵の準備に当たらせている。また一〇月末以降、忠恒は石田三成家臣で事実上島津家と三成の取次を担っていた安宅秀安にも書状を送って協力を求めている。一二月五日にも安宅に書状を送り、みずからの悴者＝側近の困

窮振りを伝え、加増について三成への取りなしを求めている。

島津忠長・鎌田政近下向後の一二月二五日、国元の義久は忠恒に書状を送り、番手派遣を命じたことを伝えるとともに、「加増支配」については忠恒の要請どおりになるよう談合していると答えている。伊集院忠棟は翌慶長二年二月六日、忠恒側近の伊勢貞昌に書状を送り、朝鮮への軍勢は名護屋や国元の湊《みなと》には集結しているものの順風が無いため遅延しており、兵糧などの物資輸送は長寿院盛淳が担当していると回答した。

一方、安宅秀安は慶長二年正月二〇日、忠恒に返信を送っている。家中の加増については前年秋に石田三成と伊集院忠棟との内談によって決定しており、三成といえどもこれを覆すのは困難なので、忠恒の要請を取り次ぐことは出来ないとし、「国之置目」については義久・義弘に相談せよと突き放している。ようするにゼロ回答であった。

こうした状況に焦りとイライラが募った忠恒は、二月一一日、父義弘に書状を送っている（『旧記後』三―一八二）。時々敵＝朝鮮「番船」のゲリラ攻撃に対処していることを伝えるとともに、兵糧・物資の支援をたびたび要請しているにもかかわらず、薩摩船が一艘も来ず自分たちは飢えてしまうと訴え、こんなことでは家督相続が出来ないどころか死んでしまうだろうから、自分が死んでも島津家は存続できるのかと危機感を伝えている。また、国元では「数年之在陣・在旅、又ハ度々の出銭・出米ニ、諸人つかれはてたる」状況と聞いたとし、義弘が再出陣するなら十分な準備が必要と訴えている。朝鮮への物資輸送が滞っている背景に、文禄の役以来の長期在陣、その経費を賄うためにたびたび臨時の反銭・段米が賦課されており、在地がかなり疲弊していたのは事実であろう。

この頃、豊臣政権側は国元の義久や伊集院忠棟の上洛を急《せ》かしていた。朝鮮への再派兵準備のため、文禄五年（一五九六）一〇月に義弘が大隅帖佐に下向すると、翌慶長二年二月には伊集院忠棟夫妻が、同年三月上旬には義久が居城大隅富隈城から、義弘室宰相が帖佐から上洛の途についている。義弘室宰相は初めての上洛であった。義久は三月中旬までに伏見屋敷に入り、義弘室宰相も六月上旬には伏見に到着している。

慶長二年（一五九七）二月二一日、豊臣秀吉は小早川秀秋《ひであき》（一五八二～一六〇二、筑前名島《なじま》三〇万石）を総大将とする「陣立て」を発し、西国の諸大名に再派兵を命じた。島津義弘の軍役数は一万人であった。先年の太閤検地により島津領は五五万九千石余と確定しており、そのうち義久・義弘蔵入地一〇万石ずつが「無役」であることを考えると、一〇〇石あたり三人の軍役であろう。

なお、先に安宅秀安は忠恒を冷たく突き放していたが、忠恒が長期の在陣でかなり追いつめられていることは石田三成に伝えたようである。陣立て発表の翌日二月二二日、石田三成は忠恒と義弘に書状を送り、日本軍の本隊は五月中旬から六月上旬になることを伝え、その間忠恒は小姓衆だけを率いて帰国し、上洛して秀吉に挨拶するよう命じている。忠恒の一時帰国を許可したのである。

義弘の再出陣

義弘は慶長二年（一五九七）二月二一日には本拠帖佐を出陣し、川内川の河口久美崎《ぐみざき》（鹿児島県薩摩川内市港町《みなとちょう》）に到着したようであるが、乗船すべき船が回航されず、滞在を余儀なくされていた。三月一八日、義弘は北郷三久を先に朝鮮に派遣し、忠恒に自分の到着を待たずに朝鮮を発つよう命じ、対馬での参会をもとめている。義弘が久美崎を出航したのは三月二八日であり、対馬に到着したのは四月一九日。義弘が加徳島の忠恒と合流したのは、四月三〇日であった。忠恒は帰国を懇願したようであるが、結局「赤国《あかくに》」＝全羅道《チョルラド》への出陣が近づいていることから忠恒の帰国は中止となっている。

五月五日、義弘は京都伏見で息子忠恒の帰国を待ちわびていた宰相に書状を送り、帰国中止を伝えている（『旧記後』三―二二六）。義弘夫妻にとって一番の心配は、父に「死んだら化けて祟《たた》ってやる」とまで言い放った忠恒の精神状態であった。義弘は書状で、忠恒は「一段さかしく候」（とても元気）で、心穏やかにおとなしくしていると記す。忠恒からの書状には意見めいたことを書いていたので心配していたが、忠恒の本心を詳しくきいたところ、ただ脇から人が言うまま心にも無いことを書いたのであり、「心底」はまったく変わっていないと伝えている。母宰相を安心させるために書いただけかもしれないが、とりあえず父の着陣で忠恒は落ち着いたのであろう。

ただ、根本的な軍勢不足は義弘の出陣でも解消されていなかった。義弘が帖佐を発った日に秀吉の「陣立て」が発布されており、軍役数が一万人であることを義弘は知らなかったのであろう。文禄五年一二月五日付で「唐入軍役人数船数等島津家分覚書」が作成され、島津勢の総勢が夫丸《ぶまる》（物資輸送の人夫）など非戦闘員も含めて「一万五千九十七人」との数字が記されている。これを慶長の役において実際に渡海した島津勢の総数とみるのは無理がある。文禄の検地をふまえて本来動員すべき理想の数字を記したものではないだろうか。

五月一一日、忠恒は国元の桂忠昉・本田正親・相良長辰《ながとき》の三人に宛てて書状を送り、軍役数が一万人であることを伝えて軍勢増派を命じている（『旧記後』三―一二七）。この書状で注目すべきは、「伊集院忠棟に命じたので、浜之市・帖佐・鹿児島にそれぞれに軍勢派遣を命じるであろう」との部分である。文禄の検地にともなう大規模な所領替え以降、朝鮮からの命令はこの三か所に伝える必要が出てきたのである。

浜之市・帖佐・鹿児島の三極化

文禄の検地の結果、義久の所領の多くは大隅国と日向国諸県郡に集中し、鹿児島郡を始めとする薩摩国の多くは義弘領となった。豊臣政権は室町期以来の守護所である鹿児島に義弘が入るよう命じたが、義弘は遠慮して大隅国帖佐を本拠とし、義久は港町浜之市（同県霧島市隼人町真孝《しんこう》）の近くに富隈城を築いて居城とした。鹿児島には朝鮮から帰国次第忠恒が入ることになっていたが、いまだ実現していない。つまり、島津家臣団は義久付き、義弘付き、忠恒付きの三つに分かれたとみられる。

義久は馬廻りの多くを富隈に連れて行くと明言しており、鹿児島には義弘家臣の一部が入ったのであろう。富隈と帖佐には義久・義弘それぞれの重臣が留守居として残って領内統治にあたった。いまだ忠恒が入っていない鹿児島には、恐らく伊集院忠棟が入って、検地後の知行配当にあたっていたのであろう。当主義久のもとで重臣談合が開催され、鹿児島から各地に命令が下される体制が崩壊し、領内の政治的中心地が、浜之市（富隈）・帖佐・鹿児島に三分したのである。このため、前出書状のように軍事動員も三か所の留守居に命じる必要が出てきたのである。

慶長二年（一五九七）二月二一日、帖佐を出陣するにあたって義弘は、長寿院盛淳・上井里兼をトップとする帖佐留守居衆に対して「掟」を定めている（『旧記後』三―一八五・一八六)。上洛や他国に出ること、喧嘩《けんか》口論、酒の飲み過ぎ、一向宗の禁止など日常生活、毎月一日・一五日に「御内《みうち》」=帖佐屋形に出仕すること、屋形・門の造営、長寿院盛淳・上井里兼の指示に従うことなど勤務について細かく指示している。さらに、「昼夜共於小路高雑談・高笑、其外猥成振舞」(昼夜ともに道路で大声でしゃべったり笑ったり、その他みだらな振る舞い)をして、留守の者の門前にたたずむのを禁止し、「女方之嗜専一足るべき事」(妻の節度が最も大事)として、「人の妻」を盗み「慮外之振舞」をする者を「討罰《とうばつ》」対象としている。これをわざわざ禁じるということは、当時の島津家中にこうした振る舞いが目立っていたことを意味しよう。

伊集院忠棟への不信感・警戒

検地以降、所領替えや知行配当を石田三成・安宅秀安の意向をふまえつつ実施していた伊集院忠棟は、不満を持つ家中の怨嗟の対象となっており、それは慶長の役で増幅していった。慶長二年(一五九七)五月、義弘・忠恒父子は京都の義久に対し、軍勢追加・物資の補給を依頼するが、義久は国元に直接命じるよう求めている。

こうした状況に対応すべく、同年七月、いったん上洛していた伊集院忠棟は国元に下向し、七月一三日、在朝鮮の忠恒側近伊勢貞昌に書状を送っている(『旧記後』三―二五八)。朝鮮側からの軍勢不足の訴えに対して忠棟は、今は軍勢を乗せた船は全て出船しており、無役の蔵入地二〇万石から兵を出すことは困難とし、談合衆の言い分として「小給人衆」=下級家臣の動員が一〇〇〇人不足していると伝えた。つまり、まとまった形でのこれ以上の軍勢派遣は無理と答えている。また、道具類については、「三方之御留守居衆」から回答するだろうと、浜之市（富隈）・帖佐・鹿児島の留守居が対応すべきとの認識を示している。検地さえ済めばスムーズな動員が可能と考えていた義弘・忠恒からすると想定外の回答であり、検地とその後の配当を政権側とともに主導してきた伊集院忠棟への不信感は強まっていった。

これ以前から、朝鮮在番衆は伊集院忠棟を敵視していた節がある。この年五月一六日、義弘の右筆相良家長は本田親商に対し、義弘・忠恒への奉公を誓う誓紙を提出している（『旧記後』三—一二八）。相良家長が誓紙を出すに至ったのは、「伊集院忠棟と誓紙を取り交わし、忠棟と入魂にしているとの噂があるが、まったく考えもしないことである」と、伊集院忠棟との関係を疑われたためである。忠棟と誓紙を交わしたことも、書状で内々にやり取りしたこともないと誓っている。さらに、加治木の太閤蔵入地を帖佐=義弘領にして欲しいと義弘様が懇望していると、伊集院忠棟から上申するよう京都=政権側から内々に意向が示されたとの情報が、忠恒の耳に入ったようであり、相良家長が疑われたようだ。家長は右筆という立場のため「御隠密之儀」を義弘から聞かされることがあり、これまでも今後も他言することはないと誓っている。

加治木は要地であり、義弘としては島津側に戻して欲しいという希望があったのだろうか、ただそうした内々の意向が政権中枢と伊集院忠棟の間で協議されていることに、忠恒周辺は不信感をもったのだろう。この誓紙で相良家長は「他之主人を頼ミ申間敷事」を誓っている。つまり、相良が伊集院忠棟を「主人」としているのではないかと疑われたのであり、老中である伊集院忠棟が島津義弘・忠恒の主従関係に割って入る事態を危惧しているのかもしれない。

島津領内の検地と知行配当を一手に牛耳る伊集院忠棟に対し、媚《こ》びを売る島津家中が出てくるのは当然であり、忠棟への忠誠を誓う者が現れてもおかしくない。忠恒側近に加増がなかったことをふまえると、伊集院忠棟が義弘・忠恒の領主権を実質的に奪取しようとしていると、忠恒が警戒していた可能性はあろう。それだけに、七月一三日付忠棟書状のゼロ回答は、こうした不信感を倍増させたであろう。

朝鮮への志願兵

七月一三日付忠棟書状に「小給人衆之石ニ千人程不足」とあるように、足軽クラスの下級家臣で渡海が確認できないものもかなりいたと見られる。彼らは自力での渡海が難しいものたちであったが、朝鮮での合戦は加増を勝ち取る絶好の機会と考えるものもいた。

帖佐留守居上井里兼の弟兼政《かねまさ》は、慶長の役にあたり「高麗立衆中」＝これから朝鮮に出陣しようとするものに対し、次のような条々を示している（『旧記後』三―一七七）。

高麗に付き条々の事　但《ただ》し鉄砲百挺《ちょう》の準備

一、命令ではなくみずからの「志」で参陣しようとする人は、その「志」を私が責任をもって上申する。

一、（義弘・忠恒に）お目にかかっていない人はお目にかけ、後日帰国した際は御扶持＝知行地を与える。

一、鉄砲を持参して参陣する者は、それを評価して報告する。

一、帰国の時は必ず知行地を与える。

右の条々にいつわりがあれば、諸軍神の罰を蒙る。

上井仲五（花押）

高麗立衆中まいる

これは単なる条令ではなく起請文の形式をとっており、上井兼政が「志」あるもの、つまり志願兵を募り、参陣の見返りとして後日知行地の宛行を約したものであることが分かる。彼らは朝鮮出陣前には義弘らに「お目見え」＝見参したことのないような下級武士であった。

山本博文氏はこの史料について「島津氏の軍役が扶持をめあてに参陣する地侍や牢人《ろうにん》を包摂することによってはじめて調達されたことを物語る」とするが、彼らは戦国期においては「無足衆」とよばれた知行地一町未満の下級家臣を指すのではないか。具体的には七月一三日付忠棟書状にある「小給人衆」ではなかろうか。文禄の検地以後、上級家臣に対しては順次知行方目録が発給されたであろうが、豊臣政権に降伏して領国が大きく削減されていく過程で、お目見え以下の「無足衆」の権利関係が曖昧になり、結果として文禄検地以後の知行配当から漏れてしまう者がかなりの数に上ったのではないかと推測される。彼らの救済策と朝鮮出陣衆充足を兼ねて、こうした知行地配当を餌にした志願兵募集がおこなわれたと推測する。

実際、彼らは軍功をあげて知行地を確保すべく、危険を冒して朝鮮に渡海していった。慶長二年（一五九七）二月二九日、朝鮮在番衆の伊集院久治・比志島国貞は、船が一艘も渡海できないなか、命がけで参陣した本田刑部少輔《ぎょうぶのしょう》・伊集院九郎《くろう》・高城《たき》左京亮《さきょうのすけ》・弟子《でし》丸弥八《まるやはち》に対し、感状を与えて「知行拾石」を宛行う旨を約している。知行地一〇石ということは、かなり下級の家臣たちであろう。この頃、加徳島付近は朝鮮水軍の「番船」のゲリラ攻撃のため、日本からの船がなかなか近づけないでいた。そうしたなか、荒れた玄界灘《げんかいなだ》を渡って三々五々、「志」で参陣した下級家臣がかなりいたのである。

南原城攻略と全羅道制圧

慶長の役において豊臣秀吉が目指したのは、文禄の役の和平交渉で条件として提示した朝鮮半島南部の割譲であり、同地を実効支配するためまず慶尚道《キョンサンド》から全羅道《チョルラド》（赤国）を制圧し、その後忠清道《チュンチョンド》（青国《あおくに》）に進攻するよう命じた。

まず、巨済島（唐島）近海に駐屯していた朝鮮水軍の掃討がおこなわれた。慶長二年（一五九七）七月一四〜一六日、巨済島沖海戦で藤堂高虎《とうどうたかとら》・脇坂安治《わきさかやすはる》ら日本水軍が、朝鮮水軍を撃破し、その将元均《ウオンギュン》は戦死している。義弘・忠恒率いる島津勢三〇〇〇は加徳島から巨済島に上陸し、海戦で敗れて上陸しようとした朝鮮水軍を撃退している。この「三千」という数字は近世の家譜類が記す数字でありどこまで正しいか不明だが、軍役数一万人の半分にも満たない。一部加徳島守備に残したとしても、この時の島津勢は五〇〇〇人弱だったとみられる。義弘・忠恒が国元に増派を要請するのも当然であろう。

こうして釜山周辺の制海権を確保した日本軍は全羅道制圧に乗り出し、まず明・朝鮮連合軍が集結する南原城《ナムウオン》（韓国全羅北道南原市《チョルラプクト》）をめざした。八月一二日、日本軍は南原城を包囲し、同月一五日に攻略している。参戦した日本勢は討ち取った敵勢の鼻を削《そ》ぎ、秀吉に送って軍功を示した。島津勢も敵首四二一を討ち取り、そのうち三つは六三歳になる義弘みず

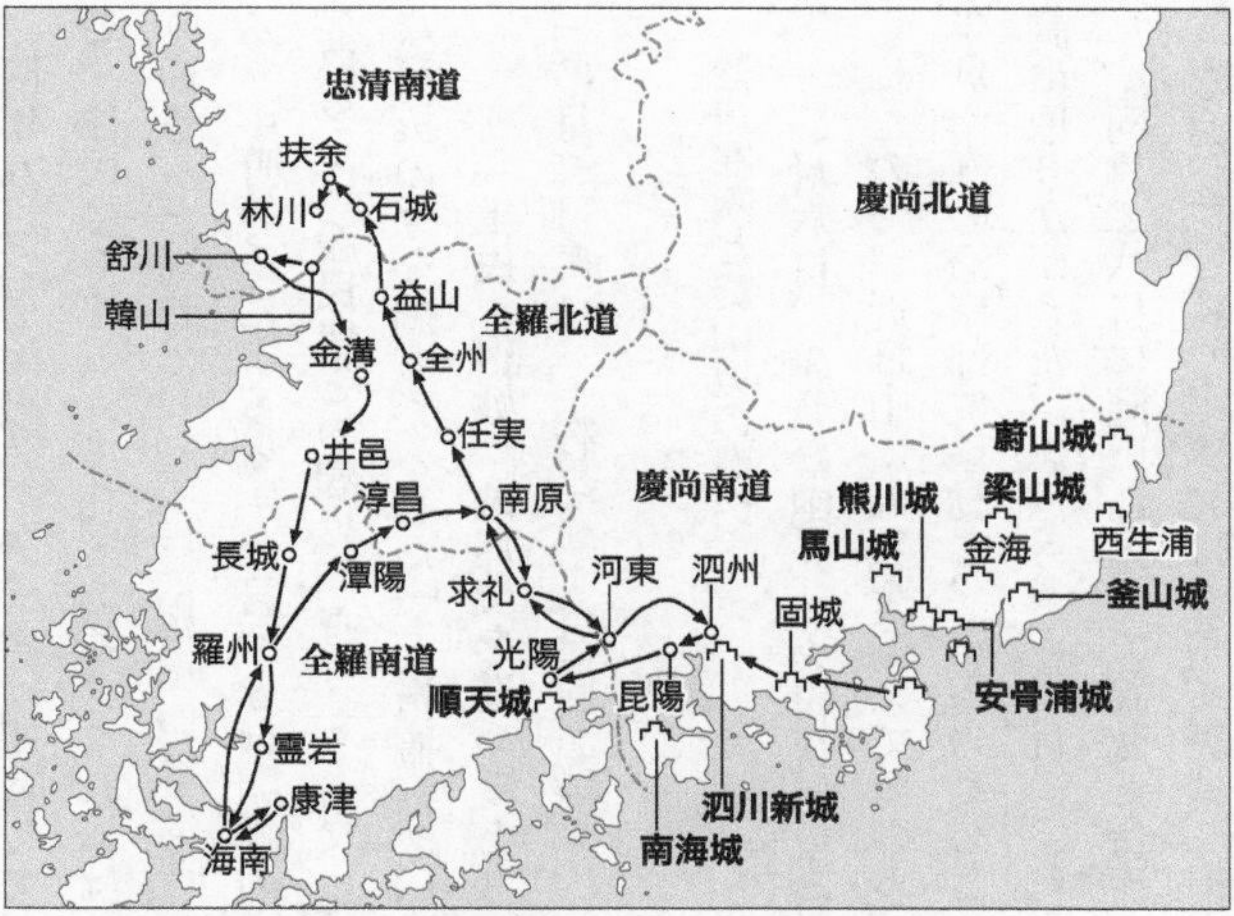

図６　慶長の役における朝鮮地図（矢印は島津勢の行動を示す）
※北島万次『壬辰倭乱と秀吉・島津・李舜臣』所収図に加筆。

から討ち取ったという。

南原城を落とした日本勢は北上して全《チョン》州《ジュ》（韓国全羅北道全州市）に集結し、島津勢を含む軍勢は全羅道の制圧を目指した。八月以降の島津勢の動向は、忠恒に同行した修験者が記した「面高連長坊《おもだかれんちょうぼう》朝鮮陣日記」に詳しい。島津勢は忠清道南西沿岸部を制圧して九月一五日、全羅道井邑《チョンウプ》（韓国全羅北道井邑市）で諸将と軍議をもち、分担して全羅道制圧を図ることにした。島津勢は全羅道北西部の萬項・扶安《プアン》と、全羅道南西部の康津《カンジン》・海南《ヘナム》を担当した。忠恒が九月二五日に海南（全羅南道《チョルラナムド》海南郡海南邑）に入ると、山中に逃れていた「さるミ」（朝鮮民衆）が連日投降してきている。

同年九月、島津義弘ら一三名は連署して、慶尚道昆陽《コンヤン》・全羅道海南に「榜文《ぼうぶん》」を定めている。住民に対する立て札である。これには「土民・百姓」に郷邑《きょうゆう》に戻って農耕に住持するよう命じると同時に、「上官」については捜し出して妻子・従類まで殺害することを伝えている。中野等氏によると「上官」とは朝鮮の両班《ヤンバン》や士大夫、中央から派遣された吏僚を指し、「彼らと一般民衆との間に楔《くさび》をうちこみ、指導者層を根絶やしにすることで義兵活動のような反抗の芽を摘もうとした」と指摘している。忠恒は一〇月上旬まで海南に滞在し、「さるミ」＝「土民・百姓」の帰農を進めると共に、九月末に「上官狩」のため山狩りをおこない、一〇月二日には「上官」一人を討ち取り、一人を生け捕りにした。

泗川在陣と蔚山城の戦い

一〇月六日、義弘は国元への書状で奉行衆から泗川《サチョン》（韓国慶尚南道泗川市）を番所に定められたので、近日中に人数を揃えて城の普請にあたると伝えている。この頃から諸将は朝鮮半島南部の沿岸部に移動し、越冬のために「御仕置之城」とよばれる、拠点となる城郭の普請に取りかかった。忠恒も、一〇月一〇日に海南城周辺の「上官の家餘多《あまた》」に放火して退去し、同月二八日に泗川に入って義弘と合流している。

なお、「御仕置之城」は普請（築城）担当と在番担当があらかじめ決められており、義弘・忠恒が在番する泗川新城（韓国慶尚南道泗川市）は、長宗我部元親（土佐浦戸《とさうらど》二二万石）・毛利吉成《よしなり》の子吉政《よしまさ》（勝永《かつなが》）・中川秀成《なかがわひでしげ》（豊後岡《おか》七万四〇〇〇石）・池田秀氏《いけだひでうじ》（伊予大洲《いよおおず》一万二〇〇〇石）が築城し、慶長三年（一五九八）三月までに正式に島津勢に引き渡されている。それまで義弘・忠恒は朝鮮王朝によって築かれていた泗川邑城《サチヨヌプ》（島津側は泗川古館・泗川古城とよぶ）に入っていた。

こうした朝鮮半島南部沿岸部における「御仕置之城」完成前に、明・朝鮮連合軍は日本軍への攻撃を開始する。島津勢が守る泗川や小西行長が守る順天《スンチヨン》近くにも敵勢の出没が確認されているが、本格的な戦闘となったのは慶尚道南東部の蔚山城《ウルサン》（韓国蔚山広域市）であった。一〇月上旬に蔚山に入った加藤清正は、浅野長慶《あさのながよし》（幸長《よしなが》、甲斐甲府《かいこうふ》二二万石）・太田一吉《おおたかずよし》（豊後臼杵《うすき》六万五〇〇〇石）・毛利勢とともに普請にあたったが、完成直前の一二月二二日、五万七〇〇〇ともいわれる明・朝鮮連合軍によって包囲される。加藤清正らが籠城した蔚山城は兵糧・水が不足し落城寸前までいったが、一二月末までに黒田長政《ながまさ》（豊前中津《なかつ》一二万五〇〇〇石）・毛利秀元《ひでもと》（輝元弟・養子）・蜂須賀家政《はちすかいえまさ》（阿波《あわ》一八万石）ら日本軍諸将が救援のため出陣する。数度に及ぶ総攻撃でも蔚山城を攻略できなかった明・朝鮮連合軍は慶長三年（一五九八）正月四日に退却を開始するが、城兵や救援の日本軍の追撃を受け、二万人に及ぶ戦死者を出して敗退した。泗川にいた義弘も救援に赴こうとしたが、目付である垣見一直《かきみかずなお》

（豊後富来《とみく》二万石）に制止されている。

島津以久と安宅秀安の接近

蔚山城攻防戦後、明・朝鮮連合軍の再襲来に備えて「御仕置之城」普請がすすめられるなか、慶長三年（一五九八）二月、泗川新城に在番中の忠恒は御朱印衆の島津以久と次のような起請文を交わしている（『島津』三—一五一七）。

起請文之事

島津家の家督を私＝忠恒が命じられたことで（「御家家督之儀、依被仰付」）、義久様・義弘様同様忠恒に対し永遠に裏切ることなく忠節を尽くしてくれると、（以久から）起請文で誓っていただきました。まことに感激致しました。いよいよ相談の上、島津家相続への支持をお願いします。あなたが裏切らなければ、忠恒としても裏切ることはありません。（後略）

この起請文が作成される前、あるいは同時に島津以久からも忠恒に忠節を誓う旨の起請文が作成されていたことが分かる。問題は冒頭の「御家家督之儀、依被仰付」で、この直前に島津忠恒が正式に義久から家督を譲られたと解釈する向きもあるようだが、恐らくそれは違う。天正一三年（一五八五）四月、忠恒の父義弘が「名代」就任を承諾したときも、「御家督可為後相続」、「御当家就相続」と表現されている。つまり、これは必ずしも忠恒の家督相続を意味するのではなく、文禄三年（一五九四）三月に秀吉から島津久保の跡目つまり島津氏世嗣に認定されたことを指すのだろう。つまりこの起請文は、島津以久が忠恒を義久後継と正式に認めたものと理解される。

それではなぜ、四年も経ったこのタイミングで起請文が交わされたのか。二月二二日、在京中の義久は忠恒に書状を送っている（『旧記後』三―三八一）。義久は近況とともに、種子島久時の「申分」について忠恒の「分別」に賛意を示している。義久の義弟（後室の弟）種子島久時は種子島島主であったが、文禄の検地の結果、薩摩国知覧へ移封となっている。この時は義弘とともに朝鮮に出陣中であった。恐らく久時は種子島への復帰を希望したのであろう。義久も種子島氏は「代々忠節家」なので「似合之在所」に繰り替えるべきだと言っている。しかし、義久によると「先典廐《以久》たねかしまのくりかへヲ安三へ内談と聞え候」、つまり島津以久が内々に安宅秀安に種子島への所領替えを相談したというのであり、実際種子島に移封されている。「安宅秀安が言うことはどんなことでも実現する状況である」とも述べており、多忙な石田三成に代わり、事実上政権側と島津家の「取次」となっている安宅秀安が島津家内部の問題にかなり介入しており、その安宅と島津以久が昵懇《じっこん》の関係にあることを義久は疑っている。「最近も以久からの使者が急に来て返事を述べると、すぐに朝鮮に帰っていった。なにか事情がありそうだとのこと。とにかく色々と〝ししの骨〟が入っているようなので、用心するように」と義久は付け加えている。「ししの骨」とは当時の何かの隠語であろうか。安宅秀安のような政権側のものが島津家内部の問題に介入し、切り崩されることを義久は警戒していた。

既述のように、義久の二女新城は以久の嫡男彰久の室として、彰久嫡男忠仍（久信）を生んでいる。以久が安宅秀安に接近して種子島移封を実現した流れで、家督の問題にも介入することを恐れていた可能性もあろう。義久は自分の娘が生んだ忠仍を忠恒よりも家督に付けたがっていたとされるが、少なくともこの時点では忠恒を世嗣と認識しており、むしろ政権側にすり寄る以久を警戒していた。

三月七日、島津以久は朝鮮在陣中の老中島津忠長とも起請文を交わし、義久・義弘・忠恒への忠誠を誓うとともに、親子兄弟の間でも「御三殿様」に逆心のものに同心しないこと、島津家に対する「悪心」を含む誓紙を取り交わさないことなどを誓っている。以久がいかなる目的で安宅秀安に接近したのかは定かでないが、先述のように、以久同様「御朱印衆」であった伊集院忠棟の動きにもかなり警戒しており、義久や忠恒は自立性の強い「御朱印衆」に対する政権側の動きにかなり敏感になっていた。

二、泗川の戦いと朝鮮からの撤退

豊臣秀吉の死と明・朝鮮連合軍の再編

慶長三年（一五九八）六月、豊臣秀吉は重篤な状況に陥る。同年七月八日、増田長盛ら三奉行は義弘に対し「太閤様御霍乱気」を伝え、秀吉から仕置を任されたことを伝えるとともに、加藤清正を中心に明・朝鮮との和平協議を開始するよう命じている。霍乱《かくらん》とは激しい下痢や嘔吐《おうと》を伴う病気のことである。義久も翌日付で忠恒に書状を送り、「太閤様御気相笑止」（秀吉の体調がかなり悪い）と伝えている。その後、奉行衆は朝鮮在番衆に対し秀吉の病状は回復したと伝え動揺を抑えようとしたが、秀吉が回復することはなかった。

七月一五日、のちに「大老」とされる徳川家康《とくがわいえやす》・前田利家《としいえ》・毛利輝元は起請文を交わして豊臣秀頼《ひでより》（一五九三〜一六一五）への奉公を誓い、義久ら在京中の諸大名も徳川家康・前田利家の両名に対して秀頼への奉公を誓う起請文を呈している。先述の朝鮮における和平開始命令同様、秀吉死後に向けての準備が進められつつあった。

八月五日、病床の秀吉は「五人のしゆ（衆）」＝徳川家康・前田利家・毛利輝元・上杉景勝《うえすぎかげかつ》・宇《う》喜多秀家《きたひでいえ》に対し、秀頼のことを頼むと記した事実上の遺言を遺す。この宛所の五人は後年

「五大老」と呼ばれる。同日付の「覚」で大老と奉行衆（浅野長政《ながまさ》・石田三成・増田長盛・長束正家・前田玄以、いわゆる「五奉行」）の役割を定めている。これによると、徳川家康は今後三年間在京し、領国への用件は子息秀忠《ひでただ》を派遣すること。奉行衆は前田玄以と長束正家と残り三名の内一名が伏見城に詰め、残る二名が大坂城に詰めることが定められている。

慶長三年八月一八日、豊臣秀吉は伏見城内で没する。享年六二とも六三とも伝える。生前の規定により、五奉行を中心に政務はおこなわれた。ただ、彼らは秀吉の死を秘匿し、生きている躰《てい》で朝鮮からの軍勢撤退を図っていく。八月二五日、五奉行は義弘ら朝鮮在番衆に書状を送り、徳永寿昌《とくながながまさ》・宮木豊盛《みやぎとよもり》の二人を派遣したことを伝えている。この二人の目的は秀吉死去を伝えるとともに、加藤清正手筋・小西行長手筋での和平協議開始を命じ、すみやかな朝鮮からの撤退を進めることにあった。

秀吉の死により、日本側では明・朝鮮との和平実現・撤兵の方針が固まったが、明・朝鮮連合軍は反転攻勢の準備を進めていた。明の総督邢玠《けいかい》は蔚山での失敗を踏まえ、兵を東路・中路・西路の三軍に分けて、それぞれ蔚山・泗川《サチョン》・順天《スンチョン》の攻略を目指した。秀吉が亡くなった八月には、東路軍約三万は慶州《キョンジュ》、董一元《とういちげん》率いる中路軍約一万六〇〇〇は晋州《チンジュ》、西路軍約二万三〇〇〇は全州《チョンジュ》に到達し、陳璘《ちんりん》率いる明水軍一万三〇〇〇も七月中旬に朝鮮の李舜臣《イスンシン》率いる朝鮮水軍と全羅道古今島《コグムド》（韓国全羅南道莞島《ワンド》郡）で合流していた。

泗川での大勝利とアピール

日本側はなんとか和睦を成立させるべく、慶長三年（一五九八）九月五日付で徳川家康ら四人の大老が朝鮮在番衆に書状を送り、加藤清正だけでなく誰でも和平を実現させるよう指示している。しかし、こうした指示が朝鮮に届く前に、明・朝鮮連合軍は確実に在番衆の籠《こ》もる諸城に迫っていた。九月二一日には蔚山周辺に敵勢＝東路軍七〜八万が現れたが、これを撃退したと加藤清正は義弘に伝えている。西路軍は朝鮮水軍と連携して九月一九日から小西行長らが在番する順天への攻撃を開始し、一〇月二日には包囲されている。

泗川新城に在番する義弘・忠恒父子は、その北側に位置する泗川邑城・永春《ヨンチュン》・望津《マンジン》・晋州・昆陽といった支城に在番を入れ、警戒していた。九月一八日、董一元率いる中路軍が晋州に到着すると、義弘は諸城の兵を泗川新城に収容する。泗川邑城には御朱印衆島津以久の重臣川上忠実《ただざね》（一五六三〜一六二三）率いる三百余の手勢が籠もっており、九月二七日夜から中路軍の攻撃を受ける。川上忠実は一五〇名もの戦死者を出して撤退し、九月二九日までに泗川新城は包囲されるに至った。川上忠実の甲冑《かっちゅう》には三六本もの矢が刺さっていたといい、義弘は手ずから忠実に妙薬を塗り、脇差を与えてその労に報いたという。

後日島津側は中路軍を二〇万とも数十万とも記すが、中野等氏は「明・朝鮮軍が多く見積もって四、五万であるのに対し、島津勢はわずかに数千」と試算している。『旧記雑録後編』所収「川上久辰譜」には「我衆僅七千余」とある。それでも、七倍ほどの敵に包囲されたことになる。

翌一〇月一日朝から中路軍の総攻撃が始まった。義弘は敵を城近くに引き付けてから鉄砲による集中砲火を浴びせた。この時、明軍陣営内の火薬が大爆発を起こして明軍が浮き足立ったところに、城内から打って出て義弘・忠恒父子を中心に突撃をかけた。明軍は敗走するものの、茅国器《ぼうこくき》ら一万の軍勢が手薄になった泗川新城を奪取しようとした。これを島津忠長が寡兵で防ぎ、寺山久兼《てらやまひさかね》の救援もあって何とか撃退に成功している。泗川新城を落とせなかったことで明軍は敗走し、島津勢は晋州近くまで追撃したという。

この時作成された首注文によると、討ち取られた明・朝鮮連合軍の首は三万八一七。内訳も記されており、鹿児島方（忠恒勢）八〇四五首、帖佐方（義弘勢）七五七七首、富隈方（義久勢）六六七二首、伊集院忠真勢五二二〇首、北郷三久勢三三〇〇首という。そもそも、中路軍の総勢を二〇万と過大に捉《とら》えており、五万の軍勢のうち三万強を討ち取ったとは考えにくい。島津勢の武功を誇るため過大に申告されたと指摘されるが、大勝利であったことは間違いない。この時従軍していた竹内実吉《たけうちさねよし》が義久側近に送った書状によると、六四歳の義弘は五人、忠恒も四人をみずから討ち取ったという。

なお、首注文が御朱印衆である伊集院忠真分・北郷三久分を分けて記すのは当然として、鹿児島・帖佐・富隈の三方に分けて記されているのは、前出のように島津家臣団が、忠恒・義弘・義久に三分されていたことによる。村井章介《むらいしょうすけ》氏はこの史料をもとに「泗川の戦いにおける島津軍は、ひとつの指揮系統のもとに統合された均一な軍隊ではなかった」としている。

一〇月二三日、忠恒は国元の留守居衆六人に対して書状を送り、九月以降の戦況を伝えている（『旧記後』三―五三六・五三七）。ここで忠恒は泗川での勝利を「不慮之勝利」＝思いもかけない勝利と表現しており、忠恒自身も大勝利になると思っていなかったようである。そしてこの奇跡的勝利は「於三国発名誉候事、不可勝計候」（三国＝日本・唐土・天竺《てんじく》において島津家の名誉を高めるのにこれ以上のものはない）と誇っている。同月一四日に義弘が石田三成に送った書状にも、この泗川の戦いでの勝利により東路軍・西路軍も撤退したと報告し、みずからの軍功が埋もれることのないよう求めている。

それまで他家に比べると軍役数にも満たない少ない軍勢で、目立った軍功もなかった義弘・忠恒父子にとって、政権側に強くアピールできるのはこの勝利しかなかったともいえる。さらに、父子はこの勝利を劇的なものにしようと演出する。勝利翌日の一〇月二日、義弘が在京中の義久に送ったとみられる書状には、次のように記されていた（『旧記後』三―五五五＝後日その内容を義久が写したもの）。

泗川新城に敵が攻めかかってきた時、大手から白狐《びやつこ》一匹が敵に突入していき、そこから敵を打ち破っていった。また水之手から赤狐二匹が敵勢に突入していき、その後戦場にて赤狐一匹が傷ついて戦死していた。本当に前代未聞のことである。

義弘は在陣中には見たことのない狐であり「御信心」のお陰だとも記している。前出の一〇月二二日付忠恒書状にも同様の記述があり、島津氏が厚く信仰する稲荷《いなり》社のご加護で勝利したとアピールしたかったようである。島津氏では、初代忠久《ただひさ》の母丹後局《たんごのつぼね》が大雨の降るなか狐火に照らされて無事忠久を出産したという伝承があり、稲荷社を信仰していた。義久は豊臣政権側だけでなく近衛前久にも伝え、前久は禁裏＝後陽成《ごようぜい》天皇に報告して「叡感《えいかん》」を賜った。一一月六日にその旨を伝える義弘・忠恒宛書状で前久は、「日本大唐之御覚、薩州之弓《きゆう》箭《せん》三国無双与存候」と絶賛している。

鈴木彰《すずきあきら》氏は、赤・白狐が敵陣に入ったという奇瑞《きずい》が、赤糸縅《おどし》と白糸縅の鎧《よろい》武者が敵陣に突入するタイミングで義弘が全軍出撃を命じたという「帖佐彦左衛門《ひこざえもん》覚書」にみえるエピソードをベースに創作されたことを指摘するとともに、なぜあえて奇瑞の演出をしたのかを分析している。当時近衛家では「狐・稲荷大明神に摂関家が守護されているという認識」が自覚されていたことを指摘し、同じく狐・稲荷大明神を守護神とする島津氏がその奇瑞により大勝利を収めたと演出することで、中央政権・近衛家へアピールしたのではないかと推測している。この直前に秀吉が亡くなっており、「近い将来、中央権力の再編成が予想される時期」に近衛家との関係を再確認しようとしたとの鈴木氏の見解には、説得力がある。

こうした演出のお陰か、一一月三日、徳川家康・前田利家ら五大老と在伏見の奉行衆は義弘・忠恒父子に対し、泗川の戦いについて感状を送っている。島津勢が明の大軍を撃破したことに加え、この勝利により蔚山・順天からも軍勢が撤退できたことを高く評価している。政権側は泗川の戦いが朝鮮在番衆撤退の好機を作ったと認識したようである。

露梁海戦と朝鮮からの撤退

泗川の戦いがおきた慶長三年（一五九八）一〇月一日、明軍との和平交渉と朝鮮からの撤兵を命じる徳永寿昌・宮木豊盛が釜山に到着する。義弘ら在番衆は彼らから指示を受け、それぞれ明・朝鮮連合軍との和平交渉をおこなう。義弘のもとには、一〇月一三日に龍涯《りゅうがい》という明の使者が来て交渉が始まり、島津側は明兵捕虜を送還し、明軍の将茅国器配下の茅国科《ぼうこくか》ら一九名を人質として受け取って和睦が成立し、一一月一六日に泗川新城から退去する。この時の人質茅国科の存在が、後年島津家の外交交渉で大きな意味を持つ。

一方、順天在番の小西行長らは、明側からの和睦申し入れを受け、一〇月二五日には明側からの人質を受け取っている。一〇月三〇日、釜山より西側に在陣している義弘・寺沢正《てらざわまさ》成《なり》・立花宗茂・小西行長は南海島《ナメド》で協議し、加藤清正ら東目《ひがしめ》衆の撤退を待って小西らの順天・宗義智の南海・義弘の泗川・立花の固城《コソン》を引き払って唐島＝巨済島まで撤退することを決めている。

しかし、明・朝鮮の水軍は和平を破って順天周辺を海上封鎖する。泗川の義弘・忠恒、固城の立花宗茂は巨済島まで撤退していたが、順天包囲を知り、一一月一七日夜、順天救援のため出撃する。一一月一八日、義弘・忠恒父子、立花宗茂、高橋直次、寺沢正成、宗義智らは、南海島の瀬戸＝露梁《ノリャン》海峡で待ち構えていた明・朝鮮水軍と合戦となる。露梁海戦である。双方火器を使った激戦となり、明水軍の鄧子龍《とうしりゅう》や朝鮮水軍を率いる李舜臣が戦死している。日本勢も島津勢を中心に多くの死傷者を出した。特に義弘の乗船は引き潮に流されて朝鮮水軍に捕縛されそうになったが、種子島久時らが救援に向かい危うく難を逃れている。後日義弘は「こちらはわずかな小船で数百艘の大船に攻めかかり、数刻にわたり戦ったため、負傷者も多く長年仕えていた悴者も戦死した」と記している（『旧記後』三―六一三）。一九日には包囲の解けた順天から小西行長らが脱出に成功し、二〇日には巨済島にたどり着いている。こうして諸将は釜山周辺に集結する。

諸将は続々と釜山から帰国の途に就き、一一月二五日、義弘・忠恒父子も島津豊久とともに釜山牧島（韓国釜山広域市影島《ヨンド》区）を発ち、対馬豊崎鰐浦《とよさきわにうら》（長崎県対馬市上対馬町《かみつしまちょう》鰐浦）に到着している。そして、一二月一〇日、義弘はようやく博多に到着した。忠恒は壱岐に残っていたようであるが、まもなく博多に到着したとみられる。文禄三年（一五九四）一〇月に朝鮮に渡海して以来、三年ぶりの帰国であった。

義弘は忠恒を国元に帰すよう求めていたが、そのまま上洛するよう命じられる。忠恒は石田三成とともに一二月二四日に伏見に到着し、義弘も同月二七日、小西行長とともに大坂に到着している。義弘はそのまま伏見に行き、久しぶりに義久と再会するとともに、大老らに帰朝を報告している。

なお、泗川の戦いののち、〝島津義弘は「鬼石曼子《グイシーマンズ》」とよばれて明・朝鮮から恐れられた〟という話がまことしやかに語られている。しかし、太田秀春氏は中国や朝鮮で「鬼」とは幽霊のことであり意味が通じないことを指摘し、村松洋介《むらまつようすけ》氏も中国・朝鮮の記録に「鬼石曼子」という記述は無く、「鬼島津」の一般化は幕末から近代にかかる時期だと推測している。

石田三成の島津領蔵入地へのテコ入れ

義久・義弘・忠恒の「三殿」が不在のなか、領国経営は富隈（浜之市）・帖佐・鹿児島の留守居衆によって担われていたが、自領や太閤蔵入地も気になる石田三成は、慶長三年（一五九八）夏、家臣の橋本平四郎《はしもとへいしろう》・入江忠兵衛尉《いりえちゅうべえのじょう》を島津領に派遣して、蔵入地の年貢収納を監視させていた。しかし結局うまくいかず、一一月中旬、留守居の一人新納旅庵が博多に赴いて三成に状況を説明した。三成は一一月二三・二四日、鹿児島・富隈・帖佐の「三方役人中」＝平田増宗《ひらたますむね》・比志島国貞・町田久倍・山田有信・本田正親・長寿院盛淳の六人に対して、「算用」＝年貢徴収など経営全般について改善を命じ、二〇か条に及ぶ覚書を発給している（『旧記後』三―五八三～五八八）。

石田三成が命じた改善内容は、年貢徴収方法、代官による不正・職務怠慢の是正、京都での借銀の返済方法、三殿蔵入地からの年貢管理方法など多岐にわたるが、三成がもっとも問題視したのは太閤蔵入地である加治木（鹿児島県姶良市加治木町）の荒廃である。加治木の蔵入地は「過半荒地」となっており、本来一万九一石あるはずの今年の「物成」＝年貢は「半納」の五一〇〇石となるので、不足分は役人衆が立て替えるよう命じている。荒廃の原因は百姓の「走」＝出奔・逃散、身売り、下人の売却によるものという。つまり、課役の苛酷《かこく》さにより、労働力が不足してしまい農地も荒廃したのである。

このため三成は、文禄四年（一五九五）以降に売られた下人を代物無しで返還させ、改めて領内での人身売買を禁止する旨、高札にて通達するよう命じている。島津領内で人身売買が横行していることは、再出陣直前の慶長二年二月に義弘が禁止していることからもうかがえるが、義弘の禁令は徹底されなかったようである。

一連の石田三成の命令には重臣八十島《やそじま》助左衛門尉《すけざえもんのじょう》の副状が付いており、改善が実施されているか確認するため、四日に一度博多・伏見まで報告するよう求めている。「三殿」の不在をいいことに、石田三成は留守居の「役人」に直接命じて領国経営をコントロールしようとしていた。しかし、三成による島津領内への直接的介入はこれが最後となった。

第三部　庄内の乱と関ヶ原の戦い

――晩年の義久・義弘兄弟――

第一章　忠恒の家督継承と伊集院忠棟誅殺

泗川の戦いの恩賞と知行再編

慶長四年（一五九九）正月九日、五大老は島津忠恒《ただつね》に対し、泗川《サチヨン》の戦いにおける軍功を賞し、薩摩国内の「御蔵入給人分」を宛行《あてが》うと共に、忠恒を「（近衛《このえ》）少将」に任じる旨伝えた（『島津』一―四四〇）。宛所が文禄・慶長の役で島津勢を率いた義弘ではなく忠恒であったことは、後述のようにいよいよ忠恒が義久から島津氏家督を譲られることが内定していたからではないかと、桐野《きりの》作人《さくじん》氏は推測している。

忠恒はそれまで、「島津又八郎《またはちろう》殿」と仮名《けみよう》でよばれており、無位無官であった。父は既述のように「侍従」任官、すなわち公家成《くげなり》して「羽柴《はしば》薩摩侍従」とよばれていた。正月九日の五大老連署感状の宛名は「羽柴薩摩少将殿」となっており、忠恒は無位無官からいきなり「近衛少将」に任じられるとともに、「羽柴」名字を下されたのである。

なお、父義弘は同年四月一日付五大老連署書状で「羽柴薩摩宰相殿」と称されており、

「宰相」＝参議に昇進したとみられる。忠恒が少将となったことに伴うものだろう。ただ、義弘を「宰相」とする文書は少なく、義弘自身はその後も「侍従」と表記しつづけることから、黒田《くろだ》基樹《もとき》氏は「正式な任官は行われなかったのではないか」と推測している。ただ、後述の慶長五年七月一七日付、豊臣奉行衆連署書状の宛所は「薩摩宰相殿」となっている。

忠恒への評価の高さは加増からもうかがえる。同日付で五奉行が忠恒宛に発給した知行方目録によると、合計五万石であった（『旧記後』三―六四九）。加増分は、文禄二年（一五九三）五月に改易された島津薩州家忠辰《ただとき》の旧領＝寺沢正成《てらざわまさなり》・宗義智《そうよしとし》知行地（薩摩国出水《いずみ》郡・阿《あ》久根《くね》・高城《たき》郡）と、「太閤検地」後の文禄四年（一五九五）六月二九日付領知方目録で指定された、太閤蔵入地《くらいりち》（大隅国加治木《おおすみのくにかじき》）・石田三成領（同国清水《きよみず》）・細川幽斎《ほそかわゆうさい》領（同国肝付《きもつき》郡）であり、その全てが島津家に返還されたのである。文禄・慶長の役で加増された大名家はほとんどなく、島津家としては一度も軍役数を満たしていないにもかかわらず、泗川の戦いでの大勝利のみでこれだけの加増を得られたのは、極めて大きな成果であった。

桐野作人氏が指摘するように、この加増により島津家の知行高は六一万九五一〇石となり、徳川家康・上杉景勝・毛利輝元・前田利家といった「清華家《せいがけ》」に次ぎ、伊達政宗（五八万石）や宇喜多秀家（五七万四〇〇〇石）を上回る大大名となったのである。

この加増と同時に、「三殿」＝義久・義弘・忠恒の蔵入地をはじめとする知行地の再編もおこなわれている。今回の加増直後のものとみられる「知行割付之事」には、惣高《そうだか》六一万九四三〇石の内訳が記されており、これを整理したのが表2である（『旧記後』二—一五四八）。文禄の太閤検地にともなう知行割から、義久・義弘蔵入地を四万石ずつ削減し、忠恒蔵入地六万石と忠恒室（亀寿《かめじゅ》）蔵入地一万石を捻出《ねんしゅつ》。残りが義久・義弘からの「出分」五〇〇〇石ずつとなる。「明地にて在之分」とは、まだ配当されていない手付かずの土地ということであろう。文禄四年段階では、一二万五千石余の加増分が留保されていたが、「浮地」は家臣たちからの加増要請に応《こた》えることで徐々に減っていき、この段階では一万七千石余に減少している。

中野等《なかのひとし》氏は「五万石加増の実質的推進者も三成と考えて大過なかろう」とし、「五万石加増とそれを踏まえた領知再編は豊臣政権、より具体的には石田三成らによる最後の政治干渉」であったと指摘する。この「知行割付之事」の最後には、「明地にて在之分」一六万石余の処分計画について記しており、三成の狙いがうかがえる。まず「一〇万石」を忠恒の蔵入地とし、「この一〇万石で政権からの軍役賦課などに、義久・義弘への遠慮無く対応するため」とする。次に「三万石」は、京都詰めの軍勢五〇〇〇人分の兵糧に宛てる分とする。「三分の一としても年貢は一万石確保できる。京都までの運賃を支払っても八〇〇〇石あり、兵五〇〇〇人の十か月分の兵糧になる」とあり、早くも政権内部に抗争の火種が起こりつつ

表2　知行地の再編

（単位：石）

		慶長4年（1599）「知行割付之事」	文禄4年（1595）「知行方目録」
義久蔵入地（無役）		60,000	100,000
義弘蔵入地（無役）		60,000	100,000
忠恒内儀＝亀寿領（無役）		10,000	―
諸給人分（島津以久領・伊集院忠棟領を含む）		318,690	231,225（伊集院領80,000）（以久領10,000）
給人加増分		―	125,308
寺社領		3,000	3,000
道具物（小給人領）		5,870	―
帖佐・富隈屋敷方		1,800	―
	小計	459,360	559,533
「明地にて在之分」	忠恒蔵入地	60,000	―
	義久蔵入より「出分」	5,000	―
	義弘蔵入より「出分」	5,000	―
	伊集院忠棟より「出分」	700	―
	義久・義弘「内儀」賄い分	12,800	―
	浮地	17,350	―
	新知分（出水郡など加増分）	50,000	―
	上方分（播磨・摂津）	10,000	9,990
	小計	160,850	
	合計	619,430（2つの小計を足すと620,210石）	

あるなか、いざとなったら忠恒に五〇〇〇の兵を京都に常駐させるよう目論《もくろ》んでいたようである。残りの「三万八五〇石」は「是ハいまた心あてなき分也」としながらも、「諸侍新知」として加増してもいいし、前出一〇万石に加えて蔵入地にしてもよく、「三殿御はからい次第」としている。この計画通りにいけば、忠恒は義父義久・実父義弘を四万石も上回る蔵入地を保持し、さらに三万石余の留保分まで獲得することになる。これにより、石田三成は忠恒を頂点とする「三殿」体制の再編成を狙ったのであろうが、実際は三成の思惑どおりには進まなかった。

義久・義弘それぞれの石田三成との距離感

忠恒が近衛少将に任じられ、五万石を加増される五日前の慶長四年（一五九九）正月三日、義久は義弘・忠恒父子に起請文《きしょうもん》を呈し、「別心」＝異心、裏切る気持ちは無い旨誓っている。恐らく父子からかなり責められたのであろう。その原因は義弘・忠恒の帰国以前に義久が大老の徳川家康（当時五八歳）・前田利家（当時六二歳）の私宅を訪れたことにある。

義久は前年慶長三年一一月一〇日と一二月一日、流干なる人物を通じて家康から招かれて伏見《ふしみ》の家康邸に行った。同年一〇月二八日には、事前に伊集院忠棟《いじゅういんただむね》を通じて石田三成の了解を取って前田利家邸に行っている。秀吉の生前から、大名間の同盟や私婚は禁じられていたが、家康は秀吉死後諸大名との関係を強化しており、ほかの大老や奉行衆から糾弾されることになる。家康は義久にも接近していたのであり、この動きを摑《つか》んだ石田三成が義弘・忠恒に不快感を伝え、豊臣政権との「取次」を石田三成に限定する立場を取り続ける義弘は、帰国直後に兄義久にこうした独自外交を止めるよう抗議したのであろう。

豊臣秀吉という〝絶対権力者〟の権威を背景に「取次」として島津家に接し、「太閤検地」を断行して、その大名権力内部にまで手を突っ込んでいたのが石田三成である。義久は秀吉に降伏した直後から、政権の威を借る石田三成という存在を嫌って、面従腹背のスタンスを取り続けた。義久は家督継承以来秀吉に降伏するまで、義久の諮問に基づく重臣談合による意思決定・政策遂行という緩やかな領国支配を是としてきた。しかし、こうした支配体制では秀吉政権の〝際限なき軍役〟には対応できず、結果的に文禄の役における「日本一之遅陣」という失態に繫《つな》がる。

一方義弘は、大名権力を強化し上意下達型の支配体制を前提とする豊臣大名への脱皮以外、島津家の生き残る道は無いと考えた。このため義弘は、石田三成を絶対的に信頼し、政権との「取次」を三成に一本化した上で、三成主導による「太閤検地」により大名権力の強化、つまり義久・義弘の蔵入地強化を依頼する。朝鮮出陣以降、義弘の豊臣政権への関わり方は石田三成への全面的依存と言っていい。石田三成以外のルートで政権と繫がることなどあり得なかったのである。

石田三成は、戦国期以来の島津家筆頭老中で御朱印衆でもあった伊集院忠棟との関係を強め、伊集院忠棟の主導で「太閤検地」を始めとする島津家内の諸改革を断行していく。義弘が望む〝島津家の豊臣大名化〟は、石田三成―伊集院忠棟の連携によって推進されていった。

三成・忠棟は諸改革の断行にあたって、島津氏当主義久の存在そのものが邪魔だと考え、文禄二年（一五九三）には義久を強制的に隠居させ、義弘嫡男で義久の娘婿にあたる久保《ひさやす》に島津氏家督を継承させようとした。これは義弘・久保の抵抗と久保の急死により実現しなかったが、恐らくこの動きを義久は察知していたであろう。その後の太閤検地の結果、島津領の領知宛行状《あてがい》は義久ではなく義弘に与えられ、名実ともに豊臣政権下における島津家の代表は義弘へと移行する。義久は表向きおとなしくこれを受け入れ、先祖代々の守護所である鹿児島から退去していった。強制的隠居ではないものの、石田三成・伊集院忠棟の意向どおり義久の排除に成功したのである。ただ、義弘自身には義久に取って代わろうという意思がなく、鹿児島・帖佐《ちょうさ》・富隈《とみのくま》の「三殿」体制という権力の三極化に至った。

こうした中途半端な状況で〝絶対権力者〟である秀吉が亡くなったのである。今後の豊臣政権との関わり方について、島津家では決断を迫られていた。つまり、義弘が続けてきた「取次」石田三成への全面的依存を続けていてよいのかということである。第二部で指摘したように、慶長の役最終盤には石田三成は国元の留守居衆に直接指示を出すなど、領国経営を主導する立場になっていた。それはあくまでも〝絶対権力者〟秀吉の存在あってのことであり、三成の陰謀によって当主の地位を脅かされ、根底に三成への不信感がある義久は、三成ルートのみに依存する豊臣政権との関係に、危惧《きぐ》の念をいだいていたのではないか。このため、義弘・忠恒の帰国前に独自に家康や利家からの面会要請に応じ、今後の政局を摑むべく独自外交を展開していたとみられる。

こうした動きを察知した石田三成は、義弘にかわって忠恒に五万石の加増をおこない、忠恒を近衛少将に任じた上で義久に家督を譲るよう迫り、義久に遠慮のある義弘ではなく忠恒を頂点とする支配体制構築を画策したとみられる。ただ、忠恒自身がこうした三成の思惑どおりに動くつもりがあったのかは疑わしい。忠恒にとって石田三成は、兄久保急死後に上洛《じょうらく》を促して亀寿との婚姻を義久に認めさせ、島津氏世嗣としてくれた大恩人である。さらに帰国後は少将に任じられ、家督継承も内定し、義久・義弘を上回る蔵入地までお膳立《ぜんだ》てしてくれたのである。しかし、忠恒としてはここまでやってくれれば、もう三成の助けは不要と考えたのではないだろうか。あるいは義父義久同様、三成の領国経営介入に不信感を持っていた可能性もあろう。

忠恒の家督継承

慶長四年（一五九九）二月二四日、伏見の忠恒は国元の重臣伊集院久治《ひさはる》に書状を送り、同月二〇日に義久から「御重物《ごじゅうもつ》」を譲られたことを伝え、今後「御国之儀」＝領国支配は義久・義弘の了解を得つつ、自分が色々と命じていくと宣言している（『旧記後』三―六六二）。「御重物」とは、現在国宝に指定されている島津家文書を含む島津家相伝の重宝類のことである。この書状を収録する『旧記雑録後編』の傍注には、義久が忠恒に家督を譲り「時雨《しぐれ》軍旗」を与えた時、上原源右衛門尚氏《げんえもんなおうじ》が使者を務めた功績により、慶長六年二月三日付で五〇石の加増を命じる老中連署宛行状が存在したことが記されている。

つまり、二月二〇日、伏見の島津邸において、正式に島津本宗家家督が義久から忠恒に譲られ、その証《あかし》として「御重物」のうち「時雨軍旗」が忠恒に譲られたのである。この時、義久六七歳、忠恒二四歳であった。実父義弘もこれにあわせて出家したようであり、義久は義弘を「兵庫入道」と呼んでいる。しばらくすると義弘は「維新《いしん》」そして「惟新《いしん》」と号している。

なお、この時譲られた「時雨軍旗」とは、天文一五年（一五四六）五月、義久の父貴久《たかひさ》が当時領国外に持ち出されていた「御重物」の代わりに家督の証として作成したものであり、現在でも島津家が所蔵している（鹿児島県指定有形文化財）。前出の狐と同様、島津氏初代忠《ただ》久《ひさ》誕生譚《たん》に基づくもので、住吉《すみよし》社頭で丹後局《たんごのつぼね》が大雨のなか忠久を生んだとの伝説に由来する。雨は島津家にとって吉兆であった。

無事家督譲渡を済ませた義久は、二月二八日に大坂を発《た》ち居城富隈に下向していった。豊臣秀吉が亡くなって初めての下向で義久が真っ先におこなったのが、秀吉の命令で自害に追い込んだ弟歳久《としひさ》の供養である。三月三日、義久は歳久が自害した竜ヶ水《りゅうがみず》の地に「龍水山心岳寺《りゅうすいざんしんがくじ》」（現在の平松《ひらまつ》神社、鹿児島市吉野町《よしのちょう》）を建立している。義久としては秀吉が死んだ時点で、豊臣政権への畏怖《いふ》や遠慮といった〝軛《くびき》〟は消えていたのかもしれない。心岳寺建立は、犠牲となった弟への悔恨の表れであると同時に、豊臣政権やそれに繋がる者への怨嗟《えんさ》の発露ともいえよう。

家督を継いだ忠恒も早速、朝鮮在陣時にはできなかった重臣・近臣への加増、転封をおこなう。家督継承を伝えた二月二四日付書状では、朝鮮で苦楽を共にした伊集院久治を新規加増された薩摩国出水の地頭に任じている。三月五日には、御朱印衆島津以久《もちひさ》を大隅国種子島《たねがしま》から同国下大隅郡垂水《たるみず》に移封し、一六八七石加増の一万一六八七石を宛行っている。同日、忠恒と共に朝鮮に渡海した老中島津忠長《ただたけ》にも、大隅国肝付郡内に一〇〇〇石加増して合計二〇〇〇石を宛行っている。

このうち島津忠長宛の宛行状には、「一〇〇〇石は先年＝文禄の検地・配当のとき、上地となった分の返地として宛行う」とあり、石田三成・伊集院忠棟主導でおこなわれた「太閤検地」にともなう文禄四年（一五九五）の知行配当で実質的に「上地」＝知行削減となった分の返還である旨が明記されている。中野等氏が指摘するように、これは石田三成による「権力編成原理」の否定にほかならない。朝鮮在陣中に石田三成と伊集院忠棟が主導した島津家支配体制への介入、あるは当主権の侵害を、忠恒は家督継承と同時に排除する決断をしたのであろう。その仕上げこそが、石田三成の盟友伊集院忠棟の排除であった。

忠恒の伊集院忠棟斬殺事件

慶長四年（一五九九）三月九日、忠恒は伏見邸で茶会を開いて伊集院忠棟を招き、その場でみずから斬殺《ざんさつ》する。家臣ではあるが、秀吉から直接知行を宛行われた御朱印衆を手ずから殺害するとは尋常なことではない。加えて、伊集院忠棟を斬るということは、彼と昵懇《じっこん》の石田三成を敵に回すことを意味し、ひいては豊臣政権への反逆ともとられかねない。確かに直前に文禄四年における石田・伊集院による知行配分を否定する方針を示したが、それにしても判断が早すぎる。伊集院忠棟を排除・処分するにしても、もう少しやり方というものがあるだろう。このタイミングでなぜ忠恒は、みずから忠棟を殺害するという選択をしたのか。

朝鮮在陣中、忠恒は何度も伊集院忠棟に軍勢と物資の補給を依頼したが、忠棟は十分な支援をおこなわなかった。そして、文禄の検地とそれにともなう知行配当で、忠恒とともに在陣していたものたちは不当な扱いを受けたと、少なくとも忠恒は認識しており、家督継承後真っ先に彼らへの「返地」を実施した。さらに在京中の義久は、石田・伊集院コンビによって本拠鹿児島から追い出され、領国経営から排除されていく過程で、忠恒に対し伊集院忠棟への不満と悪口を伝え続けた。結果として少なくとも慶長二年五月には、忠恒ら朝鮮在番衆は明らかに伊集院忠棟を敵と認識し、家中が忠棟と関わることを厳しく禁じていた。苦しい戦いのなかで忠恒と朝鮮在番衆が主従の絆《きずな》を深めるごとに、伊集院忠棟への憎悪は増していったのであり、帰国後一刻も早く斬り捨てたいと考えていた可能性はあろう。〝ナメられたら殺す〟の実践である。

もうひとつ考えられるのは、殺すことまでは考えていなかったが思わず斬ってしまった可能性である。実は忠恒がどのように伊集院忠棟を殺害したのか、詳細に記した同時代史料はない。『旧記雑録後編』に「〇〇公譜」として載録された、一七世紀成立の家譜である「新編島津氏世録正統系図」は当主ごとに記されており、「義久公譜」「義弘公譜」「家久公譜」それぞれで、伊集院忠棟殺害場面の記述が異なる。「義久公譜」は、茶懐石があり濃茶のあと茶席から退出する忠棟を忠恒が追いかけ斬殺したとし、「義弘公譜」は「中立《なかだち》」の時に手ずから殺害したと記している。「中立」とは茶懐石と濃茶の幕間に一度茶室を立つことである。茶懐石では酒もでる。その際、たびたび父義弘から酒乱のため禁酒を命じられていた忠恒がつい酒を飲んで酔っ払い、積年の恨みもあって思わず手にかけた可能性もあろう。なお、「家久公譜」は忠棟の「陰謀」が露見したのでやむを得ず殺害したと記すが、陰謀とは何か記しておらず、忠恒の行為を正当化するための潤色に過ぎない。

忠恒は殺害直後に高雄山《たかおさん》（京都市右京区《うきょう》）に蟄居《ちっきょ》・謹慎している。それは石田三成の意向があったようであり、あるいは、父義弘が三成に忖度《そんたく》して蟄居させたのかもしれない。政権への届け出なくおこなわれた上意討ちは、豊臣政権＝石田三成にとっては罪と認識されたのであり、忠恒の処分もあり得たであろう。

この事件は、偶発的なものの可能性もあるが、もし計画的に殺害したのであれば、義久・義弘は事前に知らされていたのであろうか。少なくとも義弘は知らなかったであろう。先述のように義弘は依然として政権との接点は石田三成に依存しており、徳川家康に接近した義久を詰問している。忠恒同様伊集院忠棟を憎んでいた義久も、まさかこのタイミングで手ずから殺害するとは思っていなかったであろう。もし義久が忠恒から忠棟殺害を事前に知らされていたら、帰国後すぐに伊集院領への対応に着手していたであろう。

事件直後の義久の対応

伊集院忠棟殺害は、すぐに国元の義久のもとに伝えられたとみられる。事件発生から一六日後の三月二五日、大隅富隈の義久は忠恒・義弘に書状を送っている（『旧記後』三―六九一）。冒頭に「幸侃《こうかん》御成敗ニ付而」とあり、義久は忠恒による伊集院忠棟殺害を「成敗」すなわち主君による上意討ちと捉《とら》え、処理しようとしていたことがうかがえる。義久はこれ以前に事件を知り、まず伊集院領の日向《ひゅうが》国庄内《しょうない》に使僧を派遣し、その連絡を待っていたので返信が遅くなったと記している。つまり、義久のもとには三月二〇日前後には伏見からの第一報が届いていたのであろう。

なお「庄内」とは現在の都城《みやこのじょう》盆地全域を指す地域呼称であり、宮崎県都城市・三股町《みまたちょう》から鹿児島県曽於《そお》市にまで及ぶ。伊集院氏の居城都城（宮崎県都城市都島町《みやこじまちょう》）には、忠棟の嫡男源次郎忠真《げんじろうただざね》（一五七六～一六〇二）がいた。彼の室は義弘の娘で忠恒の同母妹御下《おした》（一五八四～一六四九）である。翌年二月に忠真との間に娘千鶴《せんつる》が誕生しており、この時点で既に夫婦であったろう。義久は忠真のもとに使僧を送り、下城するよう説得したが応じておらず、今後も説得を続けるので落着し次第、使者を派遣すると伝えている。義久は忠真と義弘の関係を考え、説得すれば下城に応じると考えていたようである。また、同時に石田三成宛の書状も送るので確かに届けて欲しいと記している。義久は伊集院忠棟を殺害することが、石田三成との敵対を意味することをよく分かっており、早速釈明の書状を送ったとみられる。

伊集院忠棟の殺害に一番衝撃をうけたのは、親族・家臣を除けば石田三成であろう。三成は島津家統制でもっとも頼りにしていた伊集院忠棟が、あろうことか三成・忠棟の二人が家督に就けてやった忠恒に殺害されたことに激怒した。事件当時は大坂にいた石田三成にも、すぐに事件は伝わったようであり、三月一五日、三成は帰国していた義久に書状を送っている。この文書は残っていないが、閏《うるう》三月一日付の三成宛義久の返信案が残っている（『旧記後』三―六九四）。

これには「誠ニ御腹立尤至極ニ存候」とあり、三成は忠恒による伊集院忠棟殺害への怒りを伝え、三成を憎んでいる義久の関与を疑ったようである。義久は「忠恒が短慮で起こしてしまったことは、もってのほかであり是非を論じるまでもありません」と忠恒がかっとなってやったことにして、「事前に拙者に相談もなく、罪深いことです」とみずからの関与を否定している。その上で、義弘も伊集院忠棟と「不会」＝不仲であったことはないとして、この事件と兄弟は関係ないと釈明した。さらに、みずから都城に残る伊集院忠真の下城説得にあたっていることを伝え、三成からも「庄内には動揺することなく耕作するように命じて欲しい」と伝えている。実は、義久に詰問の書状を送るのと同時に三成は、家臣の桜木平右衛《さくらぎへいえ》門尉《もんのじょう》を伊集院忠真のもとに派遣している。三成がこの使者を通じて忠真に下城するよう伝えたのか、忠棟没後も伊集院氏を支持・支援すると伝えたのか定かでないが、義久がわざわざ本領安堵《あんど》を臭わすようなことを三成に伝えたということは、下城にむけて仲裁を期待していたのかもしれない。

義久が三成に返信したのと同日の閏三月一日、新納忠元《にいろただもと》ら国元の重臣一一名が連署して、忠恒の側近伊勢《いせ》貞昌《さだまさ》に書状を送っている（『旧記後』三―六九六・六九七）。貞昌からの状況報告への返信であろう。その冒頭には「今回の忠棟成敗の際、事前に政権への届けが無く石田三成がお怒りになったからであろうか、そうした事情で忠恒が長谷寺《はせでら》に移られたと聞いて、みな驚いている」とある。高雄山が長谷寺と誤って伝わっているのは不思議だが、忠恒は石田三成が激怒したため寺で蟄居したのである。

続いてこの書状は次のように記す。「しかしながら、伊集院忠棟に罪科があったことは、以前から石田三成もご存じなので、恐らくすぐにでも納得していい方向に向かうでしょう」。前年慶長三年（一五九八）五月二〇日、在朝鮮の忠恒に宛てた義久の書状には、「有方」と実名を伏せながらも伊集院忠棟の悪行について書き並べている（『旧記後』三―四一二）。忠棟への不満は朝から晩まで茶の湯ばかりやっているといった些末《さまつ》なものもあるが、「六千石之かくし知行之儀ニ付テ、柏原殿にて事之外しかられ候と申候」とある。柏原《かしわばら》殿とは石田三成家臣とみられ、六〇〇〇石もの知行地を隠していたことで叱責《しっせき》を受けていたという。この事件の詳細は不明だが、検地にともなう知行配当を一手に担っていた忠棟が、なんらかの不正を働いていたことを石田三成も摑んでいたのである。

また、忠棟が斬殺される前、三成と忠棟との間で大隅に設定されていた石田三成領の年貢収納をめぐってトラブルも起きていた。既述のようにこの年正月、大隅国内の石田領は忠恒に宛行われたが、前年分の年貢が皆済されていなかったようであり、石田方は知行地の引き渡しを拒んでいた。その交渉は伊集院忠棟がおこなっており、忠棟が直接三成を説得するとの報告を義久は受けていたようである。忠棟が斬殺されたのはその直後のことであった。

「幸侃罪科」とはこうしたことを指すのであろう。忠棟が私的に六〇〇〇石も隠しており、石田三成領の年貢上納に不備があったのなら、それは上意討ちに足る理由になると、重臣達は言いたいのであろう。ただ、石田三成を説得するまでもなく、忠恒は徳川家康の計らいで高雄山蟄居を解かれる。このタイミングで石田三成は失脚したのである。

第二章　庄内の乱

石田三成の失脚と庄内の乱の勃発

慶長四年（一五九九）閏三月三日、大坂で豊臣秀頼《ひでより》を後見していた大老前田利家が没する。すると翌閏三月四日、石田三成に不満を持っていた「七人大名衆」が、三成を襲撃あるいは切腹に追い込むとの計画が発覚する。三成は急遽《きゆうきよ》大坂から伏見に移り、自邸に立て籠《こ》もった。七将のうち黒田長政・加藤清正《かとうきよまさ》・浅野幸長《あさのよしなが》は、伏見まで出陣している。最終的に家康が仲裁し、五日後の閏三月九日、家康は福島正則《ふくしままさのり》・蜂須賀家政《はちすかいえまさ》・浅野幸長に書状を送り、明日石田三成が家督を嫡男重家《しげいえ》（一五八三〜一六八六）に譲って隠居することを知らせている。翌一〇日、三成は家康二男結城秀康《ゆうきひでやす》に守られて、居城佐和山《さわやま》（滋賀県彦根《ひこね》市）に退去していった。家康書状には「天下事無存知候様」とあり、石田三成は政権運営から排除されたのである。これにより島津家は、長きにわたる「取次」石田三成の呪縛《じゆばく》からようやく解放された。

高雄山に蟄居中であった島津忠恒は、三成襲撃事件の翌日閏三月五日頃、高雄山から伏見の自邸に戻っている。家譜はこれを徳川家康のはからいとする。伊集院忠棟殺害に激怒していた石田三成の失脚により、忠恒の罪も無かったことにされた。

突然の石田三成失脚に驚いたのは伊集院忠棟の遺族であろう。忠恒の処分、日向庄内八万石がどうなるのか全く分からなくなったのである。この間、国元の義久は都城の伊集院忠真説得にあたっていたが、石田三成失脚を知った伊集院忠真は、閏三月中に「庄内十二外城」に籠城《ろうじょう》して抵抗する方針を固めたようである。

「庄内十二外城」とは、伊集院氏の居城都城（宮崎県都城市都島町）の一二か所の支城群であり、高《たか》城（都城市高城町《たかじょうちょう》）・山之《やまの》口《くち》城（同市山之口町）・勝岡《かつおか》城（宮崎県北諸県《きたもろかた》郡三股町）・梶《かじ》山《やま》城（同上）・志和池《しわち》城（都城市上水流町《かみみずるちょう》）・野々三谷《ののみたに》城（同市野々美谷町《ののみたにちょう》）・山田《やまだ》城（同市山田町）・安永《やすなが》城（同市庄内町《しょうないちょう》）・梅北《うめきた》城（同市梅北町）・財部《たからべ》城（鹿児島県曽於市財部町）・末吉《すえよし》城（同市末吉町）・恒吉《つねよし》城（同市大隅町《おおすみちょう》）を指す。庄内＝都城盆地全域の支城網に立て籠もったのである。

こうして「庄内の乱」とも「庄内合戦」ともよばれる内乱が勃発《ぼっぱつ》した。伊集院忠真は籠城の準備を進めつつ、盛んに領外に使者を送って情報収集と他大名の協力を求めたようである。四月には、伊集院忠真の弟小伝次《こでんじ》が加藤清正のもとにいるとの情報が入っている。なぜか反

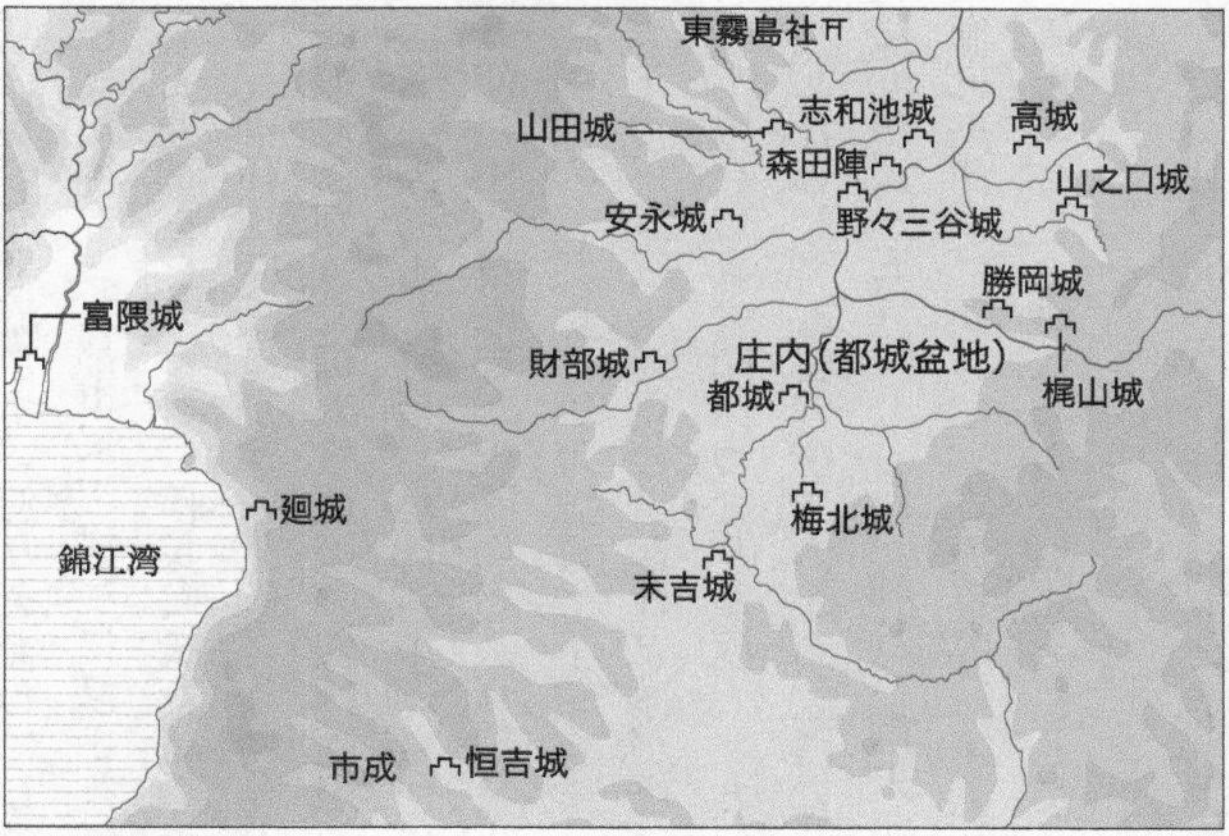

図7　庄内地図

石田方の加藤清正に支援を求めたようであり、実際清正もこののち伊集院氏を支援していく。肥後《ひご》国には熊本城（熊本県熊本市）の加藤清正、宇土《うと》城（同県宇土市）の小西行長《こにしゆきなが》、人吉《ひとよし》城（同県人吉市）の相良頼房《さがらよりふさ》の三大名があり、島津領となった薩摩国出水と境を接する肥後国葦北《あしきた》郡は、加藤清正領であった。島津領に近接する加藤清正が伊集院方となると、島津家としては厄介であった。

　伊集院忠棟が殺害された時、伏見の伊集院屋敷には忠棟室と二人の息子（小伝次と千次《せんじ》か）がいたという。この室は戦国期に数々の軍功を挙げた猛将吉利忠澄《よしとしただずみ》（一五四九～九五）の妹であり、なかなかの〝女傑〟だったようである。『本藩人物誌』によると、斬殺された夫忠棟の遺骸《いがい》が引き渡された時、この妻は歎《なげ》くこともなく一滴の涙も流さず、怒りを顕《あら》わにして国元の長男忠真に急報したという。その後、忠棟妻子は東福寺《とうふくじ》（京都市東山《ひがしやま》区）に移されている。忠棟妻は軟禁されながらも日向庄内の長男忠真と連携をとりつつ、伊集院氏存続のため奔走する。

元々伊集院氏は島津家筆頭老中であり、伊集院家中と島津家中には親戚《しんせき》同士や友人も多く、既述のように文禄の検地後の知行配当を牛耳っていた伊集院忠棟にすり寄る島津家中もいた。義久・義弘としては、島津家中から伊集院側への情報漏洩《ろうえい》や水面下での協力を恐れた。義弘は四月中に東福寺から鞍馬寺《くらまでら》（京都市左京《さきょう》区）に忠棟妻子を移し、監視を付けている。

国元の義久が伊集院忠真に下城するよう説得しつづけたのは、穏便に済ませたい事情があった。石田三成健在のときは忠恒が処分される可能性があり、伊集院忠真との全面抗争となった場合、御朱印衆つまり豊臣大名との合戦＝「公戦」となる可能性が高い。その場合、勝利したとしても日向国庄内から大隅に及ぶ伊集院領がそのまま島津領となる保証はない。文禄二年（一五九三）五月、同じく御朱印衆であった島津薩州家忠辰が改易された際、その所領は島津家に戻らず、寺沢正成・宗義智に宛行われたという先例がある。義久としては多少妥協しても合戦にならないようにして、伊集院領が収公されることを避けようとしたのである。

しかし、伏見の義弘・忠恒父子は伊集院忠真への対応のため、忠恒を帰国させる決断をする。石田三成の失脚により、三成派だった義弘も軍事討伐可能と判断したのであろう。この年正月には義久の徳川家康への接近を糾弾していた義弘であったが、四月二日、義弘・忠恒父子は家康と起請文を交わす。この時伊集院氏への対応のため、忠恒が国元に下向して指揮を執ることが申請され、家康の了承を取り付けたとみられる。閏三月一三日、家康は伏見城内に移っており、『多聞院日記《たもんいん》』には家康が「天下殿」＝天下人になったとの記述がある。石田三成失脚後、豊臣政権を実質的に主導するようになった徳川家康の支持を得て、島津家は伊集院氏への武力行使を含む断固たる処置に乗り出したのである。

四月一四日以前、忠恒は豊臣秀頼に暇乞《いとまご》いすると、帰国の途に就き、四月末頃に居城の鹿児島御内《みうち》（鹿児島市大竜町《だいりゅうちょう》）に入っている。その直前四月一九日、義久は在伏見の本田正親《まさちか》・比志島国貞《ひしじまくにさだ》に対して書状を送っている。義久は伊集院忠真の母＝忠棟室が京都で「種々之計策」をおこなっているとの情報をふまえ、対応を義弘に求めた。さらに、伊集院方が加藤清正や隣国衆に働きかけているとの情報を伝え、徳川家康に対して伊集院側が何か訴訟をおこしても受け付ける事の無いよう働きかけることを求めている。

これ以降、義弘は伏見にあって、徳川家康の意向を探りつつ忠真母の動向を監視し、畿内の情報を国元に送り続けた。国元の義久は、伊集院忠真と直接対峙《たいじ》する新当主忠恒を支援する、こうした役割分担で庄内の乱に対応していくことになる。石田三成の失脚により、義久・義弘兄弟の対立要因が無くなり、庄内の乱という非常事態によって久しぶりに兄弟が結束して、義弘実子・義久娘婿の忠恒をサポートするという、新たな「三殿」体制が出来上がったのである。

義久は忠恒への家督継承を取り消したのか？

鹿児島の尚古集成館《しょうこしゅうせいかん》には「鹿児島ニ召置御書物並冨隈へ被召上御書物覚帳」という、慶長五年（一六〇〇）八月に作成された島津家の蔵書目録が所蔵されている。これは、忠恒の居所鹿児島御内にある蔵書と義久の居所冨隈に移された蔵書の、書名と員数を列記している。このうち冨隈所蔵分の冒頭には、「慶長四年四月廿八日、為御使者阿多甚左衛門尉・八木新右衛門尉被差遣、冨隈へ召上候御書物数之事」とある。この史料を紹介した松尾千歳《まつおちとし》氏は、この冨隈に移された書物のなかに、「頼朝以来御書　八巻」「御当家御系図　二巻」など重要な文書が含まれていることを指摘し、「これらの文書は、江戸時代歴代当主たちに重物として受け継がれたものと同一と思われ、義久にとっても、これらの文書は当然家督にある者が所持すべき」と考えて召し上げたと指摘した。つまり、島津本宗家家督は依然として義久であるとの認識のもとに、これらの書物を冨隈に引き上げたということである。

これをふまえて桐野作人氏は、「義久は忠恒の家督を白紙に戻したのである。これは島津家を危機に陥れるかもしれない忠恒の軽挙、暴走に対する義久の怒りだったのではないだろうか」と指摘する。つまり、石田三成主導でこの年二月二〇日、義久から忠恒に「御重物」とともに家督が譲られたが、忠恒の伊集院忠棟斬殺で家督の器でないと義久は判断し、石田三成が失脚したこともあって、家督の悔い返し＝家督継承が取り消されたとの認識である。

確かに後述のように、庄内の乱で義久と忠恒の連携は上手《うま》くいかず、忠恒はあきらかに義久を避けている。しかし、それが家督継承の取り消しや、「御重物」を取り戻したことによるものとは考えにくい。そもそも、二月二〇日の家督継承時に義久が譲ったのは「時雨軍旗」であり、それは四月二八日に召し上げられた重物に含まれていない。前出史料によると、四月二八日以前、以後にも義久はたびたび歌書や仏画、暦などを鹿児島から富隈に召し上げている。文禄四年（一五九五）末、政権側の意向で義久は富隈城を築いて鹿児島御内から移っているが、「御重物」はそのまま御内に残していったのであろう。それを、義久が手元で読みたい時、必要に応じて鹿児島から借りだしていたとも考えられる。先述のように、忠恒は四月末から五月初頭には鹿児島御内に入っている。家督継承取り消しという政治的目的で「御重物」を接収するなら、閏三月段階で実行すればよいのであり、御内から自分が読みたい書物を持ち出していたとも考えられる。

しばらく後の八月二〇日、義久は伏見の義弘に書状を送り、人質としての在京が一三年に及ぶ娘亀寿が帰国できるよう、公儀＝政権側に働きかけるよう求めている（『旧記後』三―八四九）。その際、「自分が家督であった時代こそ人質としての意味はあったが、今となっては政権も帰国を邪魔しないだろう」と記している。これは義久自身が「隠居」としての自覚があるからこそ出てくる言葉であり、家督を悔い返した者の言葉では無い。

ただ、忠恒の下向にあたって、忠恒による義久への接し方について、父義弘が心配していたのは確かである。義弘は下向する忠恒に二通の覚書を渡し、義弘らしい細かな指示を与えている（『旧記後』三―七五四・七五五）。大酒を飲むな、「遊山之乱酒」は遠慮せよなど、飲酒など生活態度について、人材登用や家臣・国衆《くにしゅう》への処罰など統治について、近隣大名への対応など内容は多岐にわたる。なかでも強調するのは、義久への気遣いである。先祖への祭《さい》祀《し》・殿中での作法は義久が決めた作法を踏襲すること、浜之市《はまのいち》＝富隈からの御用がないか常に気を配り、義久の意向を確認すること、鹿児島や「諸外城之置目」は義久の意向をふまえて定めること、義久が定めた法度はこれを容認することなど、万事義久の意向を踏まえ、その指示に従うよう命じている。文禄・慶長の役で兄義久との関係が悪化し、協力が得られなかった反省をふまえ、忠恒が義久の不興を買って対立するのではないかと、義弘はかなり心配していたのであろう。

しかし、忠恒としては家督相続後初めて当主として指揮を執る戦いであり、気負っていた。

慶長の役で初陣を飾り、泗川の戦いでの勝利は高く評価されたが、全軍の指揮を執ったのはあくまでも父義弘である。自分一人で指揮を執って勝利を収め、家臣団を掌握したいというのが若き忠恒の本心だったろう。〝親の心子知らず〟である。

庄内包囲網の形成

慶長四年（一五九九）二月に中務大輔《なかつかさのたいふ》・侍従に任じられ「公家成」した佐土原《さどわら》領主の島津豊久《とよひさ》は、忠恒に先んじて佐土原に帰国した。四月二日に富隈で義久に面会しており、密議をしたという。恐らく伏見で義弘の意向を聞いており、義久と庄内伊集院領への軍事行動について協議したのであろう。この頃から、義久は忠恒の帰国を待たずに、庄内包囲網を築くべく、諸将に出陣を命じていたとみられる。

四月末頃に鹿児島入りした忠恒は、側近上井《うわい》兼政《かねまさ》を使者として富隈に派遣した。四月二五日付で義久は返信を送り、早々に富隈にて今後の方針について談合したい旨伝えている。それと共に、種子島久時《ひさとき》と山田《やまだ》有信《ありのぶ》が廻《めぐり》城（鹿児島県霧島《きりしま》市福山町《ふくやまちょう》）接収に向かったことを伝えた。廻城は伊集院領西端の城であるが、伊集院忠真はここに兵を置かず放棄しており、義久はその接収を命じたのである。また、忠恒に対して薩摩平佐《ひらさ》領主（同県薩摩《さつま》川内《せんだい》市平佐町）の北郷三久《ほんごうみつひさ》を必ず従軍させるようアドバイスしており、既に義久のなかで庄内包囲戦略は出来ていたのであろう。これ以外にも、伊集院久治・新納忠元・樺山久高《かばやまひさたか》が義久の指示で既に出陣している。

五月二三日、義久は鹿児島の忠恒に書状を送り、伊集院方の「庄内十二外城」のひとつ恒吉城への付け城として、市成《いちなり》（同県鹿屋《かのや》市輝北町《きほくちょう》市成）に築城するため軍勢を派遣する意向を伝え、談合のため五月二八・二九日に富隈に来るよう求めている。しかし、一か月経っても忠恒は富隈に来なかったようである。その後も忠恒が富隈を訪れた気配はない。五月八日、忠恒は伊集院久治に書状を送り、みずから伊集院忠真に対して下城を勧告し、応じない場合は攻撃するとの決意を伝えている。忠恒は新当主として、どうしても自力でこの乱を鎮圧したかったのである。

六月上旬、忠恒はあえて義久とは合流せず、庄内＝都城盆地の北側に位置する東霧島社《つまきりしま》（宮崎県都城市高崎町《たかざきちょう》）に布陣した。これにより島津勢は二手に分かれ、南北両方向から「庄内十二外城」を攻略していく。六月一一日、義久は忠恒に書状を送り、軍配者と協議して、来る二二日に開戦することにしたと通告している。

開戦直前の六月一八日、伊集院忠真は義弘重臣の川上忠智《かわかみただとも》に書状を送っている（『旧記後』三―七六二）。この書状で忠真は、三月以来庄内に留《とど》まらざるを得なくなっている石田三成の使者桜木平右衛門尉が帰洛できるよう依頼すると共に、籠城に至った理由を説明している。去春、恐らく伊集院忠棟殺害直後に義弘が忠真に宛てた書状には、「我等進退」＝忠真の処遇について「御懇意」＝十分に配慮するとのことであったが、その後の現地での義久の対応は「義弘様のお考えとはまったく違っている」と述べ、富隈の義久に対し、自分の「身上」＝庄内八万石の大名としての地位を保障していただければ「分別可仕」＝下城する旨申し上げたものの、義久はこれに納得しなかった。さらに義久は、庄内への諸口の往来を停止し、忠真も忠棟同様に処分するようであり、境目に放火するに至ったという。どこまで忠真の言い分が正しいかは不明だが、義久は無条件での下城を求め、これに対し伊集院忠真はあくまでも御朱印衆としての身分保障を求めて折り合いが付かず、島津勢の庄内包囲網の構築によって伊集院側の態度も硬化してしまったようである。

この伊集院忠真書状が義弘のもとに届く前に、島津勢は「庄内十二外城」への攻撃を開始する。

山田城・恒吉城の攻略と庄内の乱の「公戦」化

慶長四年（一五九九）六月二二日、義久が指揮を執る廻口と、忠恒が指揮を執る高原口《たかはる》＝東霧島側から同時に伊集院領への攻撃が始まった。島津忠長・樺山久高率いる廻口の軍勢は、六月二三日から一二外城最西端の恒吉城を攻撃し、同月二五日、城主伊集院宗右衛門《そうえもん》は開城して、都城方面に撤退していった。

忠恒が指揮を執る高原口は、六月二三日、佐土原領主島津豊久が大将となり、新納忠元・入来院重時《いりきいんしげとき》・村尾重侯《むらおしげあり》・相良長泰《ながやす》らの軍勢が、山田城に攻めかかり、城主長崎久兵衛尉《ながさききゅうべえのじょう》ら数百人を討ち取って落城させた。幸先《さいさき》良い勝利であった。翌六月二四日、忠恒は山田での勝利を徳川家康と父義弘に書状で報告し、二〇日後の七月一四日に伏見に届いている。

既に合戦となっていることを知らない伏見の徳川家康は、七月九日、忠恒に書状を送り、「御譜代家人之身」でありながら伊集院忠真がいまだ籠城していることを咎《とが》め、「早々御成敗」を命じると共に、家康家臣山口直友《やまぐちなおとも》（一五四六〜一六二二）を派遣することを伝えた（『島津』一—一二一、二—一〇七二）。同月五日付で義弘も忠恒に対し書状を送り、山口への接待と宿の手配を命じている（『旧記後』三—七八四・七八六）。

義弘は家康の措置を「誠自他国之覚と申、目出度《めでたく》存候」（内外で島津家の評価を高めるもので、めでたい）と無邪気に喜んでいるが、これは義久としては避けたい事態であった。義弘は書状のなかで、伊集院忠真の兄弟・母が関東への流罪に決まったと伝えている。彼らの幽閉先での監視は島津家中が務めていたが、その処分は島津家では決められず、政権側が流罪と決めたのである。これは、伊集院氏が島津家の「御譜代家人之身」ではあるものの、秀吉から朱印状を拝領した豊臣大名でもあったためである。その伊集院氏を軍事討伐するには、政権の承認が必要であり、大老である徳川家康がこれをようやく許可した。いいかえると、庄内の乱は豊臣政権の「公戦」となったのである。

早々に義久が開戦に踏みきったのは、これを「私戦」として内々に処理したかったからであろうが、そうもいかなくなった。七月九日、家康は日向国飫肥《おび》（宮崎県日南市《にちなん》）の伊東祐兵《いとうすけたか》や、肥後国人吉（熊本県人吉市）の相良頼房に書状を送り、山口直友を「島津父子為見廻」派遣したことを伝え、義久・忠恒の要請があり次第、みずから出陣するよう命じている。同様の命令は九州全域の豊臣大名に出されたようであり、八月にかけて筑後国《ちくご》柳川《やながわ》の立花宗茂《たちばなむねしげ》・豊前国《ぶぜん》中津《なかつ》の黒田長政・肥前国《ひぜん》福江《ふくえ》（長崎県五島市《ごとう》）の五島玄雅《ごとうはるまさ》・日向国縣《あがた》の高橋元種《たかはしもとたね》から次々と出陣の意向が伝えられている。

また、この頃すでに家康と九州大名の「取次」をつとめるようになっていた肥前国唐津《からつ》（佐賀県唐津市）の寺沢正成（のちの広高《ひろたか》、一五六三〜一六三三）は、七月九日付で忠恒に書状を送り、上使山口直友が状況報告のため伏見に戻り次第、自分も九州に下向すること、伊集院忠真の弟・母は常陸国《ひたち》（茨城県）の佐竹義宣《さたけよしのぶ》のもとに配流することが決まったことを伝えている。肥後国宇土の小西行長に至っては、国元の重臣小西行重《ゆきしげ》に命じて七月一一日以前に肥薩国境の大口《おおくち》（鹿児島県伊佐市《いさ》）まで鉄砲衆三〇〇を派遣している。

これに対し義久は、七月一〇日以降、諸大名の厚意に謝意を示しつつも出陣を丁重に断りつづけた。同月一六日には、在京中の寺沢正成・小西行長に対し書状を送り、来月合戦する覚悟であるとしながらも、「隣所之衆」の合力を中止するよう要請している。なんとしてでも島津勢だけで決着をつけたかったのであろう。

緒戦の勝利の報《しら》せを受けた家康は、七月一六日に忠恒に書状を送ってこれを賞しながらも、軍勢を損耗しないよう注意している。「早々御成敗」を命じながら、後述のように山口直友には伊集院忠真を説得して下城させるよう命じていた。

幸先の良い勝利であったが、義久は一抹の不安を覚えている。落城した山田城は島津勢が接収して番衆を入れ、東霧島社の陣にも北郷三久勢が入った。しかし、伊集院勢の士気は依然として高く、七月一三日、両所に伊集院勢が押し寄せて激しい戦いになっている。島津勢は撃退したが、苦戦を強いられたようである。七月一四日以降に戦況を義弘に伝えた義久書状には、「下知しまらず候」＝命令が徹底していない、特に義弘領の帖佐・蒲生《かもう》勢には「然々之主執」＝しっかりとした指揮官がおらず、「下知一段不調」＝命令が特に不徹底と評している。

義弘もそこは懸念しており、七月一三日には庄内出陣衆の山田有信（当時五六歳）・種子島久時（当時三二歳）に書状を送り、若輩の忠恒がつねに義久の指示を仰ぐようアドバイスすることを求めている。

伊集院勢の士気が落ちない背景に物資補給の問題があった。前出の義久から義弘への書状によると、庄内への「魚塩通融」を止めるよう周辺大名に依頼していた。しかし伊集院領からの落人の証言によると、伊東祐兵領の飫肥から物資が入っているという。朝鮮で親交のあった義弘から伊東側に「往来停止」を強く要請するよう求めている。これをうけて義弘は、八月六日に飫肥下向中の伊東祐兵に書状を送り、魚・塩の庄内への流入を止めるよう求めるとともに、石田三成の使者が伊東家中のふりをして庄内に出入りしていたことを問題視している。その上で、徳川家康が「天下之見せしめ」のために伊集院討伐を決定し、上使が派遣されたことを強調し、伊東領から庄内への通用が事実ならば、「一揆御同意」とみなされると警告している。

山口直友の第一次和睦交渉失敗と戦闘の再開

徳川家康の上使山口直友は、慶長四年（一五九九）七月下旬には島津領に到着し、都城に籠もる伊集院忠真に下城するよう説得に当たったが、結局、一回目の和睦《わぼく》交渉は失敗に終わり、八月中旬にはその旨を家康に報告している。八月二〇日、面目を潰《つぶ》され激怒した家康は佐土原の島津豊久に対し、九州取次の寺沢正成を島津領に派遣したことを伝え、寺沢と相談の上伊集院忠真を誅伐《ちゅうばつ》するよう命じている。

寺沢の下向にあわせて、義弘は八月六日付で娘婿にあたる伊集院忠真に書状を送っている（『島津』二―一一五三）。まず「伊集院忠棟はずっと悪事を企んでいたことがはっきりしたため、忠恒が成敗した」と正当化した上で、これまでの伊集院忠真の対応を批判する。忠真は義久・忠恒の下城勧告に対し、「身体之一着無之」（身分保障が無い）ことを理由として拒否し、仲介しようとした伊東祐兵にもそのように回答したという。それより、「君臣上下之例法」に従うべきであり、自分の立場が保障されていなくても義久の命に応じて出頭し、結果として成敗されたとしても「名字之恥辱」にはならない。もし義久の下知に背いて討たれたならば、臆病《おくびょう》で出頭しなかったことと同じで「無道至極」（人の道に大きく背いていること）となり、「自他国之嘲哢《ちょうろう》」（領国の内外からのあざけり）を受けることになると説く。義弘がもっとも重視する道徳・行動規範である「自他国之覚」「外聞」を考えた時、たとえ殺されても主君の命に従うべきだというのである。

さらに、忠真周辺の「若輩之者共」が「邪《よこしま》なる儀」を忠真にそそのかしているのだろうが、それは本心ではない。忠真と一緒に腹を切る覚悟と言っている者もいざとなったら裏切り、忠真一人が責任を取ることになる。どれほど多くの家臣を抱えている大名でも、腹を切る時はたった一人だ。忠真もよく知っているだろうと諭す。恐らく豊臣秀次《ひでつぐ》の悲惨な自害を指しているのだろう。

最後に義弘は、忠真が出頭すれば知行がどれほどになるかは保証できないが、忠恒も許すだろうとし、自分からも「心添」するので、万事をなげうってこれまでの戦いを詫《わ》びるようにと諭している。忠真としては義父にあたる義弘なら自分の意を汲《く》んで、身分保障をしてもらえると期待していたのであろうが、義弘は命だけは助かるよう口添えするので無条件で降伏しろと、最後通告を突きつけたのである。

徳川家康は、寺沢正成に下向を命じると同時に、人吉の相良頼房・飫肥の伊東祐兵に対し、寺沢と相談の上ですみやかに出陣して伊集院忠真を討つよう命じている。山口直友も再度庄内に下向し、小西行長も家康の命をうけて肥後宇土に下向して、出陣の意向を忠恒に伝えた。小西の下向は庄内への出陣というより、加藤清正への牽制《けんせい》という意味合いが強いと思われるが、いよいよ義久が恐れていた事態になったのである。

なお、家康が追討を命じ「公戦」になったにもかかわらず、加藤清正は伊集院氏への支援を続けていた。九月上旬頃、庄内＝伊集院勢への「玉薬」＝鉄砲の火薬を積んだ船が肥後方面から来たのを発見して追い返しており、加藤清正から庄内に派遣された飛脚が肥後に戻るところを捕縛し、山口直友が事情聴取の上成敗している。

山口直友の和睦交渉失敗により、忠恒は軍事行動を再開する。九月二日には、佐土原に戻っていた島津豊久が再び山田城に出陣し、早速「庄内十二外城」のひとつ安永城から出てきた伊集院勢と合戦している。九月一〇日には、島津勢が都城近くまで「当毛《とうもう》」＝収穫間近の稲を刈り取るという挑発行為をしたところ、十二外城の野々三谷・高城・志和池から伊集院勢が出てきて激戦となった。島津勢はこれを撃退して野々三谷城まで追撃し、城の防御《ぼうぎょ》施設とみられる「垂三重」まで打ち破る勝利を収めている。ただ、味方の被害も大きく、忠恒側近の上井兼政が討死している。

乱勃発から半年経っても伊集院勢の士気は高く、島津勢は攻めあぐねていた。この戦い直後の九月一四日、義久は家康側近の伊奈《いな》令成（昭綱《あきつな》）に書状を送り、この戦いは「私之討《とう》罰《ばつ》」であるので隣国衆の加勢は不要であると伝えるとともに、山口直友が仲介した伊集院方との和平方針は今でも有効であり、たとえ「若手之衆」が同心しなくても和睦に持ち込みたいと伝えている（『旧記後』三―八八二）。忠恒は相変わらず力攻めによる解決を目指していたが、義久は諸大名出陣前の終結を目指していたのである。それは徳川家康の意向でもあった。

畿内情勢の変化と森田の陣構築

慶長四年（一五九九）九月七日、伏見城にいた徳川家康は、豊臣秀頼に重陽の賀を述べるため大坂の石田三成屋敷に入る。この時、大老前田《まえだ》利長《としなが》（一五六二～一六一四）と奉行浅野《あさの》長政《ながまさ》に謀叛《むほん》＝家康暗殺の疑いがあると通報されている。家康は同月一三日に大坂城内に移ると、二七日には北政所《きたのまんどころ》＝秀吉室がいた西ノ丸に入り、そのまま城内に留まった。

この頃、山口直友の報告により加藤清正が伊集院忠真を支援していることが家康に伝わったとみられる。九月二一日、義弘は忠恒に長文の書状を送り、畿内情勢を伝えている（『旧記後』三―八八四）。

家康の大坂入城について「今度於大坂　内府様天下之御仕置被仰定候」（このたび大坂で家康様が天下を支配することが決まった）と記しており、実質的に政権を握ったと理解したようである。そして家康は、在国中の前田利長と加藤清正の上洛禁止を命じ、上洛を止めるため、越前《えちぜん》に大谷吉継《おおたによしつぐ》の養子大学吉治《だいがくよしはる》と石田三成内衆を派遣し、淡路《あわじ》には菅谷《すがや》平《へい》右衛門尉《えもんのじょう》・有馬《ありま》則頼《のりより》を派遣したと報じている。

加藤清正の上洛禁止は、家康が追討を命じた伊集院忠真を支援していることが発覚したためなのは明らかである。義弘は加藤清正が「連々気任之仁」＝以前から勝手気ままな人物なので、思慮無く合戦を始める可能性があると警戒している。具体的には、加藤領佐敷《さしき》（熊本県葦北郡芦北町《あしきたまち》）をめぐって小西行長・相良頼房との衝突を懸念している。このため、肥後境の出水の防衛強化を強く求め、帖佐・山田・蒲生・吉田《よしだ》勢を出水に移し、「いかにも丈夫な仁」＝確かにしっかりした人物を地頭として配置するよう求めている。また加藤清正は、庄内に「山くぐり」＝密使を派遣し、伊集院氏と協議しているだろうと推測しているが、先述のとおり実際に加藤清正からの密使が捕縛されている。

義弘は大坂で「六ヶ敷」＝難しいことが起きているとも記しており、畿内情勢は緊迫化していた。八月二九日、忠恒は和睦交渉失敗のため「弓箭《きゅうせん》一方」＝軍事的解決に転じることを義弘への書状で伝えたが、九月二一日付義弘の返信は忠恒に翻意を促すものだった。

山口直友の復命によると、和睦交渉が失敗したのは伊集院忠真下城後の知行保証がネックになっていたようである。義弘は、多すぎるとは思っても忠真にまずは知行地を保証して和睦を目指すべきだと説く。和睦を急ぐ理由として、来春大坂で普請があるとの情報と、肥後情勢が不穏なことを挙げている。その場合、庄内に軍勢が釘付《くぎづ》けになっていると、公儀＝政権の軍役に応えられないことを「外聞」が良くないとする。

また、義弘は鞍馬幽閉中の伊集院忠棟妻子についても記している。山口直友の復命を受けた徳川家康は「立腹」し、忠棟室に対して忠真に下城するよう説得せよ。もし承引しなければ討ち果たす旨、増田長盛《ましたながもり》を通じて鞍馬に伝えたという。忠棟室はこれを了承し、忠真説得のため野辺五郎右衛門《のべごろうえもん》を派遣したと伝える。忠真の母親という切り札を使ったのは、義弘側からの提案かもしれない。義弘が和睦推進派なのは、冷たく突き放したものの娘婿伊集院忠真を何とか助けてやりたいとの思いもあったのだろう。ただ、忠棟室は本心では当然島津家を怨《うら》んでおり、一〇月、高雄山の普賢院眞昭《ふげんいんしんしょう》は伊集院忠棟妻子が各地の寺社に「怨敵消散之祈念」を依頼していることを通報している。

九月三〇日には、家康が義弘・忠恒に書状を送り、忠真の「表裏」（交渉での発言がころころ変わること）を「曲事《くせごと》」と断じているが、同日付の伊奈令成副状《そえじょう》では、義弘書状にもあったように、忠棟室から都城を明け渡すよう説得するため使者が派遣されたことが記されている。家康の意向は和睦による早期終戦であった。一〇月一日に奉行増田長盛が忠恒に宛てた書状にも、伊集院忠真が下城した際には赦免してやってほしいと記されている。

九月二九日、忠恒は直接指揮を執るべく再度山田城に出陣する。ただ、今回は遮二無二力押しする戦術はとらなかった。九月上旬の戦いからもうかがえるように、伊集院方は支城網を上手く利用し、島津勢が都城を挑発するため出陣すると、ほかの支城から後詰めを出して島津勢を挟撃し、島津勢にも大きな被害が出ている。島津側としては支城網の連携を断つ必要があった。このため忠恒は、支城のうち志和池城と野々三谷城の中間に、「森田《もりた》陣」と呼ばれる本格的な陣城を構築する。

この作戦は一〇月二日に実行され、その支援のため、義久も十二外城のひとつ財部城（鹿児島県曽於市財部町）方面に軍勢を派遣し、伊集院勢と激戦となっている。江戸時代後期の『倭文麻環《しずのおだまき》』で紹介された、島津家中で男色関係にあった美少年平田《ひらた》三五郎《さんごろう》と吉田大蔵《おおくら》がともに討死したのはこの戦いである。

「森田陣」は大淀川《おおよどがわ》左岸の河岸段丘上に築かれており、志和池・野々三谷両城の連携を断つと共に、高城方面からの敵の出撃を監視することも可能である。これ以後、忠恒は本陣をここに置き、伊集院勢のゲリラ攻撃をかわしつつ、志和池城包囲を進めていく。

なおこの頃、義久・義弘共に自らの〝老い〟を自覚している。八月二〇日付の義弘宛義久書状には、忠恒の最近の素行が「神妙」だと褒めつつも、忠恒が「起《た》ち上がるべきではない座で立ってしまうのを矯正したい」と記す。その一方で、「然共我々むかしかたぎハ当世不合候条、不及是非候」（しかし我々は考え方が古いので、今の時代には合わないのだろうから、やむを得ない）と諦《あきら》めている。今も昔も若い世代の作法が気に入らない高齢者は多いが、義久はそれが時代の流れであることを自覚している時点で達観している。一〇月二日、忠恒がみずから指揮を執り森田の陣構築に出陣するにあたっては、その前日に忠恒の手勢が無人数だといって、義久の兵を忠恒に回している。なんだかんだ言って、娘婿忠恒が心配なのである。

一方義弘も、前出の忠恒に和睦を促す書状で、「自分は老体なので、後年あなたの技量・手法がよくなるようにと命じているのである」と、老人の繰り言だと自覚してアドバイスしている。

義久・義弘が心配するように、忠恒が指揮を執る島津勢には経験不足からいろいろ問題があったようである。一〇月二一日には、島津方の山田城内にて鉄砲用煙硝に引火して火事となり「麓之陣屋《ふもと》」が消失して死者も出ている。九月一日付義弘書状によると、義弘は伏見で庄内情勢について占ってもらい、敵方から火を付ける「からくり」があるだろうとの結果がでて、用心するよう伝えていた。占い的中である。義久は「焼火」近くで煙硝の取扱いは禁止しろと指示し、焼失した煙硝の補充を義久分から送る旨、忠恒に伝えている。世話の焼ける婿殿である。

寺沢正成の和睦交渉失敗と家康の思惑

徳川家康の命を受け九州に下向した寺沢正成は、慶長四年（一五九九）一〇月二日、居城唐津を発ち、同月一〇日には薩摩国出水に着船した。その後、義久の居所浜之市に入り、義久と協議している。一〇月末には伊集院忠真母の使者野辺五郎右衛門尉も庄内入りした。野辺が本当に下城を促したのかは怪しいが、寺沢による和睦仲介交渉が始まる。実際に都城で忠真と交渉に当たったのは、寺沢の重臣平野源右衛門尉《ひらのげんえもんのじょう》・高畠新蔵《たかばたけしんぞう》だったようである。一一月上旬まで協議は続いたようだが、交渉は決裂する。

一一月六日、伊集院忠真が平野・高畠両名に宛てた書状から忠真の主張がうかがえる（『旧記後』三―九五〇）。閏三月以降の籠城について、「重ね重ね非道な対応があり、言葉と本音が違い、義久と義弘とでは起請文の内容が異なっており、言い尽くせない」と不信感を顕わにしている。伊集院氏は「島津代々者候」＝島津家譜代の家臣であり、島津家に奉公したかったのであるが、こうした「非正義」があったからには「今後は一切島津家に奉公するつもりはない」と断言し、寺沢正成のはからいでどこか別の大名に仕えるよう取りなしを依頼する。その結果、徳川家康が「曲事」に思い成敗されることになっても構わないとまで言い切っている。

交渉決裂により、寺沢正成は上京し、一二月一一日に大坂城の家康に復命した。伏見にいた義弘も寺沢の上坂にあわせて大坂に赴き、寺沢と家康に面会・協議している。家康はこの反乱がなかなか解決しないことにいらだっていたようであり、寺沢の上坂を待たずに再び山口直友を現地に派遣している。

この頃家康は忠恒に対し、慶長の役終盤の和睦交渉で明《みん》軍から人質として受け取った「ういひん」＝茅国科《ぼうこくか》を島津家から明に返還するよう命じている。既に家康は明との国交回復交渉を視野に入れており、島津領の早期安定を望んでいた。さらに、先述のように、九月二一日に家康は大老前田利長の上洛を禁じており、「北国」方面＝北陸地方では軍事的緊張が生じていた。一〇月には五奉行の一人浅野長政が家康から本国甲斐《かい》での蟄居を命じられている。九州南部での争乱の長期化は家康として看過できない問題だったのである。

忠恒勢の大敗と義久・義弘の説諭

寺沢正成の和睦交渉も失敗に終わり、森田陣に本陣をおく忠恒は軍事行動を再開した。しかし、一二月八日、大敗を喫する。十二外城のひとつ安永城の白石永仙《しらいしえいせん》が打って出て忠恒勢を挑発。それにつられて出陣したが罠《わな》にはまり、中霧島《なかぎりしま》（都城市山田町中霧島）付近で多くの死傷者を出すに至った。義久方が生け捕りにした伊集院方の捕虜の証言によると、八日の合戦で討ち取られた島津勢の首百余が晒されているという。島津方の戦意を削《そ》ぐため、かなり凄惨《せいさん》な光景が広がっていたようである。

敗戦に激怒した義久は、一二月一〇日と一一日の二度にわたって書状を送り、忠恒を諌《いさ》めている（『旧記後』三―九七一・九七二）。若き者が下知に従わない現状を指摘し、敵が出てきた時は決して軍勢は出さず、こちらが「たくみ」＝策を講じたときに戦うべきだと指摘する。「勢合戦では「みみ聞」（聞き耳を立てること、敵勢の様子をさぐること）が特に大事である。「勢い立つ敵勢が伏兵として隠れている時は、特に発見しやすいものなのに、それに気付かないとは残念である」と戦場での状況判断の甘さ、偵察能力の欠如を歎いている。

慶長の役では父義弘の指揮の下、前線で鎗《やり》を振るっていればよかったのであろうが、庄内の乱での忠恒は新当主・総大将として島津勢全体に指示を出し、敵の動き・策略を見抜くことも求められる。忠恒はそういう能力に欠けていると、義久は歎いたのである。大将の「下知」というものは、合戦でのその場限りのものではなく、平生の家中への「置目」が大事だと説く。日頃からしっかり家臣に指示を出して統制がとれていれば、合戦でもうまくいくのだと忠恒にアドバイスしている。重臣の暴走に苦しんできた義久らしいアドバイスである。

さらに義久は、七月に鹿児島でおこなわれた恒例の諏訪《すわ》大明神の祭礼で、諏訪社の旗二本が庄内＝伊集院方に盗まれたとの噂があり、さらに鹿児島の諏訪社と稲荷《いなり》社の御前で「きもじ」＝狐が死んでいたとの噂があることを指摘し、もし事実なら「けち」＝縁起が悪いので祈禱《きとう》するよう命じている。諏訪社は島津氏初代忠久以来厚く崇敬している神社であり、七月の祭礼はわざわざ戦闘を停止してまで実施している。「狐」は泗川の戦いで勝利を導いたと吹聴するほど重要な、島津家の守り神稲荷社の化身である。今回の敗戦を指揮官忠恒の責任ではなく神の祟《たた》りに転嫁し、大々的に祈禱をおこなうことで戦場に広がる不安、士気の低下を払拭《ふっしょく》しようとの意図も感じられる。

後日この敗戦を知った父義弘も、二月四日付書状で忠恒に説諭している（『旧記後』三—一〇三一）。既に家康の耳にも大敗を喫したことが伝わっており、若衆が勝手に出陣したことが敗因とはあきれたと苦言を呈し、「弓箭之道」＝戦い方に古体・当世といって変わることはないので、「年より巧者衆」＝歴戦の武勇に優れた老将たちにも熟談して、失敗の無いように諭している。

敗戦から一〇日後の一二月一八日、徳川家康の使者山口直友が日向国名貫村《なぬき》（宮崎県児湯《こゆ》郡都農町《つのちょう》）に到着しており、一二月下旬には島津領に入ったとみられる。山口直友の再下向の目的は和睦の実現にあった。同月一五日、義弘が忠恒に送った書状には、山口が和睦交渉のため下向したことを伝えると同時に、伊集院忠真の下城が決定するまで攻撃を止めてはいけないと命じている。戦闘が停止すると境目が緩くなってしまうことを懸念している。加藤清正あたりの物資補給を懸念していたのであろう。こうして、忠恒の武力行使と山口直友の和睦交渉が同時並行で進んでいく。

庄内の乱の終結

義久の居所大隅国富隈に入った山口直友は、慶長四年一二月末から何度か庄内まで往復し、伊集院忠真の説得にあたる。恐らくそれだけでなく、和睦の条件をめぐって義久とも交渉したであろう。慶長五年（一六〇〇）正月一三日、都城に入った山口は伊集院忠真から和睦を受け入れる旨の言質を取り付ける。同月一七日、義久は交渉過程を森田陣の忠恒に伝え、みずから富隈に来て山口と協議するよう伝えたが、忠恒が応じた気配は無い。この頃忠恒は志和池城包囲網を築き、まもなく落とせるとふんでいた。

こうした態度を知った在京中の義弘は、二月四日に忠恒に書状を送っている（『旧記後』三一〇三二）。徳川家康の意向を受けた山口直友の和平交渉に対し、「わかき人衆」が乱の終結を考えることなく「手前つよだて」＝自分たちだけの強がりを主張して、忠恒と同心して和睦交渉を妨害すると、山口の怒りを買うことは必定である。それで和睦交渉を打ち切り、山口が上洛して家康の怒りを買ったらどうすると諫めている。「十分之御曖《おあつかい》」つまり和睦条件が満足できず七、八分の内容であっても、まずは山口の交渉に任せるのが、家康に対しても良い印象を与える。今後の行く末を考えると分別するときだ、つまり大人になれというのである。

この書状が作成された翌日の二月五日、兵糧が尽きた志和池城は下城を申し出る。翌日志和池城を接収した忠恒は、高城方面への攻撃に移る。事ここに至って伊集院忠真も観念したようである。二月一八日、山口直友は再び都城に入り、忠真は和睦を受諾した。和睦受諾の条件として、まず停戦を求めたようである。富隈に戻った山口は、在陣中の島津以久・豊久に書状をおくり、和睦がまもなく成立することを伝え一両日中の軍事行動を控えるよう求めている。

慶長五年（一六〇〇）二月二九日、義久・忠恒は山口と起請文を交わす（『島津』三—一四六六）。義久・忠恒は、前年一一月六日に伊集院忠真が寺沢正成に対し、島津家への奉公が堪忍できないと書状で伝えたことは「遺恨深重」であるが、家康の仲介なので忠真が出頭して奉公すれば、異議無くこれを認めると誓っている。島津側の条件は忠真が島津家への奉公を誓うこと、伊集院側の条件は忠真の助命と知行保証だったようだ。山口は二人の起請文を持って都城に戻り、忠真に下城を迫ったとみられる。なおこの日、残る伊集院方外城のうち、梶山城・勝岡城・山之口城が開城し、三月一日には高城、三月二日には安永城・野々三谷城、三月九日には末吉城が開城している。

三月一〇日、伊集院忠真は島津家重臣の税所篤和《さいしょあつかず》・喜入久正《きいれひさまさ》に起請文を呈している。この起請文で忠真は父忠棟の罪科を認めた上で、自分も殺されるところを山口直友の仲介により助命していただき、堪忍分の知行を下されたご高恩に感謝し、忠恒にお仕えすること、今後島津家へ「悪逆」＝謀叛を企てず奉公することを誓っている。翌日には最後に残った梅北城も開城し、庄内の乱は終結した。

三月一四日、伊集院忠真は浜之市に出頭して義久・忠恒見参し、徳川家康の仲介により知行二万石を与えられた。翌三月一五日、忠真は家康側近の伊奈令成に書状を送り、家康の仲介により自身の「外聞実儀」が保たれたことを謝している。なお、最終的に伊集院忠真の知行地は薩摩国頴娃《えい》（南九州市頴娃《えい》町《ちょう》）一万石に確定している。忠恒の報告を受けて徳川家康は「庄内之儀貴所御かつて《（勝手）》に罷成候」と、庄内をそのまま島津忠恒領として扱うことを認めている。家康仲介の和睦に応じたことで、義久の当初からの懸念は払拭されたのである。

第三章　関ヶ原の戦い―義弘が寡兵だったのはなぜか？―

関ヶ原の戦いの最新研究

近年、関ヶ原《せきがはら》の戦いをめぐる研究は急激に進展しつつある。かつては参謀本部編『日本戦史《にほんせんし》 関原役《せきがはらえき》』（一八九三年）に基づく見解が史料批判もなしに通説化していたが、同時代に記された古文書・古記録や実際に参戦したものたちが記した覚書をもとに、その前提となる政治情勢を含めて全面的に見直されつつある。とりあえず近年の研究状況については、日本史史料研究会監修・白峰旬《しらみねじゅん》編『関ヶ原大乱、本当の勝者』（朝日新書、二〇二〇年）などをご参照いただきたい。関ヶ原の戦いにおける島津勢＝義弘と甥《おい》の豊久勢の動向についても、様々な見直しが進んでいる。現時点では桐野作人氏の一連の研究が到達点であろう。義弘・豊久の関ヶ原参戦から豊久の戦死、義弘主従の敵中突破から帰国するまでの詳細な動きは、そちらをご参照いただきたい。

本章で検討するのは、この戦いをめぐる「三殿」の関係・思惑である。当時の伏見における島津勢は、庄内の乱への対応もあって最低限の人数しか詰めていなかった。義弘は徳川家康からの伏見城在番要請を受け、国元からの派兵を要求するが、国元が応じないまま関ヶ原の戦いが始まってしまい、九月一五日の本戦では豊久勢も含めて一五〇〇の寡兵で参戦することになり、結果的に敵中突破による帰国を余儀なくされる。なぜ義弘はこうした状況に追い込まれたのか、なぜ国元の義久・忠恒は義弘を積極的に支援しなかったのか。

徳川家康の義弘に対する伏見在番要請

庄内の乱が終結しつつあった慶長五年（一六〇〇）三月上旬、畿内では大老上杉景勝（陸《む》奥会津《つあいづ》一二〇万石）の上洛拒否が問題となっていた。三月一〇日には、徳川家康側近の伊奈令成が毛利輝元・増田長盛・大谷吉継の使者とともに会津に向かい、説得に当たっており、四月一日には家康から説得を命じられた西笑承兌《さいしょうじょうたい》が、上杉家重臣直江《なおえ》兼続《かねつぐ》に使者を派遣している。

庄内の乱は家康の和睦仲介で終結した。島津忠恒はその御礼言上のため上洛するつもりだったようだが、三月二二日、家康は忠恒に書状を送り、国元の「仕置」のため上洛は急がなくてよいと伝えており、忠恒は当面領内統治に専念することになる。しかし、上杉問題は解決せず、四月八日、伏見の義弘は忠恒に書状を送り、畿内情勢が緊迫化するなか薩摩からの軍勢派遣が必要になるだろうとの見通しを示している。

四月二七日、義弘は重大な内容を含む書状を国元の義久に送っている（『旧記後』三―一〇九八）。この日、忠恒の使者として御礼言上に上坂した入来院重時・善哉坊《ぜんざいぼう》（面高祐泉坊《おもだかゆうせんぼう》か）の二人が、大坂城で家康に見参し、それに義弘も立ち会っている。そこで義弘は重大な決断を聞かされる。会津に派遣された伊奈令成によると、上杉景勝の上洛は六月上旬になるとのことで、それを聞いた家康は会津出陣＝上杉討伐を決断したという。さらに家康は、会津出陣中の伏見城「御留守番」を直接義弘に依頼したという。義弘はその場ではご意向を承りましたと曖昧《あいまい》に返答して知人に相談したところ、「公儀」なので下知に従うべきだと説得された。この時点で義弘は伏見城入城を決断したのであろう。その上で義久に対し、「伏見御留守番」に決まったら軍勢をしっかり準備しないと御家のためにならない。「天下之取沙汰《とりざた》」＝公儀の軍事行動なので、軍勢を至急上洛させるよう命じて欲しいと要請したのである。

その上で、義弘は具体的に必要な軍勢の数を示している。会津攻めへの参戦を命じられた大名は、一〇〇石につき三名の軍役負担を命じられているようだが、島津家は留守番なので一〇〇石につき一名の軍役だったら調達できるだろうと試算している。この時点での島津家の石高は約六二万石。義久・義弘・忠恒・忠恒室亀寿の無役分合計二〇万石を引くと、軍役高は約四二万石であった。一〇〇石につき一名であれば、四二〇〇人の動員になる。なお、伏見城本丸は「御満様《おまん》」（家康側室か）が在番するが、ほかの城＝曲輪《くるわ》は島津家に在番を依頼されたと記しており、この時点ではかなり具体的な指示を受けていたようである。

五月一七日、義弘は忠恒に書状を送り、早々に上洛して家康が会津に出陣する前に直接御礼を申し上げるべきだと説得している。本音は忠恒がまとまった軍勢を率いて上洛することを期待したのであろう。なおこの書状で、加藤清正が会津攻めへの参戦を願い出たが、家康は国元での留守を命じたことを伝えている。加藤清正がこの段階で上洛せず、大軍を擁したまま肥後熊本に残ったことが、その後大きく影響していく。義弘は忠恒に上洛させたかったが、五月二〇日付で家康が忠恒に送った書状では、国元でゆっくり領内統治をおこない、連絡次第上洛するようにと命じている。結果的にこの家康の判断で、忠恒は関ヶ原の戦いに直接関わらずに済んだのである。

島津領の荒廃問題と忠恒の老中再編成

忠恒がおこなおうとした「仕置」とは何だったのか。忠恒は五月から重臣達への領知宛行を再開している。その形式は、文禄年間の幽斎「仕置」・太閤検地後の知行配当とは異なり、義久時代におこなわれていた、島津家老中連署宛行状であった。

義久が豊臣政権に降伏して以後、島津家老中の構成はよく分かっていない。少なくとも伊集院忠棟以下数名の老中はこの時点で既に亡くなっている。どうも庄内の乱を境に、新当主忠恒のもとに老中が再編成されたようである。具体的には、義久以来の老中島津忠長に、平田増宗《ますむね》（一五六六～一六一〇）、鎌田政近《かまたまさちか》、比志島国貞（一五四五～一六二〇）を加えた四人が忠恒の老中に就任したようであり、彼らの連署による領知宛行・安堵状が発給されるようになった。慶長の役で忠恒と苦楽を共にした重臣たちのなかから選抜されたようである。忠恒は義久から家督を相続したものの、伊集院忠棟斬殺事件をきっかけに庄内の乱が勃発し、領内統治どころではなかった。老中の再編成でようやく内治に取りかかれる状況になったのである。

太閤検地以後も島津領の荒廃は進んでおり、庄内の乱により危機的状況にあったようだ。庄内の乱の序盤だった五月一七日、伏見にあった義弘は忠恒に長文の書状を送っている（『旧記後』三―一一〇八）。これによると、当時二〇万石の義久・義弘・忠恒の蔵入地のうち、七～八万石は荒廃しており、特に義弘領の帖佐に荒地が多いという。その背景として、今は「小路」＝道路普請などあまり必要ないのに、そうしたことで百姓を夫丸《ぶまる》に使い、耕作が出来ていないのはもってのほかであり、去年以来、高麗《こうらい》からも厳しく蔵入地で夫丸・水主《かこ》を仕役してはならないと命じていたのに、履行されず耕作ができなかったことは「曲事深長」だと怒りを顕わにしている。領民を過剰に仕役したため、耕作に専念できず蔵入地の荒廃に繋がったということであろう。

義弘の命令に背いて領民を仕役していたのは、慶長二年（一五九七）二月、義弘自身が長寿院盛淳《じゆいんせいじゆん》とともに帖佐留守居衆のトップ＝「役人」に任命した上井神五郎里兼《じんごろうさとかね》であった。この頃、上井里兼の不正が次々と発覚し、見かねた義久が里兼の親類に命じて「牢居」＝幽閉させたのである。上井里兼は島津家に返還された出水で「慮外之置目」（ぶしつけな法規）を命じ、「女」を輿《こし》に乗せて諸所を廻っていたといい、各地で「過銭」＝罪に対する罰金を掛けて不正に蓄財し、「銀子・米・銭・刀以下」を勝手に振る舞っていたという。義弘はこうした振る舞いを「神五郎狂気」と表現している。

もちろん、蔵入地の半分近くが荒廃という事態がすべて上井里兼の責任ではないだろうが、義弘の長期の留守中、真面目に領内統治が出来る重臣が少なく、上井のような悪徳役人が跳《ちよう》梁跋扈《りようばつこ》していたようである。忠恒は、こうした領内統治の乱れを是正する必要があり、その第一歩が老中衆の再編だったのだろう。

忠恒の居城新築計画と九州南部情勢

そして、もうひとつ忠恒が着手したのは、新たな居城の建設計画である。慶長五年（一六〇〇）四月二一日、忠恒は義弘に書状を送り、新城建設候補地をしらせたようである。この文書は現存しないが、五月二五日付の義弘返信から、候補地と義弘の意見が分かる（『旧記後』三―一一三）。忠恒は義弘領の帖佐にある、一五世紀末に島津豊州《ほうしゅう》家が居城としていた瓜生野城《うりゅうの》（建昌城《けんしょう》、鹿児島県姶良市《あいら》西餅田《にしもちだ》）を再整備して、近世城郭にするつもりだったようである。義弘はこの案に対し、「丈夫成在所」でとてもいい地理的位置にあるとし、以前から「御座所」＝居城ともなりうる場所だとの意見があったと評価する。しかし、北に「流水」＝別府川《べっぷがわ》があって悪しき地であり「大将人」が一日でも在所としてはいけないとアドバイスする人がいて、断念したと記している。風水では北に水がある場所は不吉らしい。恐らくこのアドバイスをしたのは、この時期義弘とともに伏見にいた帰化明人の易者江夏友賢《こうかゆうけん》（一五三八～一六一〇）であろう。彼は後年、鹿児島城の縄張りでも助言したと伝えられる。

さらに義弘は忠恒に対し、新地を構える＝新たな城を築くことは、諸侍・百姓以下に「迷惑」となる。在京する侍は忙しく百姓は耕作できず、普請だけに力をいれても急な完成は見込めない。鹿児島は「御当家御代々御座所」なので、鹿児島内で居城となるような場所を見つけるべきだと説得している。先述のように領民の酷使によって蔵入地が荒廃しているなか、彼らをさらに仕役してまで居城新築・移転をする必要は無い、ということであろう。

ただ、忠恒が居城を移したかった気持ちも分からなくはない。鹿児島における当時の居城は、忠恒の祖父貴久が築いた御内（内城《うちじょう》、鹿児島市大竜町）であった。方一町程度の微高地にある方形館であり、手狭かつ防禦には不向きであった。一方、瓜生野城は中世らしい山城であり、防禦には適している。

庄内の乱が終わったとはいえ、伊集院忠真は頴娃一万石の領主として生き残った。日向南部の伊東祐兵や肥後熊本の加藤清正は、既述のように伊集院氏を支援しており、彼らが結託して再蜂起《ほうき》する可能性も考えられたのである。先述のように、加藤清正は上洛を止められ、会津攻めにも参戦を許されず、肥後には大軍が温存されていた。実際、関ヶ原の戦いが始まると、伊東・加藤両家が島津家にとって大きな脅威となっている。

さらに、徳川家康が厄介事をひとつ増やしてしまう。七月二日、伏見の義弘は家康側近の伊奈令成・山口直友から、伊集院忠真母と三人の弟（小伝次・三郎五郎《さぶろうごろう》兼三《かねひろ》・千次）の帰国を許すよう命じられたことを、忠恒に伝えている。伊集院忠真母は庄内の乱終結後、三度にわたり大坂城に押しかけて二・三日泊まり込んで家康に面会を求めた。そして三度目で家康への見参が認められ、帰国を直訴した。ただ、生まれも育ちも薩摩だった彼女の言葉＝薩摩言葉は難解で家康に通じず、その意図は伝わらなかったが、こうした者を上方に置いたままにすると、奉行衆のもとにも出頭して軽率なことをやりかねないとの家康の判断で、帰国させるよう命じられたという。

この命令に忠恒は強く反発したようであり、父義弘に抗議の書状を送っている。弟の一人は加藤清正のもとに駆け込んで支援を求めた小伝次である。縁姪の伊集院忠真兄弟と加藤清正が連携して蜂起する事態を、忠恒はかなり警戒していたと見るべきであろう。

また忠恒は、領国外だけでなく領国内にも伊集院忠真に同調者が出ないか懸念していた。八月二五日、出家して右馬頭《うまのかみ》入道宗恕《そうじょ》となのっていた島津以久は、忠恒老中島津忠長と起請文を交わしている。この起請文で以久は、忠恒への忠節を約し、庄内の乱で裏切ったことは無く、伊集院忠真と親しくしたことはないこと、親子であっても忠恒に対し「別意」があれば、子を見捨てて忠恒に奉公することなどを誓っている。以久は庄内の乱で伊集院氏との内通を疑われていたようである。第二部で指摘したように、慶長三年（一五九八）二月、朝鮮在陣中に以久は忠恒の家督継承内定を認め、忠節を誓っている。同時期、以久は石田三成重臣安宅秀安《あたぎひでやす》への接近を通報されており、忠恒は警戒していた。

その背景として、以久の孫忠仍《ただなお》が忠恒の兄久保亡きあと、次期当主候補に目されたことも影響している。その忠仍は既に一六歳になっていた。「親子であっても忠恒に対し『別意』があれば」とは、正確には孫の忠仍を担いで忠恒に対抗するような動きがあった場合を指すのだろう。石田三成とも通じていた可能性のある以久が伊集院忠真と結託して対抗することを、忠恒は警戒していたとみられる。

庄内の乱の影響は、家中や在地の疲弊といった物理的なものだけでなく、伊集院氏という反乱分子を抱え込み、その蜂起に警戒しなければならないという政治問題にまで及んだのである。忠恒はおいそれと自身が上洛することも、兵を送ることも難しい状況にあった。

徳川家康の出陣と石田三成の挙兵

慶長五年（一六〇〇）六月一六日、徳川家康は大坂城を出陣し、関東に下っていった。同月一八日頃、義弘は山科《やましな》（京都市山科区）まで家康を見送りに行っている。この時、伊集院忠真母を帰国させるよう伝えられているが、伏見城入城の件を正式に命じられたのか、はっきりしない。

会津出陣を命じられた諸大名は続々と出陣していったが、七月一二日、出陣したはずの石田三成と大谷吉継勢が伏見・大坂に戻ってきて「雑説」が生じている。同日、三奉行増田長盛・長束《なつか》正家《まさいえ》・前田玄以《げんい》は広島に戻っていた大老毛利輝元に対し、「大坂仕置」につき相談したいので至急上坂して欲しいと要請した。七月一五日、輝元は大軍を率いて広島を出船し、一六日夜には大坂に到着している。出発に際し、肥後の加藤清正、薩摩の島津忠恒に書状を送り、三奉行からの要請により上洛すること、秀頼様に忠節を尽くすことを伝えるが、挙兵については何も記していない。加藤清正には上洛を求めているが、忠恒には義弘の無事を伝えているのみで、上洛までは求めていない。

石田三成と大谷吉継は、引き返した時点で徳川家康への敵対を決断していたとみられるが、毛利輝元が広島を発つ時点で三成らと結託していたかについては議論がある。六月末から七月上旬には、大老宇喜多秀家（備前《びぜん》岡山五七万石）も大坂入りしており、七月一二日頃、石田三成・大谷吉継は三奉行と宇喜多秀家を説得したとみられる。そして、大坂入りした毛利輝元も石田三成に同調し、徳川家康への敵対を即断したとされる。もともと毛利家の使僧であった安国寺恵瓊《あんこくじえけい》は、既に石田三成と結託しており、三成と輝元をつないだのも彼であろう。

義弘西軍加担の経緯

『旧記雑録後編』は、七月一二日夜半に大坂に派遣された新納旅庵《りょあん》が記したとされる覚書・条書を収録している（『旧記後』三―一一三三）。その一条目によると、石田・大谷勢が引き返してきた一二日、異変に気付いた義弘は、たまたま上洛中であった甥の島津豊久（日向国佐土原二万九〇〇〇石）とともに、家康の要請に従い伏見城本丸・西ノ丸の間に在番しようとしたが、二度にわたり入城を断られたという。既に伏見城には徳川家家臣鳥居元忠《とりいもとただ》・松平家忠《まつだいらいえただ》・内藤家長《ないとういえなが》が入城していた。彼らが義弘を信用していなかったのか、家康の連絡ミスだったのか、そもそも家康は正式に義弘に留守番を依頼していなかったのか、はっきりしない。二条目には「如右御城内へ不致在番候者、大坂へ罷下、秀頼様御側へ可致堪忍存候事」、三条目には「秀頼様　御為、可然儀ニおいてハ、各御相談次第と安国寺へ申候こと」とある。この覚書がどのタイミングで作成されたのかはっきりしないが、一二日夜に大坂に下向した新納旅庵の交渉方針をメモしたものと考えるなら、二条目は「伏見城への在番が出来なくなった以上、大坂に移動して秀頼様の御側近くに在陣させてもらう」、三条目は「秀頼様のためになるのなら、諸大名との協議に従うと安国寺恵瓊に伝える」ということになる。当初予定していた伏見在番が断られ、義弘は判断に窮していたようであり、新納旅庵を大坂に派遣して大坂城入城をまず打診したようである。

この時点で石田三成らの真意をどこまで義弘が把握していたのか分からないが、兵数の少ない島津勢としては在京・在坂諸大名の方針に従わざるを得なかったのであろう。ただ、この意向を安国寺恵瓊に伝えた時点で、西軍への参加を説得されたことは間違いない。こうして義弘は西軍に属すことになった。

義弘が国元の忠恒に第一報を送ったのは七月一四日のことであり、「爰元《ここもと》乱劇ニ罷成、是非無き次第候」とある（『旧記後』三―一一二二）。石田三成らが挙兵したとは明記されていない。この時点で、大坂に下った新納旅庵の交渉結果を知っていたのかも不明である。義弘はとりあえず、以前から命じている軍勢派遣がまったく実現していないことを叱責している。「軍勢不足で、こちらの要求が通らず困惑している」と記しているのは、伏見城への説得が出来なかったことも無人数のためと考えているのだろう。家譜はこの時の義弘勢を「旗本士卒二百余人に過ぎず」としている。忠恒は庄内の乱対応のために下向する際、義弘にもしものことがある時は決して見捨てないと誓ったらしく、今もその気持ちに変わりがないなら、急ぎ軍勢を派遣せよと命じている。その一方で、忠恒本人の上洛は不要とし、国元統治に専念せよとも伝えている。

実はこれ以前、義弘の要請により、国元では軍役に応じられる軍勢を算出していた。八月一九日付忠恒宛義弘書状によると、上洛できるのは七〇〇〇人と算出して報告してきたという。七月一四日、義弘は国元へ使者鹿嶋《かしま》太郎兵衛《たろうべえ》を派遣し、まず半分の三五〇〇ほど急ぎ派遣するよう命じた。島津家の石高を約六二万石、蔵入地無役分二〇万石と計算すると、一〇〇石につき一・五人役より少し多い数字である。それは無理だと義弘も考えて半分といったのであるが、それすら上洛することはなかった。

同日付で義弘は義久にも同内容の書状を出しており、「かミ様」＝義久三女亀寿をどこに移すか談合の最中だと記している。結局、西軍に付いたことで亀寿は義弘室宰相とともに、大坂城内に人質として入ることになる。

関ヶ原の戦い勃発、伏見城攻め

毛利輝元が大坂に到着した直後の七月一七日、豊臣家三奉行は「内府ちかひの条々」と名付けられた徳川家康弾劾状を作成した。そして、この弾劾状を添付して、諸大名に対し豊臣秀頼への忠節を求め、挙兵に応じるよう求める書状を出しており、義弘に対しても同日付で発給している。これにより、毛利・宇喜多両大老をトップとする西軍が「公儀」の軍勢となったのである。これにより、関ヶ原の戦いが勃発する。

翌七月一八日、伏見城の徳川勢は城下の長束正家屋敷・前田玄以屋敷に火を掛けて籠城し、同月二三日（一説には一九日）、宇喜多秀家、小早川秀秋《こばやかわひであき》、島津義弘ら西軍による伏見城攻めが開始される。七月二四日にも義弘は忠恒に書状を送り、「爰元乱劇大破」と開戦を伝えている。当時、伏見から国元まで書状が届くのに通常二週間～一か月かかっており、国元の義久・忠恒がこの書状を受け取ったのは、早くて八月上旬であろう。状況が摑めない忠恒は、七月二九日に毛利輝元と義弘に書状を送り、情報を求めている。大坂城にいた毛利輝元は、八月一五日付で忠恒に返信し戦況を伝えているが、それより先に七月二四日付義弘書状が届き、そこではじめて義久・忠恒は義弘が西軍につき、徳川方と交戦していることを把握したのである。

これを知った義久・忠恒は、恐らく驚くとともに困惑しただろう。伏見城御留守番だったはずの義弘が、反徳川方の西軍に属しており、しかもその西軍には失脚したはずの石田三成が参加していた。義久・忠恒ともに石田三成を憎悪していたことは、これまでの経緯をみれば明らかである。逆に義弘からすると、石田三成は豊臣政権に降って以降、一貫して自分を取り立ててくれるとともに、領国立て直しのため検地を実施してくれた、政権側でもっとも恩義のある人物である。桐野作人氏も、「義弘には三成への恩義と畏敬の念があった。当初は家康を『公儀』と仰いで従軍するつもりだったのに、やむをえず西軍に投じたのも、三成との永年の交流に基づく信頼感が根底にあったから」と指摘している。

こうなると、溺愛《できあい》する三女亀寿を人質に取られた義久としては、もはや反対はできない。八月五日付で義久は在坂中の吉田《よしだ》清孝《きよたか》に対し書状を送り、亀寿の側を離れないよう指示している。義久はとにかく亀寿の安全が第一であった。実は関ヶ原の戦い勃発を知る直前、義久はみずから上洛するつもりでいた。七月二二日、義久は義弘に書状を送り、軍勢派遣要請を承ったことなどを伝えるとともに、「詳しくは上洛した時にお話しします」と記している（『旧記後』三―一一三二）。新当主忠恒を混乱が続く領内統治にあたらせ、亀寿と交替するためみずから兵を率いて上洛する決断をしたのであろう。

この書状をみた義弘は、八月一九日付で忠恒に書状を送り、義久が上洛して「かみ様」＝亀寿と交替するとの計画は、世情が平穏な時の徳川家康の意向によるものだったとし、もはや状況は変化しており義久の上洛は不要だと慌てて止めている。既に合戦が始まっているなか、六八歳の義久が上洛しても迷惑だったのだろう。その義弘も六六歳になっており、関ヶ原の本戦で指揮を執った大名としては最高齢である。

なお、伏見城攻めは意外と時間がかかり、八月一日にようやく落城し、鳥居元忠ら城将たちは玉砕している。義弘と豊久は寡勢ながら奮戦し、二百余の手勢のうち二二人が討死した。

八月五日、西軍首脳は陣立てを決め、軍勢を伊勢口、美濃口《みの》、瀬田橋《せた》在番に三分する。伊東祐兵ら九州南部の諸大名が瀬田橋在番だったのに対し、義弘と豊久は石田三成・小西行長らとともに美濃口に属している。

伏見城が落城した八月一日、大老毛利輝元・宇喜多秀家は、動こうとしない忠恒に書状を送り、玉薬・兵糧は「公儀」で用意するので、急ぎ国中の軍勢を召し連れて上洛するよう要請している。文禄・慶長の役で島津勢の物資補給が上手くいかなかったことを知っており、物資はなんとかするからまずは兵を出せということであろう。

伏見落城後、島津勢は近江に移り、八月一五日には石田三成の居城佐和山（滋賀県彦根市）に入っている。翌日には美濃国垂井《たるい》（岐阜県不破《ふわ》郡垂井町）に陣替えとなった。

義弘の苦境と義久・忠恒の判断

この時期、義弘から国元への書状は写を含めて豊富に残っているが、義久・忠恒から義弘宛の書状はほとんど現存しない。関ヶ原敗戦後に証拠隠滅したか、伏見屋敷退去時や大坂からの脱出時に廃棄したのであろう。このため、義久・忠恒の真意、特に頻繁に届いた義弘からの援軍派遣要請になぜ応じなかったのか、はっきりしない。

伏見城陥落後の八月一五日、義弘は近江佐和山から忠恒に書状をおくり、伊集院忠真母と弟を下向させざるを得なかった事情を詳しく説明している。恐らく、七月二九日付書状で忠恒は父義弘に強く抗議したとみられ、それに対する釈明であった。伊集院一族の下向により薩摩の政治的安定が脅かされたので、援軍は送れないということなのであろう。この時点で忠恒は、嫌悪する石田三成に与《くみ》した父義弘を見捨てたのである。忠恒からすると、父義弘の行動・判断こそが勝手気ままに思えたのであろう。

会津攻めに向かっていた徳川家康が、石田三成・大谷吉継の挙兵を知ったのは七月二〇日前後であり、同月二六日には会津攻めを中止して諸将を西に向かわせている。さらに同月末までに、豊臣家三奉行が敵方についたことを知った家康は、八月五日に江戸城に戻っている。福島正則・黒田長政・浅野幸長・池田輝政《いけだてるまさ》・藤堂高虎《とうどうたかとら》ら東軍諸大名と徳川家家臣井伊直政《いいなおまさ》・本多忠勝《ほんだただかつ》らは、東海道《とうかいどう》を西に進み、八月中旬には福島正則の居城尾張《おわり》国清洲《きよす》（愛知県清須《きよす》市）に集結していた。八月二〇日、東軍諸将は清洲城の軍議で西軍織田秀信《ひでのぶ》の居城岐阜城（岐阜県岐阜市）の攻略を決定し、早くも同月二三日には岐阜城を陥落させている。

このため北陸方面や伊勢方面に出陣していた西軍諸将も美濃国大垣城《おおがき》（岐阜県大垣市）周辺に集結していく。先述のように島津義弘・豊久勢も、八月一六日に大垣の手前垂井に布陣し、同月二〇日頃には大垣城に入っている。

この間、義弘も毛利輝元も何度か忠恒に出陣や軍勢派遣を催促するが、忠恒は動かなかった。七月一九日、義弘は美濃垂井の陣中から忠恒に対し、九か条に及ぶ長文の書状を出している（『旧記後』三—一一五七）。その要点は次のとおりである。

・七月一四日に三五〇〇の派兵を求めた経緯を記した上で、九州衆が続々と出陣している状況を伝え、「他国なミ」に軍勢を至急派兵するよう重ねて求める。
・これまで何度も催促したのに全く増援がないことについて、「きっと私を見捨てたということはないだろうが、どういうことなのか」と不信感を伝える。
・秀頼様への奉公のため、そして島津家のためと思い、自分は命を捨てる覚悟であると決意を述べ、恥辱に耐えて奉行衆の下知に応じて垂井に出陣した。
・現在在京している人数は、鹿児島・富隈・帖佐の役人が知っているだろう。伏見城攻めで手負い・死者が多数出て、より一層軍勢不足に陥っている。
・徳川家康とともに出陣した諸将と井伊直政・榊原康政《さかきばらやすまさ》は、軍勢を率いて尾張清洲に到着したとの情報がある。近日中に合戦となるだろうから、これが遺書となるかもしれない。

・義弘本拠の帖佐衆は既に規定以上の軍勢が上洛しているが、下向した伊勢貞成《さだしげ》・本田正親が軍勢を集めて派遣するように。浜之市＝義久・鹿児島＝忠恒の軍勢と一緒にと考えては遅れてしまうので、帖佐の軍勢だけでも出陣せよ。

榊原康政は徳川秀忠《ひでただ》と行動を共にしており、本多忠勝の誤認であろうが、比較的正確に東軍の動きを摑んでいる。また、この段階でも軍勢催促は、浜之市（富隈）・鹿児島・帖佐の三殿それぞれでおこなわれており、帖佐だけでも出陣するよう命じている。つまり、当主忠恒や義久は、積極的に出陣を命じてもいないが、領国全体に出陣を禁じていたわけでもないようである。義弘が島津家のためと強調するのは、この参戦が義弘個人の勝手な判断と誤解されているのではないかとの懸念があったからだろう。義弘の懸念どおり、義久も忠恒も石田三成への不信感から、島津家挙げての積極参戦の意思は全くなく、戦後も義弘が独断で参戦したとの主張を展開することになる。

国元からの志願兵参集

翌八月二〇日、義弘は帖佐での軍勢催促を命じた本田正親にも書状を送っている（『旧記後』三―一一五九）。美濃周辺の情勢を伝えると共に、帖佐から分限・少分限といわず、心あるものは出陣させるように命じている。また、この時点で「さつまの仕立僅千人之内にて」

とあり、二〇〇弱だった島津勢は一〇〇〇人弱まで増えている。島津豊久が佐土原に出陣を命じて「軍勢はすでに到着した」とあり、増加分の一部は佐土原勢であった。桐野作人氏の試算では、島津豊久の知行高二万八六〇〇石で一〇〇石につき一人の軍役なら、二八六人であり、さほど多くはなかったとする。桐野氏は、残りの増加分を北郷氏の軍勢ではなかったかと推測する。後年成立の家譜によれば、伏見に人質として詰めていた北郷久永《ひさなが》の手勢七五人のほか、伏見城攻めの後、北郷氏一門の忠泰《ただやす》・久栄が数百の軍勢を率いて上洛したという。義弘の危急を、義弘最初の妻の実家である北郷氏が救ったことになろう。

これ以外にも、帖佐で志願兵を募集していることが伝わったからか、独自の判断で出陣したものが、三々五々義弘のもとに参陣してきた。九月五日には、富隈＝義久配下からの四五人、鹿児島＝忠恒配下からの二二人を含む合計二八七人が、大垣城に到着している。慶長の役でも軍勢不足を志願兵でまかなったことがあり、加増を期待して危険を顧みず渡海した者が少なからずいた。今回もこうしたハングリーな軽輩たち、個人的に義弘に恩義のあるものたちが参陣したのであろう。

指揮がとれる重臣クラスも参陣しており、山田有栄《ありなが》（一五七八～一六六八、当時二三歳）もその一人である。二度にわたり新納院高城を死守した名将山田有信の嫡男であり、この時大隅国福山《ふくやま》地頭をつとめていた。山田は浜之市衆・福山衆三〇人ほどを率いて大坂に上り、九月一三日に大垣の義弘のもとに到着している。福山（鹿児島県霧島市福山町）は義久領内であり、義久本拠の浜之市衆も率いているということは、山田は義久配下の家臣である。義久の許可を得たか、その黙認で出陣したとみられる。義久に参戦の意思は全く無かったろうが、弟義弘にかけたわずかな〝情け〟が山田有栄に付けた三〇人程であり、この山田有栄の存在が義弘の奇蹟の脱出劇を可能にした。また、義弘の所領からは、幽閉中の上井里兼とともに帖佐役人をつとめた長寿院盛淳が、帖佐衆・蒲生衆七〇人程を率いて八月三日に出発し、山田同様九月一三日に大垣に着陣している。

こうした志願兵の参陣もあり、九月一五日の関ヶ原本戦では、島津勢は一五〇〇になっている。結局、鹿児島・浜之市・帖佐からの出陣は、志願兵も含めて数百人にとどまった。これは島津家挙げての組織的動員とは言い難い。

なお本田正親宛義弘書状には、ほかの九州勢の参陣についても記している。長宗我部盛親《ちょうそかべもりちか》（土佐《とさ》一国二二万石）は、二〇〇〇人の「盛」＝軍役のところ、五〇〇〇人連れて伊勢に着陣しており、立花宗茂（筑後柳川一三万石）は一三〇〇人の「盛」のところ、四〇〇〇人を連れて今日こちらに上着したと記し、それに比べて島津勢はわずか一〇〇〇人と記す。長宗我部・立花は一〇〇石に一人の軍役でいいところを、それを大幅に上回る二・五人役から三人役の軍勢を引き連れ参陣している。二人とも律儀に「公儀」＝西軍の軍勢催促に応じたのである。ただ、こうして本気で参戦した結果、戦後は二人とも改易の憂き目に遭っている。九月七日にも義弘は大垣城から忠恒に書状を送り、長宗我部盛親だけでなく、日向国の秋月《あきづき》・高橋両家、肥後国の相良頼房も軍役以上の兵を連れていることを強調し、忠恒の「馳走《ちそう》」が無いことは後日島津家のためにならないとして、軍勢五〇〇の派遣を再度依頼している。「後日之御家之御為」という意味では、派兵しなかった忠恒の方が正解であった。

関ヶ原本戦と義弘の敵中突破

慶長五年（一六〇〇）九月一日に江戸城を出陣した徳川家康は、同月一一日には尾張清洲に到達し、同月一四日、大垣城から四キロメートルほどの距離にある美濃赤坂《あかさか》（岐阜県大垣市赤坂町）に布陣した。このままだと徳川勢が大垣城を無視して近江佐和山方面に進撃し、退路を断たれる可能性が出てきたため、西軍諸将は関ヶ原に先回りして布陣することに決した。大垣城には石田三成縁戚の熊谷直盛や秋月種長《たねなが》・相良頼房・高橋元種の九州勢を残し、夜のうちに西軍本隊は西に移動する。

翌九月一五日早朝、石田三成は北国《ほっこく》往還北側の笹尾山《ささおやま》に布陣し、続いて島津義弘・豊久勢が布陣した。桐野作人氏は、島津勢の布陣場所について、北国往還北側に義弘、南側に豊久が布陣したとみている。また、この合戦に従軍した神戸五兵衛《かんべごへえ》の覚書に「此方之御陣之前備前中納言殿、東者石田殿請取之陣場、此方者二番備ニ而候」とあることから（『旧記後』三―一三三二）、島津勢は二番備えだったと指摘している。

東軍諸将も早朝に関ヶ原に布陣し、午前一〇時頃合戦が始まった。この時従軍していた大《お》重平六《しげへいろく》の覚書には「石田殿一時もこたへす、中書殿御差こたへ被成候而合戦御座候」とあり（『旧記後』三―一四〇八）、開戦から二時間程度で石田勢は総崩れになって、本来二番備えだった島津勢も巻き込まれる事態になったとみられる。この時、義弘はまだ甲冑《かっちゅう》すら着していなかったという。

桐野作人氏はこうした記述から、正午ごろには西軍が総崩れになったとする。こうして島津勢は戦場に取り残され、義弘は「薩摩勢五千がいれば、今日の合戦に勝利できたものを」と三度も歎いたという（『旧記後』三―一三四〇）。この五〇〇〇という数字は、九月七日、義弘が忠恒へ最後に送った書状で催促した人数である。義弘としては、人生最後と考えていたこの合戦で実力を発揮できず、悔しい思いをしたのである。

周囲の西軍が総崩れとなって戦場に孤立した島津勢は、石田三成のように背後の伊吹山《いぶきやま》方面に撤退するという選択をとらなかった。後年義弘は「惟新公御自記《いしんこうおんじき》」に、「予が旗本を見《み》廻《まわ》すに、ようやく二、三百騎に過ぎず。わずかの人数を以《もっ》ては、敵軍を追い退け難し。また、引き退かんと欲すれど、老武者のため、伊吹山の大山を越え難し。たとえ討たれると雖《いえど》も、敵に向かって死すべしと思い、本道に乗り」と記している。決死の覚悟で敵勢のど真ん中、東に向かって突撃し、敵中突破を敢行する。桐野作人氏は、東に向かったのは当初大垣入城を考えていたからと推測する。しかし、南宮山《なんぐうさん》の麓あたりで大垣城に火の手があがるのが見えて断念すると、そこから南に転じて伊勢街道に入り、戦場を離脱していった。その戦い振りについては多くの先行研究が記すところであり、堺《さかい》までの撤退ルートについても論争中である。それらについては先行研究をお読みいただきたい。

この時従軍していた井上主膳《いのうえしゅぜん》が明暦《めいれき》三年（一六五七）に記した覚書によると、長寿院盛淳は、事前に義弘の具足と豊臣秀吉から拝領した陣羽織を着用して合戦に臨んだ。義弘を逃がしたあと本陣に残った長寿院は、二度敵勢の攻撃を退けたが、三度目に「島津兵庫守死狂也」と名乗り、大勢から鎗で突かれて討死している（『旧記後』三―一四〇七）。これで義弘の討死が偽装され、時間稼ぎできたのである。長寿院は文禄四年（一五九五）の太閤検地を伊集院忠棟とともに担当し、多くの家臣の恨みをかった。さらに同僚上井里兼の不正を止めることもできなかった。ただ最後に義弘の身代わりとなって名を残したのである。

山田有栄とともに先手をつとめた島津豊久も、乱戦のなか愛馬だけが見つかり島津方の生存者は討死の様子を誰も見ていない。東軍の福島正則の養子正之《まさゆき》（一五八五〜一六〇八）の攻撃を受け、北条《ほうじょう》家旧臣の笠原藤左衛門《かさはらとうざえもん》に討ち取られたという。こののち、新納旅庵・喜入忠続・入来院重時ら多くの落伍者を出しつつも、山田有栄・伊勢貞成・本田親商《ちかあき》らに守られながら、義弘は戦線を離脱していった。

なお、この時島津勢が「捨て奸《がまり》」という小部隊がその場に留まって犠牲となり敵を足止めする戦法で敵を狙撃し、義弘撤退の時間稼ぎをしたとの逸話が流布しているが、桐野作人氏は、この言葉は当時も江戸時代にも確認できないと指摘している。いわゆる「島津の退き口」は、後世薩摩藩内外で語り継がれていったため、後年様々な尾ひれが付いていくことになる。

最終的に義弘に従うものは五〇人程度となり、飢えと残党狩りに苦しみながら、九月二〇日、住吉（大阪市住吉区）に到着し、旧知の商人田辺屋道与《たなべやどうよ》に助けを求めた。田辺三菱製薬の創業者と伝えられる人物である。義弘の側近伊勢貞成は、翌九月二一日、大坂にいるとみられる家臣に舟手の確保を命じるとともに、大坂備蓄米二〇〇〇石のうち一五〇〇石を田辺屋道与に渡すよう命じている。義弘を匿《かくま》い、国元に送り届けるための費用であろう。義弘は田辺屋道与の紹介で堺商人の塩屋孫右衛門《しおやまごえもん》宅に潜伏して、帰国の準備を始めた。

義弘の帰国

大坂城内には、義弘室宰相、忠恒室で義久三女の亀寿がおり、平田増宗・吉田清孝・相良長泰が警固していた。このうち平田増宗は忠恒の老中であり、八月二四日には鹿児島で知行宛行状に連署している。八月一六日付忠恒宛義弘書状に、だれか「かみ様」＝亀寿の御側にいて「主取《ぬしどり》」＝責任者となる人を命じて派遣して欲しいと伝えている。軍勢派遣は拒否した忠恒も、実母と妻の保護のために老中平田増宗と元老中の町田《まちだ》久倍《ひさます》を上坂させた。ただ、町田久倍は上坂の途上、八月二八日に播磨《はりま》国明石《あかし》浦にて亡くなっている。

堺に潜伏した義弘は密使を送って彼らに生存を伝え、脱出を命じた。大坂城内にいた毛利輝元が福島正則らに西ノ丸を明け渡し、城下の毛利屋敷に退去したのは九月二五日のことで、それまでの大坂城周辺は西軍が制圧しており、依然として人質の退去を妨げていた。平田増宗らは義弘が討死したことを理由に、義弘室宰相の帰国許可を得たが、亀寿の許可は得られなかった。このため亀寿付きの侍女「お松《まつ》」を亀寿の身代わりとして屋敷に残し、九月二二日、大坂城を脱出し、堺を出港した義弘一行と兵庫川口で合流に成功する。この時、同じく大坂城にいたとみられる秋月種長室を同行させている。

義弘一行は、折良く帰国しようとしていた立花宗茂の船とともに瀬戸《せと》内海《ないかい》を西に向かい、伊予《いよ》灘《なだ》で別れた。その途上の九月二四日、義弘は忠恒に書状を送り「奥様」＝亀寿を連れて下向する旨を伝えている。豊後《ぶんご》沖では東軍として九州北部を制圧しつつあった黒田如水《じょすい》（官《かん》兵衛《べえ》孝高《よしたか》）配下の水軍の襲撃を受け、供船二艘《そう》が犠牲になっている。

こうして、九月二九日、義弘一行は日向国細島《ほそしま》（宮崎県日向市）に上陸している。九月三〇日、高鍋《たかなべ》（同県児湯郡高鍋町）で秋月種長夫人を引き渡すと、一〇月一日、関ヶ原で討死した豊久の弟島津忠仍《ただなお》（忠直）に迎えられ、豊久の居城佐土原城（同県宮崎市佐土原町）に入城した。後述のように、前々日の九月二九日、伊東祐兵重臣稲津《いなづ》重政《しげまさ》が宮崎城を攻略し、島津領にも攻め込む勢いであった。当主不在の佐土原城には義久の命をうけて豊久の叔父《おじ》樺山忠助《ただすけ》（紹劔《しょうげん》、一五四〇～一六〇九）が援軍として派遣されており、義弘は樺山の勧めで帰国を急ぐ。義弘一行は伊東勢の攻撃を避けて内陸ルートを進み、八代《やつしろ》（同県東諸県《ひがしもろかた》郡国富町《くにとみちょう》）、大窪《おおくぼ》（鹿児島県霧島市霧島大窪）に一泊して、一〇月三日に義久の居城富隈城に入っている。ここで久しぶりに兄弟は対面したのである。

前年二月末に義久が伏見を離れて以来、一年八か月ぶりに再会した兄弟は何を話したのであろうか。一七世紀後半成立の「新編島津氏世録正統系図」義久公譜によると、義久は義弘の帰国を祝うこともなく、不機嫌な様子で言うには「私が聞くに義弘と徳川家康は互いに誓紙を交わしたという。にもかかわらず、今回は石田三成の暴挙に随《したが》った。まさに『一口両舌』の戒めであり、武士として恥ずかしいことである」と激しく叱責したという。艱難《かんなん》辛苦を乗り越え、亀寿を無事連れ帰った弟に対して、慰めなり感謝の言葉は無かったようである。どこまで事実を記したものか分からないが、この時の義久の考えをある程度反映しているのだろう。

帰国から一週間後の一〇月九日、義弘はともに関ヶ原から生還した山田有栄ら三九名に、「片時も側を離れることなく、私に奉公してくれたこと、とても殊勝であり感心・感謝している」と賞すとともに、身分に応じて一〇石から二〇〇石の加増を約している。この前後にも、北郷小兵衛《こへえ》や桂忠詮《かつらただのり》らに感状や知行宛行をおこなっており、身を挺《てい》して自分を帰国させてくれたものたちの苦労に報いている。

なぜ義久・忠恒は関ヶ原の戦いに消極的だったのか？

結果的に関ヶ原の戦い勃発後、国元にいた島津義久・忠恒は積極的に動かず、義弘が繰り返し援軍派遣を要請しても、数百人の志願兵以外軍勢を送ることは無かった。先行研究の多くは、忠恒が動かなかったのは義久の影響とするが、はっきりした根拠をみたことがない。先述のように、この頃の動員は富隈・帖佐・鹿児島それぞれでおこなっており、義久が派兵を拒否したとしても、鹿児島単独で軍勢を派遣することも可能だったはずである。

八月二〇日付で出水在番の本田正親に志願兵募集を命じた義弘書状は九月七日に到着し、同月一一日付で本田正親は新納旅庵に返信している（『旧記後』三―一一六八）。正親は義弘からの軍勢派兵が無いことへの抗議に対し、「言い訳しようもありません」と記した後、恐らく忠恒が示した方針を記したようだが、その部分が欠損している。この書状は島津家文書に原本が残っており、東京大学史料編纂《へんさん》所のホームページで画像が確認できる（島津番号：S11-9-13）。これによると、この忠恒からの指示の部分だけが不自然に破られているのが分かる。この部分は後日義弘が生還したため不都合な記述を破り捨てたのであろう。隠さなければならなかったということは、恐らく忠恒は義弘の指示を無視して、島津家としては援軍を派遣しないという決断を下したのであろう。このため、関ヶ原への増援は独自の判断で派兵した北郷氏や一部の志願兵数百人に止《とど》まったのである。

義久・忠恒が義弘の派兵要請に応じなかった理由は、前出の義弘帰国時の義久の台詞《せりふ》によく表れている。義久・忠恒、二人の数少ない共通点は、文禄四年（一五九五）の太閤検地とそれにともなう知行配当に大いに不満があり、それを主導した石田三成を憎悪していたことにある。だからこそ、義久は豊臣秀吉死後、徳川家康と独自交渉をおこない良好な関係を築いてきた。

石田三成失脚後、庄内の乱は家康の仲介で終結したのであり、その恩義に義弘も感謝していたはずである。にもかかわらず、石田三成が挙兵した途端、伏見城への入城を断られたという事情はあったにせよ、義弘は一も二もなく西軍に与している。その背景に、義弘の石田三成に対する絶大なる信頼と恩義があったことは、既述のとおりである。

義久は大きな政局に対しては独特の嗅覚《きゅうかく》を持っている。恐らく豊臣秀吉死後、豊臣政権が流動的になると予想していたのではあるまいか。そうしたなか、積極的にどちらかの陣営に与するのはリスクが高い。よく指摘されることだが、九月一五日の本戦だけで決着が付くとはだれも予想していなかった。加えて、島津領の周辺には肥後の加藤清正と日向の伊東祐兵という、庄内の乱で伊集院氏に通じていた大名がいた。加藤清正は家康から会津従軍を止められたこともあって肥後に無傷の軍勢があり、日向の伊東祐兵は義久自身が日向から駆逐した伊東義祐《よしすけ》の息子であり、文明年間以来の島津家の宿敵であった。彼らと薩摩頴娃一万石を領する伊集院忠真の再蜂起に警戒しつつ、状況を見極めようというのが、義久・忠恒の基本方針だったのだろう。

なお、義弘が佐土原城に入城した一〇月一日、京都六条《ろくじょう》河原にて西軍首謀者のうち石田三成・小西行長・安国寺恵瓊が斬首され、先に自害していた長束正家の首とともに三条大橋《さんじょう》のたもとに晒《さら》された。増田長盛は高野山《こうやさん》に蟄居しており、これで前田玄以を除く豊臣家奉行衆は表舞台から消えた。豊臣政権の「公儀」を体現した奉行衆は消滅したのである。

第四章　関ヶ原の戦後処理―徳川家康との和平交渉―

一、九州東軍との攻防

合戦直後の交渉

義弘は敵中突破に成功し落ち延びることに成功したが、本隊から落伍《らくご》したものも多く、彼らは京都を目指した。入来院重時のように途中で落ち武者狩りにあって討死したものもいたが、新納旅庵のように東軍側に捕縛され後日助命されたものや、新納久元《ひさもと》・喜入忠続のように無事京都にたどり着いたものもいる。京都に逃れたものを匿ったのは、戦国期以来島津家の在京代官的役割を担っていた道正庵宗固《どうしょうあんそうこ》や、同じく戦国期以来島津家がせっせと金銭の援助をしてきた近衛《このえ》家である。特に近衛信尹《のぶただ》は、既述のように一時薩摩に配流されており、島津家が面倒をみてきた。その恩返しとばかりに、関ヶ原本戦直後から島津家のために交渉を開始する。

慶長五年（一六〇〇）九月一五日、関ヶ原で勝利を収めた徳川家康はそのまま近江に進み、同月一九日に草津《くさつ》（滋賀県草津市）に入る。近衛信尹は草津で家康を待ち構え、拝謁する。ここで信尹は、島津義弘は西軍に与したが義久・忠恒は一味していないようだと家康に伝えた。つまり、西軍についたのは義弘の独断で、国元の義久と忠恒は無関係であり、罪はないと釈明したのである。本戦からわずか四日後に、島津家との打ち合わせもなく近衛信尹がこうした交渉をおこなうとは考えにくい。九月上旬頃、大坂に忠恒の老中平田増宗が入っており、平田あたりが事前に敗戦の可能性を考え、近衛家に交渉を依頼していたのではないかと考える。当初から島津家は、義久・忠恒は無関係との方針を貫いてこの難局を乗り切ろうとしていた。

九月二五日、近衛信尹は細川忠興《ただおき》家臣で豊後木付《きつき》城（大分県杵築《きつき》市）の城代松井康之《まついやすゆき》に書状を送り、島津家の件で家康に申し入れをしたことを伝え、みずからの使者である文殊院牧庵《もんじゆいんぼくあん》配下の山伏を薩摩に派遣するにあたり「馳走」＝協力を求めている。この山伏は、九月二八日付の義久・忠恒宛寺沢正成・山口直友連署状を持参していた。寺沢正成は、庄内の乱でも島津領に下向した徳川家康と九州大名の取次、山口直友は、庄内の乱で最終的に和睦仲介を成功させた家康の側近である。これが関ヶ原本戦後、徳川家康側から島津家への初めての接触である。寺沢・山口両名は、「惟新御逆意」に義久父子が同意していたのか、家康への返答を求めている。義久・忠恒から直接家康への釈明を求めたのである。

また、関ヶ原本戦で義弘一行からはぐれた新納旅庵・本田助之丞元親《すけのじようもとちか》（親貞《ちかさだ》とも）らは、九月一八日に鞍馬に入ったが、翌日捕縛されている。その後旅庵は大坂に連行され、義弘は関ヶ原から脱出したのか、国元の義久・忠恒は挙兵を知っていたのか、義久・忠恒は義弘に援軍を送ったのかなど、様々な尋問を受けたという。その後、家康腹心の本多正信《ほんだまさのぶ》（一五三八～一六一六）から帰国して義久・忠恒を説得し、どちらか一人を上洛させれば罪を許すと伝えられたが、義弘一行からはぐれながら今更帰国できないとして、本田助之丞元親を下向させるよう申し入れたという。本田元親は、一〇月二五日までに薩摩に戻って忠恒に拝謁している。そこで、徳川側の意向を伝えたとみられる。

九州情勢―伊東勢・加藤勢との対峙―

関ヶ原の戦い勃発直後から、九州において東軍を標榜《ひようぼう》していたのは、豊前国中津（大分県中津市）の黒田如水と、肥後国熊本の加藤清正であった。前章で指摘したように、庄内の乱で加藤清正は徳川家康の不興を買い、会津攻めへの同行も拒否されていたが、清正は自分の家臣と小姓を徳川家康に同行させていた。そして、逐一東軍の動きを報告させるとともに、東軍として家康の指示のもとに動こうとしたことを、山田《やまだ》貴司《たかし》氏が明らかにしている。

島津家としては、庄内の乱の時のように伊集院忠真と加藤清正の連携を警戒していた。そして、伊集院忠真との連携を恐れたもう一人が、日向国飫肥の伊東祐兵である。

伊東祐兵は関ヶ原の戦い勃発時、大坂屋敷にいて重病となっており、本戦終結後の慶長五年一〇月一一日に大坂で亡くなっている。宝永《ほうえい》二年（一七〇五）成立の伊東家の正史『日向《ひゅうが》記《き》』卜翁《ぼくおう》本は、生前の伊東祐兵が徳川家康に従うことを決めており、黒田如水に助言を求めて嫡男祐慶《すけのり》（一五八九～一六三六）を国元に下向させたと記す。同書には伊東祐兵宛家康書状や、黒田如水から国元の重臣宛書状など複数の文書を収録するが、いずれも原本が確認できず、後年徳川家への忠節を主張するために偽造された可能性を、光成準治《みつなりじゅんじ》氏が指摘している。伊東家に限らず、九州で模様眺めをして東軍とも西軍とも旗幟《きし》を鮮明にしなかった諸大名らは、九月一五日の本戦で東軍が勝利したことを知った途端に徳川方を標榜し、九月末以降、積極的に軍事行動をとっている。西軍側を攻撃することで、徳川家康への忠節を主張したのであろう。

伊東家の場合、この混乱に乗じて宮崎平野を制圧する意図があったともいい、佐土原城に在番した樺山忠助の覚書『樺山紹劔自記』は、宮崎城攻めの数日前に伊東家重臣稲津掃部助《かもんのすけ》重政が、都《と》於郡《のこおり》城周辺の「在郷衆」を調略していたとの情報を記している。天正五年（一五七七）、島津義久の軍事侵攻をうけて出奔するまで、山東《さんとう》とよばれた宮崎平野全域が伊東祐兵の父義祐の勢力圏であった。その所領回復を図ろうとしていたともいう。

北部九州では九月中旬から戦闘が始まっており、九月一三日には毛利家の支援をうけて豊後に上陸していた大友吉統《よしむね》勢を、黒田如水らが石垣原の戦いで撃破している。九月一九日には、加藤清正の軍勢が小西行長不在の肥後宇土城攻撃を開始した。宇土城に残っていた兵は少なかったとみられるが、留守居の小西行景《ゆきかげ》は一〇月一五日まで持ちこたえており、八代麦島《むぎしま》城（熊本県八代市）を守っていた小西行重は、島津家に援軍派遣を要請している。加藤清正は、九月二四日に自領の佐敷城（同県葦北郡芦北町）が相良勢と島津勢から攻撃を受けたと主張しているが、島津側の史料ではこの攻撃は確認できない。肥薩国境ではこの頃から軍事的緊張が高まっていた。

一方日向側は、伊東勢を警戒する義久が先手をうって伊東領・高橋領境に派兵していた。九月二七日、佐土原城主島津豊久の叔父にあたる樺山忠助（豊久母の兄）は、富隈の義久に招かれて談合し、豊久不在で手薄の佐土原城在番を命じられ、九月三〇日に佐土原に入っている。

伊東勢は、関ヶ原本戦の結果が伝わった直後の九月三〇日、清武《きよたけ》城代稲津掃部助重政率いる兵三〇〇〇で、西軍だった日向国縣領主高橋元種の支城宮崎城（宮崎県宮崎市池内町《いけうちちょう》）に夜襲をかけ、翌一〇月一日に攻め落としている。なお高橋元種は九月一五日の時点で、実兄秋月種長（日向高鍋城主）・妹婿相良頼房（肥後人吉城主）とともに大垣城守備についていた。

本戦で西軍が敗退したことを知ると、九月一七日、この三兄弟は同じく大垣城内にいた熊谷直盛・垣見《かきみ》一直《かずなお》・木村由信《きむらよしのぶ》を討ち取り、徳川家康に帰順している。つまり、宮崎城が落城した一〇月一日時点で、高橋元種は東軍だったのである。伊東側がこの時点でそれを知っていたかどうか微妙であるが、島津義久は事前に伊東領・高橋領に接する穆佐《むかさ》・綾《あや》・倉岡《くらおか》・八代といった城に兵を増強し、高岡天ケ城《たかおかあまが》（宮崎市高岡町内山《うちやま》）・東長寺城《とうちょうじ》（東諸県郡国富町三名《さんみょう》）をあらたに築いて包囲網を築いていた。伊東家としては手薄な宮崎城を攻略するほかなかったのであろう。

宮崎城を攻略した伊東勢は、これ以降たびたび高橋領本庄《ほんじょう》（国富町本庄）や島津領穆佐に兵を出し、島津勢と小競り合いを繰り返した。伊東勢が執拗《しつよう》に島津領への攻撃を続けるのは、東軍としての軍功を積む必要があったからだと、光成準治氏は指摘している。宮崎城攻略後、伊東家重臣は加藤清正に書状を送り、徳川家康への取りなしを求めたようであるが、一〇月一五日、清正は佐敷城番加藤重次《しげつぐ》に対し、伊東家は相良氏と通じて信用できないので、再度和睦を嘆願してくるまで徳川家康への取次は出来ないと伝えている。東軍として認めてもらえるまで攻撃を止められなかったのである。

島津勢の派兵は宮崎平野だけにとどまらない。宮崎城周辺で戦闘が続くなか、義久・忠恒は小西行重の要請に応じて援軍を派遣することを決定し、老中島津忠長・忠倍《ただます》父子を兵船とともに肥後に派遣した。一〇月二日頃、加藤領の佐敷城に攻めかかり加藤勢の水軍と交戦している。一一月二五日付の加藤清正から徳川側への報告によると、この戦闘には新納忠元・伊集院久治・本田正親・北郷三久といった出水在番のそうそうたる武将が参戦していたという。清正の主張では、佐敷を落とせなかった島津勢は水俣《みなまた》城に籠もって小西勢を支援し続け、宇土城落城時に水俣から撤退したという。なおこの撤退時に島津勢は、肥後田浦《たのうら》村（熊本県葦北郡芦北町）から百姓二二〇人を略奪したことが知られており、彼らは三〇年後も島津領内で下人・下女・奉公人として仕役されている。

一連の戦いを指揮していたのは、新当主忠恒ではなく富隈の隠居義久であった。一〇月一五日、帖佐の義弘は鹿児島の忠恒に書状を送り、忠恒がみずから日向に出陣しないよう義久から止められたことについて、日向での合戦は「自他国之覚」にとって重要であり、本来なら忠恒が指揮を執るべきとの見解を示している。庄内の乱で戦術レベルのミスが続いた忠恒は出陣を止められ、義久が指揮を執っていたのである。

和睦交渉の開始と東軍の島津討伐の可能性

慶長五年（一六〇〇）一〇月二二日付で島津忠恒・義久は連署して、寺沢正成に書状を送っている（『旧記後』三―一二五〇）。その要点は次のとおりである。

・合戦にいたる過程は、帰国した義弘から聞いた。

・義弘は、西軍首脳陣の事前の企てを聞いておらず、家康の御厚恩は忘れていない。

・義弘は、御奉行衆から豊臣秀頼への忠節だと説得され、「君臣の道」からやむを得ずその指示にしたがって参戦した。

・もちろん我々二人は、家康の懇切な対応を忘れていないし、家康に逆らうつもりもない。国元にいた義久・忠恒だけでなく、実際に戦場にいた義弘自身にも罪はないという、とても謝罪とは言えない回答であった。

この間、一〇月一五日、加藤清正は処刑された小西行長の居城宇土城を攻略し、一〇月二二日には立花宗茂が籠もる柳川城に、黒田如水とともに攻め寄せている。一〇月二五日、立花宗茂は柳川城を開城して降伏した。

立花宗茂は、慶長の役で共に戦い、関ヶ原の戦いでも共に西軍に属した島津義弘と親交を深めていたようであり、降伏直後から黒田如水・加藤清正に島津家の赦免を求めていた。黒田・加藤は宗茂に対し、みずから島津家を説得するよう命じ、そこで作成されたのが、一〇月二七日付義久・義弘・忠恒宛立花宗茂書状である。この書状で宗茂は、これまでの経過を記すとともに、「詫言」＝謝罪を申し入れるなら協力するので、早々に八代に使者を派遣するよう協議を求めている。この時点で徳川秀忠が島津攻めのため近日中に出陣すること、自分も赦免されたからには島津攻めのため八代に出陣することを伝え、徳川秀忠が出陣する前に詫言をするべきだと説き、自分が命がけで使者をつとめるとまで記している。宗茂の島津家に対する厚い思いが感じられる。山本博文《やまもとひろふみ》氏は彼を「当時珍しく気骨があり、節操のある大名である」と評している。

一〇月三〇日、京都に戻る本田助之丞元親に対し、老中島津忠長は書状を送る（『旧記後』三―一二六三）。これには「定而和平ニ可罷成存候」と記されており、老中の立場で東軍との和平が実現すると考えていたことがうかがえる。重臣たちも東軍諸将との全面対決は避けるという認識ができていたのであろう。

その一方で、決戦に向けての準備も進められていた。義弘の側近が記した「日々記《にちにちき》」によると、一〇月三〇日に義弘は、中世以来の山城である蒲生城（鹿児島県始良市蒲生町）に「荒平《あらひら》新城」という新たな曲輪を整備すべく、「鍬《くわ》そめ」＝地鎮祭の鍬入れ儀式をおこなっている。蒲生城普請は少なくとも一一月末までは続いている。一二月に入ると、出水や平佐（薩摩川内市）、加久藤《かくとう》（宮崎県えびの市）に塩硝・硫黄《いおう》・鉄砲玉などの軍事物資が次々と送られている。最悪和平が成立せず徳川勢が進攻してきた場合に備えて、防衛拠点の整備や物資の補給も進められていた。

黒田如水・井伊直政の和平交渉

立花宗茂だけでなく、黒田如水も島津家の早期帰順を望んでいたようであり、一〇月末頃義久・義弘に書状を送ったようである。一一月二日付で義久・義弘はそれぞれ返信を送り、如水の申し出に感謝するとともに、井伊直政・山口直友からも家康に釈明するよう求められており、使書にて申し入れたことを伝え、如水からの取りなしも依頼している。

関ヶ原にて島津勢を追撃中に銃撃を受けて負傷したとされる井伊直政は、一〇月一〇日付で忠恒に対し釈明のため出仕するように求める書状を送り、山口直友が使者を派遣したようである。ただ、九州では各地で戦闘が続き、上方からの使者はなかなか薩摩に到着しなかった。

文殊院牧庵配下の山伏が持参した九月二八日付の寺沢正成・山口直友連署状が薩摩に届いたのは、一一月四日のことである。同日、義久は井伊直政宛（『旧記後』三―一二六七）、そして寺沢正成・山口直友宛に返書を送っている（『旧記後』三―一二七二）。井伊直政に対しては、徳川家康の「下知」により、「天下一統平均ニ被仰付」（天下全体が平和になった）ことを祝っている。寺沢・山口への返信は、遠国にいたため義久・忠恒は西軍の「御企之御談合」には関与しておらず、義弘も事前の「取組」を知らなかったと釈明した上で、島津家としては両者に取りなしを頼みたいと記している。これらの書状は、本田助之丞元親と般若院《はんにゃいん》中原坊の二人に託され、元親は一一月四日に鹿児島を出立している。

また、文殊院牧庵配下の山伏は近衛信尹の使者なので、義久は近衛信尹の家司に対しても、恐らく一一月二日付で書状を記しており、井伊直政・山口直友からの具体的要求とそれへの返答がうかがえる（『旧記後』三―一二六八）。井伊・山口の両使は義久に上洛するよう命じたようであり、これに対し義久は「伊東より矢を被射懸」＝伊東勢から攻撃を受けているため、その鎮圧をせずに上洛することは出来ない。自分は老衰で既に隠居した身であるが、こちらが静謐《せいひつ》になれば上京するつもりだと回答しており、使僧を派遣して近衛家の取りなしを依頼している。

降伏する以上、上洛のうえ家康に見参して許しを請うようにとの要求は当然である。しかし結果から先にいうと、義久は二度と上洛することはなかった。この上洛・家康への見参が島津家と徳川方との和平交渉における最も重要かつ一貫した論点であった。また、これらの回答は義久の名義でおこなわれており、いくつかの和平交渉ルートのうち、徳川方との交渉は義久が主導権を握っていた。

島津討伐軍の水俣進駐と停戦実現

一一月に入ると、立花宗茂が知らせてきたように、黒田勢・加藤勢・鍋島勢・立花勢からなる島津討伐軍が南下し、一一月七日までに肥後水俣（熊本県水俣市）に布陣している。国境の出水には老中島津忠長、忠恒側近伊勢貞昌ら精鋭が在番して、薩摩進攻に備えていた。ただ、攻め手の中心黒田如水は、先述のように島津家との和平交渉を第一に考えており、一一月九日、再び義弘に書状を送っている。島津側が井伊直政・山口直友に使者を派遣したことを了承し、島津側に帰順の意向があるなら、加藤清正と相談の上「公儀」への取りなしに尽力する旨を伝えている。

この頃までに、一〇月二三日付の寺沢正成宛義久・忠恒連署状が届いたのであろうか、徳川家康は一一月一二日付で肥後水俣在陣中の黒田如水に書状を送る（『黒田』一五）。家康は島津攻めについて、「寒気」を理由に年内は「そちらに在陣したままがよい」と、年内の攻撃中止を命じている。この書状の副状である同日付の黒田如水宛井伊直政書状も、「寒天」を理由に薩摩進攻を「延引」するよう求めている（『黒田』三四）。もし島津家が抵抗するようなら、来春「成敗」を命じるとし、島津家も釈明したい言い分があるようなので、如水から聴取するよう命じている。如水の和平交渉を追認するということであろう。

一一月一六日、黒田如水は再び義弘に書状を送り、関ヶ原から戻ってきた島津家中を相良領経由で送還したことを伝えるとともに、井伊直政とともに家康に取りなすことを伝えている。その上で、義弘は表向き「御逼塞《ごひっそく》」＝蟄居謹慎して、義久・忠恒が「詫言」＝謝罪をするのがいいだろうとアドバイスしている。如水は和平交渉において、実際に家康と戦った義弘の処遇がひとつのネックになると予想していたようである。実際、このあと義弘は、向之島《むかいのしま》＝桜島《さくらじま》に蟄居している。さらに一一月二二日には、島津家の使者を黒田如水・加藤清正に取り次いだ立花宗茂も義久・忠恒宛、そして老中島津忠長宛に書状を送り、島津忠長あたりの老中を黒田・加藤の使者と共に上洛させて、釈明させるべきだとアドバイスしている。なぜ、忠長の上洛を求めたのか。それは加藤清正の不満にあった。

一一月二五日、加藤清正は徳川家康重臣榊原康政に書状を送り、島津家の二枚舌外交を批判している（『黒田』一七一）。そもそも義弘が家康に対して「不調法」したことを義久・忠恒はまったく知らなかったというが、それはウソであると主張する。その証拠に、先述のように一〇月二日頃、島津忠長ら五名の重臣が小西家の要請により佐敷城に攻め寄せ、佐敷城攻略に失敗した後も水俣城に籠もり、小西勢を支援しつづけたことを挙げ、義久・忠恒が知らなかったはずはないと報告している。

この主張を徳川側がどう判断したのかは不明だが、先に出た家康の停戦命令は覆らず、年内に黒田・加藤勢は水俣城に番兵を残して撤退していった。当面の肥薩国境での軍事衝突は回避されたのである。

二、徳川家との交渉と鹿児島城築城

井伊直政・山口直友の使者下向と義久の上洛拒否

一一月四日付の義久書状などを持参した本田助之丞元親と般若院中原坊は、一二月初めには上洛したようである。一二月一三日、山口直友は義久・忠恒に書状を送る（『島津』一―四五〇）。両使の口上を聞き、井伊直政と相談の上、義久・忠恒父子は石田三成ら奉行衆から参戦を求められたがこれを拒否したとの島津家の主張を徳川家康に披露した。家康は「能々可被聞召届候」と、この釈明を聞き入れたようである。しかし、山口はこれで油断してはいけないとし、早々に御上洛して家康に御礼を述べれば、以前からの「入魂之筋目」もあるので「可事済申と存事候」＝決着するだろうと記している。

ただ、庄内の乱で島津家の説得の難しさを知っている山口は、みずから義久を迎えるため薩摩に下向する旨伝えている。一二月一〇日には、近衛信尹も義久に書状を送っている。今も島津家中を何人か匿っているが、家康の許可を得られそうになく帰国できないと伝えるとともに、義久から忠恒に意見をして「国平安之御分別肝要候」と、山口が提示した和平プロセスに応じるようアドバイスしている。

山口直友書状を持参し、直友の使者和久甚兵衛《わくじんべえ》と井伊直政の使者勝五兵衛《かつごへえ》が、本田助之丞元親と般若院中原坊に伴われて下向してきた。一二月二五日に日向美々津《みみつ》に到着した本田と般若院中原坊は、そこから国元に書状を送り注意を促している。両使は島津領内の偵察が目的なので、城の御普請や合戦の準備を進めるよう求め、道中両使の案内をしつつ霧島から富隈に直行することになると伝えている。また、島津領安堵については、薩隅両国は問題ないが日向国諸県郡は入り組んでいるので、京都＝家康の指示次第で山口直友がみずから下向すると伝え、その際義久を連れて上洛する意向だとも伝えている。これは、前出の山口直友書状の内容とも一致する。さらに義弘の「逼塞」＝蟄居はどうすべきか井伊直政に相談したところ、遠島に謹慎すべしとアドバイスされたとしている。桜島が「遠島」とは思えないが、義弘が桜島に一時蟄居したのは、両使下向にあわせたパフォーマンスであろう。

この書状はすぐに富隈の義久のもとにもたらされ、義久は鹿児島の忠恒に両使を日向野尻《のじり》で食い止めるよう命じている。これをうけ忠恒は、一二月二九日、表向き蟄居中の義弘に書状を送った。下向した両使を野尻で留めるべく、側近竹内織部助《たけうちおりべのすけ》を派遣したことを伝えるとともに、山口の使者和久甚兵衛は庄内の乱の和睦交渉でも下向していた人物のため、領内に「知音之方《ちいんのかた》」がおり、そうした者との接触で情報が漏れることを恐れている。その上で忠恒は、義久・義弘「両殿《りょうとの》」が熟談のうえ自分に方針を伝えて欲しいと伝えている。この期に及んでも外交方針の決定は「両殿」が主導権を握っており、忠恒は二人の意向を忖度していたのである。

これに対し義弘は、翌一二月三〇日、忠恒に返信している（『旧記後』三―一四三七）。京都からの両使が「内場」に入らないよう途中で留めて、早急にこちらの意向を伝えるように、山口直友の使者和久甚兵衛に接触するものがいないよう、しっかりした者を番につけるように、一緒に下向した般若院中原坊と本田助之丞元親は、両使にマンツーマンで張り付いて監視するよう命じた。義久との談合については、「今に始まったことではないが、義久と談合しても毎度決着しない。困ったことだ」と愚痴っている。

忠恒の指示で両使和久甚兵衛・勝五兵衛は、日向国綾（宮崎県東諸県郡綾町）に留められてここで越年し、翌慶長六年（一六〇一）正月一三日、ようやく大隅富隈にて正月の挨拶《あいさつ》に来た忠恒に見参している。

義弘が恐れていたように、兄義久との談合は難航した。正月八日、義弘は忠恒に結論を伝える（『旧記後』三―一四四四）。義久が上洛、すなわち徳川家康のもとに出頭する件は、「説得がうまくいかず、断ることが決定的となったと思う」とし、数日中に羽柴越前守（伊達政宗か）に使者を派遣すると伝えている。上洛を拒否した場合、開戦となる可能性が高くその場合の和睦仲介を依頼するためという。忠恒も義久の上洛には不安を覚えたらしい。

慶長六年（一六〇一）正月一六日、忠恒は老中鎌田政近に書状を送っている（『旧記後』三―一四四七）。「義久自身の上洛を両使は急いでいるとのこと。不安だ。隣国の状況をよく見極めないと判断できない。噂によると、確かに証文を交わして出頭した者も約束が反故《ほご》になっているという。もしそういう事態になっては家の恥辱となり、どうしようもない」と述べ、義久の身柄を拘束されると合戦を挑むことも出来ず、家の存続は出来なくなるとする。その上で、「譜代相伝の島津家をむざむざ断絶させるのは無念なので、家中の皆で一味同心して出来るだけ防戦した上で果てることこそ本望」と啖呵《たんか》を切る。そして、この意向を伝えるべく本田助之丞元親を京都に派遣するよう命じたのである。

山本博文氏は、恭順して大坂城に出頭したのに土佐一国を没収された長宗我部盛親、本領安堵を約束されたにもかかわらず、周防《すおう》・長門《ながと》三六万九〇〇〇石に大きく減封された毛利輝元の事例を、忠恒が想定していたとする。確かに、井伊直政・山口直友の書状だけで義久を上洛させるのは、リスクが高すぎるであろう。

これまで「両殿」の談合に任せてきた当主忠恒は、義久の上洛を拒否し一戦交えると家中に対し宣言したのである。父義弘の示唆があったとはいえ、当主として極めて重大な決断を下した。なお、義久の上洛拒否を伝える使者は、前出の本田助之丞元親と正興寺玄昌《しょうこうじげんしょう》が務めている。正興寺玄昌とは、種子島への鉄砲伝来由緒を記した「鉄炮記《てつぽうき》」の著者、南浦《なんぽ》文之《ぶんし》こと文之玄昌（一五五五～一六二〇）である。

忠恒の鹿児島城築城

家中に対し義久の上洛拒否と開戦の覚悟を示した翌日の慶長六年（一六〇一）正月一七日、忠恒は早速行動に移る。忠恒側近の上井経兼《つねかね》（老中だった覚兼《かくけん》の嫡男）の日記には、「御前上之山へ御出、諸侍屋敷盛被御覧せ、其より遠矢など被遊候」とあり、中世の山城だった上之《うえの》山《やま》＝現在の城山《しろやま》（鹿児島市城山町）に登って、侍屋敷の「盛」＝配置計画を検分し、地鎮祭であろうか遠矢を射ている。そして翌正月一八日条には、「此日、上之山之御普請初り候」とある。つまり、上之山城再整備のための普請を開始したのである。これ以降、忠恒はたびたび普請場にみずから赴いており、この築城を重視していたことがうかがえる。この城が後年「鹿児島城」（別名鶴丸《つるまる》城）と呼ばれ、江戸時代を通して薩摩藩島津家の居城となるのである。

前章で述べたように、忠恒は新たな居城を築きたかったらしく、慶長五年四月頃、帖佐の瓜生野古城（姶良市西餅田）を居城として整備しようとして父義弘に相談し、却下されている。忠恒は家督継承と同時に、島津貴久・義久の二代にわたる居城である御内（内城、鹿児島市大竜町）を継承して居城としていたが、防衛には適していなかった。忠恒は徳川方との開戦も視野に、思い切って防禦性の高い新たな居城の築城に踏みきったのであろう。この築城は前年と異なり、義弘への相談なしで進められたようであり、後年父義弘は上之山築城を断念するよう説得している。

徳川方との開戦決意と新たな居城建設開始、このふたつの大きな決断に忠恒の「両殿」からの自立の萌芽《ほうが》が認められよう。

義久上洛をめぐる交渉

正興寺玄昌・本田助之丞元親ら忠恒の使者が持参した、慶長六年（一六〇一）正月一二日付の義久と忠恒の書状は現存しない。後年成立の「新納旅庵譜」によると、義久は病気と老衰のため上洛できないので、回復し次第上京するつもりだとした上で、義弘を桜島に蟄居させることを伝えたという。

これより先に、善哉坊も一二月一一日付の義久・忠恒書状を持参して上坂しており、寺沢正成が井伊直政・山口直友に取り次いでいる。井伊・山口両氏は二月二日付で改めて義久上洛の必要性を説き、同じく西軍に属して和睦が成立していない会津の上杉景勝が近く上洛することを伝えている。実際に景勝が上洛するのは、この年七月二四日のことであり、八月に会津一二〇万石から出羽《でわ》米沢《よねざわ》三〇万石に大幅減封されている。

三月七日には、井伊直政が正月一二日付書状への返信を記し、徳川方に「表裏」＝本音と建て前、裏切りはないと伝え、改めて義久の上洛を求めている。同月四日には近衛信尹も義久に書状を記し、家康のあなたに対する懇意は真実と思うと保証して、井伊・山口の指示どおり上洛すべきと説得している。島津側の最大の懸念が、長宗我部盛親のように上洛したら改易されるのではないかとの疑念であったことが分かる。三月一四日、山口直友は義久の上洛を促すため、和久甚兵衛を再び薩摩に下向させるとともに、捕虜となっていた新納旅庵を下向させることを伝えている。

山口直友家臣の和久甚兵衛を同行して、正興寺玄昌・本田助之丞元親、新納旅庵は、三月末頃に帰国している。帰国した時、当事者の義久は二女新城《しんじょう》（島津彰久未亡人）を連れて親子水入らずで志布志《しぶし》に視察と称して旅行中であった。帖佐の義弘は至急戻ってくるよう義久に連絡し、四月二日、義久は根占《ねじめ》（鹿児島県肝属《きもつき》郡南大隅町《みなみおおすみちょう》）まで戻ってきたと義弘に伝えている。この返書によると、義久は忠恒の居所である鹿児島に使者和久甚兵衛を招き、そこで忠恒と談合のうえ返答するとの意向を示す。さらに、各地から軍勢を鹿児島に参上させるよう、鹿児島に命じて欲しいと要請する。

この後、和久甚兵衛を鹿児島に入れたくない義弘・忠恒と義久の間で一悶着《ひともんちゃく》あった。結局和久甚兵衛は鹿児島に入ったが、義久はへそを曲げてしまったようであり、鹿児島での談合を拒否して出頭しなかった。四月一三日、鹿児島の忠恒は義久に書状を送り、何度も鹿児島に来て欲しいと申し入れたのにいまだ談合できないので困っていると、来訪を求めている。鹿児島滞在中の和久甚兵衛にも、返答のための談合があるといって待たせていると記し、「今度之御談合一大事之始末」とその重要性を強調している。

実際に義久が鹿児島に来て談合に応じたのかは分からない。義久自身、今回の談合を「国家之始末」に関するものと認識しており、重大性を分かっていながらサボタージュしている。軍事的緊張状態が続くなか娘を連れて旅行に出るなど、一連の対応をみると、義久の意向がなんとなくうかがえる。義久の書状には「隠居之躰《てい》」という表現がみえ、上洛拒否も表向き病気と老衰であった。家康に降伏するか、そして上洛するかという重大な政治的決断に、義久自身もう関わりたくないというのが本音だったのではないか。

しかし、徳川家康はあくまでも島津家の代表は依然として義久であると認識しており、義久の上洛なくして島津家の服属・臣従にはならないと認識していた。相手がそう認識している以上、忠恒としては義久に談合に参加してもらわないとどうしようもなかった。この後、島津側の交渉は義久の身柄保障と本領安堵を起請文でしっかり約束させることに集中していく。

宇喜多秀家の薩摩潜伏

さらに、一連の交渉中に厄介事がふたつ生じている。ひとつは、京都抑留中の島津家中の一部が勝手に帰国したことである。四月四日付の忠恒宛義久書状によると、新納旅庵の帰国にあわせて、関ヶ原の戦いで義弘とはぐれて京都に匿われていた新納久元・喜入忠続・川上助七《すけしち》ら五、六人が帰国してきた。彼らは近衛信尹や道正庵宗固が徳川家康の許可をとって匿っていたものたちであるにもかかわらず、無断で帰国したらしい。これが発覚して近衛家や道正庵に迷惑がかかることを義弘は恐れた。和平交渉にも影響するであろう。義弘は忠恒に対し、彼らと見参することなく事情聴取のうえ蟄居させ、京都から尋ねられたとしてもシラを切るよう命じている。

さらに厄介な人物が薩摩にやってくる。関ヶ原本戦で義弘と共に西軍として戦った宇喜多秀家である。秀家は関ヶ原での敗戦後、わずかな側近とともに逃走したが、大規模な落ち武者狩りでも捕まらず行方知れずとなっていた。大西泰正《おおにしやすまさ》氏によると、室豪姫《ごうひめ》の実家である加《か》賀《が》前田家の支援により逃げ切ることができたという。

慶長六年（一六〇一）六月初頭、上方から薩摩国山川津《やまがわつ》（鹿児島県指宿《いぶすき》市山川）に着船した船に宇喜多秀家が乗っており、義弘に助けを求めたようである。恐らく桜島で蟄居中の義弘は、六月六日、忠恒に書状を送り「山川へ着船候京衆之申分」を聴取するため側近伊勢貞成を派遣したことを伝え、鹿児島の相良長泰にも直接山川に向かうよう命じたことを伝えている（『旧記後』三―一五一三）。「京衆」とぼかしているが、これが宇喜多秀家である。忠恒は同日義弘に返信し「色々と占わせたところ、めでたいことだ」との結果が出たので、受け入れることにしたと伝えている（『旧記後』三―一五一四）。六月二九日、宇喜多秀家改め「休復《きゅうふく》」は事情聴取にきた伊勢貞成を通じて忠恒に対し、受け入れてくれたことへの謝意を伝えた。

ただ、本来なら石田三成らと共に処分されてもおかしくない宇喜多秀家を匿ったことは、家康との和平交渉にも影響した。六月六日付義弘書状によると、義弘はこの件でこちらの主張が変わる可能性があるので、和久甚兵衛を急遽足止めして待たせる必要があると忠恒に伝えている。

老中鎌田政近の上洛

結局、義久は鹿児島での談合に応じず、義久の上洛は結論がでなかった。忠恒は家康側の真意を探らせるため、慶長六年（一六〇一）六月末、鎌田政近と新納旅庵を上使和久甚兵衛とともに上洛させている。これまで使者を務めてきた本田助之丞元親は重臣とは言い難い。本来は老中島津忠長を上洛させる予定だったが、病気のため鎌田に代わったようである。それでも、ようやく重臣トップの老中が釈明のため上洛したのである。

七月一九日に大坂に到着した鎌田政近らは、八月三日に家康が新たに政庁とした伏見に呼ばれた。その前日の八月二日に鎌田政近は、国元の「三殿」の役人、忠恒側近の伊勢貞昌・義弘の側近本田親商・義久の側近喜入久正に宛てて長文の書状を送っている（『旧記後』三―一五二九）。鎌田はいずれ避けられない義久あるいは忠恒の上洛に備えて、七月二四日の上杉景勝・直江兼続の上洛の様子を詳しく伝えている。さらに、家康は景勝との面会より、薩摩から自分たちが到着したとの報告を優先したとわざわざ伝え、山口直友の報告に対し家康は、去年の今頃義弘は元気だったが今はどうしているのかと細かく尋ねたとの話も伝えており、「御天道不浅儀ニ候」と鎌田は伏見の雰囲気は島津家にとって悪くないと伝えている。

そして八月一〇日、鎌田政近は伏見城にて徳川家康に見参し、三殿の意向を伝えた。鎌田政近は翌八月一一日、国元の老中比志島国貞・平田増宗、義久付きの老中山田有信・伊集院久治、義弘側近の伊勢貞成に書状を送り、結果を報告している（『旧記後』三―一五三六）。家康は「日州坂より下」すなわち島津領の日向国諸県郡の安堵を約束し、「所務等」＝伊東家領との紛争については家康が裁定すると伝えた。伊東側の史料によると、この年五月によようやく島津勢との停戦が成立している。

問題は義久の上洛である。家康は急ぎ義久に上洛するよう命じ、鎌田政近・新納旅庵に状況説明のためすぐに帰国するよう命じた。「当主みずからが上洛することなく、国元を安堵されたのは島津殿お一人だけだ」との伏見での噂を伝え、上洛を判断すべきと私見を述べている。また、山口直友に加えて初めて本多正信と接触したことを伝え、二人が島津家のために尽力してくれたと強調している。要は、国元の懸念とは逆に、徳川方は友好的だと鎌田は感触を得たようである。

八月二四日には、山口直友・本多正信が連署して義久・忠恒に起請文を呈している（『島津』一―四六二）。義久・忠恒の「身命」を保障し、島津領国安堵の約束に間違いないこと、義弘の身柄については、「相違」無きよう家康への取りなしを約束すると誓っている。恐らく、鎌田政近らが国元を説得するために作成されたものであろう。井伊直政はこの頃既に体調が悪化しており、翌年二月一日、新たに拝領した近江佐和山（滋賀県彦根市）で没している。井伊直政の役割を本多正信が引き継いだのであろう。鎌田としては懸念事項の多くは解消されたと認識したであろうが、国元はそういかなかった。

国元の議論紛糾

鎌田の帰国前、先に上洛していた市成掃部兵衛尉《いちなりかもんひょうえのじょう》が下向している。市成は国元で、義久を上洛させるために近衛信尹みずから下向するとの計画があることを報告したようである。これに対し、八月九日付で義久付きの伊集院久治・山田有信は、在京中の鎌田政近に書状を送っている（『旧記後』三―一五三五）。義久の上洛は絶対にあり得ないとし、それは島津領が困窮しており、上洛の準備が出来ないからである。義久の上洛は無理なのだから、近衛信尹の下向は迷惑であると伝え、義久が上洛しないで済むよう交渉しろと要請している。もちろん、この書状が届く前に鎌田は家康への見参を終えており、国元に向かっていた。義久周辺は義久の上洛について強硬に反対しており、先述のように本領安堵を家康から勝ち取り、いい加減上洛すべきと判断した鎌田らと意見が対立することになる。

鎌田政近・新納旅庵は山口直友家臣和久甚兵衛を伴い、一〇月一〇日までに帰国している。一〇月一二日、徳川家康は江戸に下向し、翌年正月まで上洛していない。この間、一一月二六日には山口直友が忠恒に書状を送り、家康の江戸下向を伝えるとともに、義久の上洛について油断なく協議するよう求めている。しかし、義久側近を中心に国元での協議は紛糾した。その議論の過程をうかがえる同時代史料は現存しない。

山本博文氏は、『旧記雑録後編』所収の伊勢貞昌覚書を根拠とする記事をもとに、義久を中心とする〝徹底抗戦派〟と義弘・忠恒を中心とする〝上洛容認・恭順派〟に家中が分裂したとするが、この史料は信憑性《しんぴょう》がかなり劣る。当事者であった樺山忠助が後年記した『樺山紹劔自記』によると、鎌田帰国後、義久は上洛要請に応じて義弘助命を嘆願する意向を示したが、家中の多くが徳川方と一戦交えることを望み、皆で一味神水して大隅隼人《はやと》城や蒲生城に籠城しようとしたという。「三殿」が抗戦か恭順かで対立していたのではなく、家中全体に徹底抗戦派がいて、義久の上洛に反対していたとみるべきだろう。

一二月五日、忠恒宛義弘書状によると、忠恒家臣の三原諸右衛門《みはらもろえもんのじょう》尉重種《しげたね》（一五六八～一六二四）のところに鹿児島衆中が寄り合って、「ひとへに弓箭ニて候ハては」（とにかく合戦しかない）と相談していたとの情報を摑んでいる（『旧記後』三―一五八二）。血気盛んな若衆たちはまだ戦い足りなかったようである。確かに義久側近に義久の上洛を拒絶したものがいたのは確かであるが、これは「三殿」の派閥争いではなく世代間抗争の性格も帯びていた。こうした家中全体の動揺に、若き当主忠恒は主導権を発揮できずにいた。

一二月二二日、義久・忠恒は連署して本多正信に書状を送り、まず一門の島津忠長を派遣することを伝える（『旧記後』三―一五九一）。家康の心を図りかね、島津は亡ぼされるとの世間の噂があり、家中の不安の声は止まず混乱していたところ、あなたの起請文で安心したと伝え、必ず上洛して島津家存続を懇願すると約束している。

なお、翌日付で義久は、近衛前久《さきひさ》家司の倉光主水佑《くらみつもんどのすけ》に書状を送り、依頼された猫を六匹送る旨伝えるとともに、最近老衰で万全ではないが、頻りに上洛するよう言われたので、来年は上洛する覚悟であると伝えている。この時、義久六九歳。無理が利かなくなっていたのは確かであろう。

徳川家康起請文の意味と義久の上洛協議

家中の混乱が続くなか、慶長七年（一六〇二）正月、老中島津忠長と新納旅庵は上洛する。二月一四日に徳川家康は上洛しており、まもなく二人は家康に拝謁したようである。その時どのような会話があったのかは不明だが、少なくとも義久の上洛が遅れていることは伝えたのであろう。『島津義久譜』によると、これを聞いた家康は、「義久が上洛しないということは、私の言葉を偽りと考えているのか、二枚舌で人を欺こうとしているというのか」と不快感を示し、起請文を記したという。家康が本当にそう言ったかはともかく、四月一一日、家康は義久に対して起請文を呈している（『島津』一―一二〇）。案文しか残っていないが、重要な文書なので全文を掲げる。

両度使者祝着候、然者、薩摩・大隅・諸県之儀、此間被相拘候分、相違有間敷候、少将事其□跡被相譲事候間、不可有別儀候、兵庫頭儀者、竜伯ニ無等閑候間、異議有間敷候、日本国大小神祇、別而八幡大菩薩毛頭不可有表裏者也、

卯月十一日　　内大臣　　御在判

竜伯

（意訳）二度にわたり使者を派遣したのは喜ばしい。そこで、薩摩・大隅・日向諸県郡のこれまで知行している分は間違いなく安堵する。少将＝忠恒があなたの跡＝島津氏家督を継承することも問題なく認める。兵庫頭＝義弘は、義久と親しい間柄なので問題なく身柄を保障する。日本国の神々、特に八幡大菩薩《はちまんだいぼさつ》に誓って裏切ることはない。

とうとう、徳川家康本人から本領安堵と義弘の身柄保障の起請文を獲得することに成功したのである。さらにこの起請文には重要なポイントがある。義久が忠恒に「跡」を譲ることを認めた部分である。既に本領安堵は、前年八月二四日の山口直友・本多正信連署起請文で確定していた。問題となっていたのは義弘の免罪とこの部分であり、老中島津忠長がわざわざ上洛して交渉し、起請文に盛り込ませたのがこの部分なのだろう。徳川側、特に山口直友は庄内の乱の和睦仲介交渉過程で、島津家の実質的な決定権はいまだ義久にあると見抜いていた。だから、島津家の代表をあくまでも義久とみなし、関ヶ原の戦い後の和睦には、義久の上洛と家康への見参を不可欠としていた。

あえてこのタイミングで義久から忠恒への家督継承を承認するということは、今後徳川家康は、島津家の代表は義久ではなく忠恒と認識すると宣言したことになる。つまり、この起請文を受けての上洛、家康への見参は義久ではなく忠恒でも良いことになる。さらに、後述のように、島津側では忠恒への家督継承をめぐる陰謀論が広がっていた。それを封じる狙いもあったろう。

　ただ、交渉担当の山口直友は、五月一日に忠恒と義弘に書状を送り、徳川家康は八月二日に伏見から関東に下向するので、六月二〇日以前に義久が国元を出船するようにと、あくまでも義久の上洛を求めている。同日付の忠恒宛寺沢正成書状も、六月の義久上洛を求めている。その一方で、以前から徳川家と島津家の仲介に乗りだしていた福島正則（安芸《あき》・備後《びんご》四九万八二〇〇石）は、五月二二日に忠恒に書状を送り、上洛があまりに遅くて心配していると伝え、「直接お目にかかってあなたのご意見を聞きたい」と記している（『島津』一―四七六）。これは明らかに忠恒の上洛を求めたものであり、義久ではない。福島正則は山口直友とも連絡を取った上でこの書状を送っており、表向き義久の上洛を求めながら、新当主として認めた忠恒の上洛でも容認することになっていたと推測する。

　五月上旬、新納旅庵は家康の起請文を携え、上使和久甚兵衛とともに帰国の途に就く。老中島津忠長は義久が上洛するまで伏見に留まるよう命じられている。体のいい人質であった。新納旅庵と和久甚兵衛は、六月三日に帰国した。そこから「三殿」の協議が何度も開かれる。島津側の要求は家康が起請文を出したことで達成されている。今度こそ上洛を拒否すれば、開戦は間違いない。協議内容は義久の上洛、この一点だった。

六月一〇日、忠恒は伏見に残った島津忠長に書状を送り、状況を説明した（『旧記後』三―一六四二）。義久は来月早々にも上洛すると仰《おつしや》っているが、「いつもの『国形』なので、いろいろと準備が進まず上洛は延期になるだろう」と悲観的な見方をしている。「国形」とは文禄・慶長の役の際、国元からの物資や人員の補給が進まない事態を「田舎之国ぶり」と表現したのと同じである。ダラダラといい加減な仕事しか出来ないので準備が進まないと忠恒はあきれているのであり、義久というより富隈衆が上洛に後ろ向きであることを示唆している。加えて、ここ一、二年の家中の分裂により、怪しげな陰謀論が広がって「三殿」が疑心暗鬼になっていく。

三、島津忠恒の上洛と伊集院一族の粛清

陰謀論の影と忠恒の上洛断行

慶長七年（一六〇二）六月一三日、義久は忠恒と起請文を取り交わす（『旧記後』三―一六四四）。「世上物沙汰」について、義久は義弘・忠恒が企てたとは聞いていないし、勿論《もちろん》自分が申した覚えもない。もし言ったのならば、「老耄《ろうもう》」＝老いぼれたせいであろうと微妙な表現をしつつも、こうした噂が出たこと自体納得いかず、「笑止千万」＝馬鹿馬鹿しいと怒り

を顕わにしている。その上で、「京儀相調」＝上洛についてはあなたに考えを示した以上、今後自分が裏切ることないと誓い、「息女」＝亀寿のことを今後も頼むと記している。亀寿のことを持ち出しているのがこの起請文の肝である。

「世上物沙汰」とは何かはっきりしないが、六月二二日、義久は二女新城の嫡男島津又四郎《またしろう》忠仍に書状を送り、京都から上洛を急ぐよう言われ、来月は必ず出立する覚悟でいるので、暇な時に会いに来て欲しいと求めている。この義久の血を引く外孫の存在を利用して、何者かが陰謀論を流し、三殿に疑心暗鬼を生じさせたようである。

『旧記雑録後編』に、差出・宛所・日付もない起請文前書案が収録されている（『旧記後』三―一六七五）。山本博文氏はこれを義弘から義久への起請文と判断している。その冒頭、「義久が孫の又四郎忠仍を忠恒に替えて島津氏当主にしようと企み、京都＝家康から御朱印をもらおうとした」という噂が流れたことを記している。四月一一日の徳川家康起請文で、わざわざ義久から忠恒への家督相続を承認している。その背景にこうした策動があったとの陰謀論が流れたのだろうか。これが六月の「世上物沙汰」と同じかどうかは不明だが、「三殿」の対立を煽《あお》るような噂を流す者がいたのは事実である。七月五日、義弘側近の伊勢貞成は信頼の置ける家臣本田助之丞元親ら、七名と起請文を交わし、義弘への絶対的忠誠と「計策」＝謀略や悪い噂を報告するよう誓わせ、これを隠密《おんみつ》にして口外しないことも誓わせている。

こうした水面下の動きが進むなか、「三殿」の間で協議は続けられた。七月一一日、義弘から忠恒への書状によると、とりあえず義久の上洛延期が決まっている。忠恒の予想通りである。あわせて義弘は、「有る方」＝義久の上洛についての談合が、漏れていることを懸念し、談合内容を口外しないよう、三原諸右衛門尉重種らに起請文を書かせるべきと伝えた。三原重種は忠恒配下で徹底抗戦派の首魁《しゅかい》である。結局、七月二二日までに、先述のように、義久ではなく忠恒が上洛することに決している。

同日、義久は忠恒に早く上洛のお供を決めるよう命じ、同じ頃山口直友に書状を出している。恐らく山口の使者和久甚兵衛に渡したのであろう。たびたび上洛するよう命じられ、自分ももう一度上洛したいと思い準備していたが、去年以来の病気が平癒せず、急に忠恒が上京することになったと伝える。その上で「世上之物沙汰」では、「作病」＝仮病と言われるだろうが迷惑極まりない。神に誓って決して偽りではないと強調している。

義久上洛に反対する富隈衆を納得させるにはこれしかなく、忠恒としても家康から家督継承を認められたからには、その御礼言上とすれば大義名分もたつ。さらに、上洛して和睦を成立させれば、当主としてのメンツも立つであろう。心配なのは、国元にくすぶる陰謀論であった。

八月一日、忠恒は北郷三久・比志島国貞・伊勢貞昌・川上久好《ひさよし》・敷根《しきね》頼幸《よりゆき》・三原重種、そ

して頴娃領主伊集院忠真らを引き連れ、鹿児島を出立する。抗戦派の三原を連れているのは、国元に残してよからぬことを企てさせないためであろう。そして、いったん富隈に立ち寄って協議をおこなった上で、八月一〇日、上洛の途に就いた。ただ富隈での協議で、義久と忠恒はかなりやり合ったようである。忠恒の出発直後、義久は細工屋に作らせた長刀《ちょうとう》を一腰、忠恒に届けさせている。これに対し忠恒は、八月一一日に義久に返書を送り、恨み言と決意を表明している(『島津』二―一一四五)。

忠恒は富隈衆からなおも上洛を止められたが、義久と起請文を交わそうとその草案を見せた。しかし義久は自分の意向に反して上洛することを〝忠孝が欠けている〟と非難し、忠恒は驚くとともに「歎息《たんそく》」したという。自分の上洛は義久の意向に反して納得していただけないかもしれないが、「島津領国のための上洛であり、自分の考えを申し上げないわけにはいかなかった。自分の考えが間違っているかは、天命に判断してもらう」と、みずからの判断の正しさを主張し、最後はとにかく自分の上洛を納得していただきたいと懇願している。

山本博文氏は、義久が上洛に反対した理由として義久と義弘の対立をあげているが、義久は本心では上洛に反対していなかったと考える。八月一七日、忠恒への返書で義久はあっさり忠恒の主張に得心したと伝え、何事もなかったように用件を記している。配下の富隈衆が大反対している以上、自分も反対するポーズを示す必要があったのではないか。自分では決断せず、重臣の意見に従うのが義久の基本的スタンスであり、ずっとそうやって家中統制をしてきた。あえて忠恒の起請文案に反対のパフォーマンスをして、それを振り切ってまで忠恒は上洛を断行したという形にしたのではないだろうか。あるいは、伊集院忠真を油断させるための芝居だったのかもしれない。

島津以久への牽制と伊集院一族の粛清

忠恒が上洛の途につくと、義久は三つの問題を決着させる。

慶長七年（一六〇二）八月九日、大隅垂水領主島津以久は、義久老中の山田有信と起請文を交わす。以久は前年九月以来、手薄な佐土原城の番手として派遣されていた。忠恒の上洛にあわせて呼び寄せられ、義久と談合したようである。起請文では談合内容を口外しないこと、肥後からの書状を差し出したからには、今後このような計策には同心しない、去年「佐土原御詫」について上方に使者を派遣した際、少しも「三殿」や島津家のため悪いことは申していないと誓っている。どれも意味深長である。

肥後からの書状とは、加藤清正からの書状であろう。それは以久に対する「計策」であり島津家からの離反を求めるものだったのだろう。そして、以久は佐土原在番中に徳川家康に対し、独自に「詫」を入れたようである。それが義久から疑念を持たれたようだ。「詫」の内容は不明だが家康になんらかの要求をしたのは確かだろう。これに対し家康は、翌慶長八年に以久を佐土原城主に指名し、以久は佐土原藩初代藩主となっている。

特に気になるのは加藤清正の計策である。以久の孫は前出の島津又四郎忠仍である。義久と義弘・忠恒の離間を謀るため流された〝義久が忠恒に代わって忠仍を家督にするよう、家康に願い出た〟との噂が関係している可能性が高い。義弘はこの噂を知りながら、あえて義久に報告しなかったことで、かえって義久の疑心を招いた。八月一〇日、義弘は義久と起請文を交わし、今回の件＝島津忠仍擁立計画は、自分はまったく知らなかったところ、義久様の考えを残ることなく仰ってくださって安堵したとし、今後いかなる讒言《ざんげん》があろうとも疑いを晴らすべく熟談し、島津家の長久を図ることを誓っている。これでとりあえず兄弟間の誤解が解けて手打ちが図られたのであろう。これが二つめである。

最後が、伊集院忠真一族の粛清であった。恐らくこの件は、忠恒の出発前に忠恒・義久・義弘の間で申し合わせが出来ていたとみられる。八月一七日、日向国野尻（宮崎県小林《こばやし》市野尻町）に到達していた忠恒は、狩場からの帰りに伊集院忠真を狙撃《そげき》させ殺害する。同日、忠真の弟小伝次は配所の富隈にて殺害され、同じく弟の三郎五郎兼三・千次は谷山中村《たにやまなかむら》（鹿児島市中山町《ちゅうざんちょう》）にて、兄弟の母＝伊集院忠棟室は薩摩国阿多《あた》で殺害された。同日に四か所で一斉に殺害されており、事前に計画されていたことは間違いない。一説には、野尻で伊集院忠真を殺害したのは島津以久勢だったともいう。以久は加藤清正・伊集院忠真との連携を疑われており、それを払拭し忠誠を示すため殺害を引き受けたのかもしれない。

八月一七日、伊集院一族粛清にあわせて「伊集院源次郎科之条数」なる粛清の理由を列挙したものが作成されている。二二か条も罪科を書き上げているが、注目すべきものをまとめると次のとおりである。

・山口直友家臣和久甚兵衛に接触して奉公しようとした。
・徳川家康が起請文で島津又四郎忠仍に義久の跡を嗣がせると約束したとの噂を流した。
・島津又四郎忠仍を擁立し、加藤清正に内通しようとした。
・義久が上洛した場合は、その翌日に富隈を制圧しようとしていた。
・富隈衆が義弘を近日成敗するらしい、帖佐衆の一部もこれに同調していると、義弘に讒言した。
・他国＝加藤清正からの計策の書状送付を希望し、それを島津以久に届けて披露した。

先述の陰謀論はすべて伊集院忠真と加藤清正の連携によるもの、とされたようである。島津又四郎忠仍を出しにして、義久・富隈衆と義弘・帖佐衆の対立を煽ったのも忠真で、加藤清正からの計策の書状を島津以久に取り次いだのも忠真ということになっている。以久がそれを義久に報告して、陰謀が露見したという筋書きであろう。どこまで事実なのか不明だが、忠恒が上洛を決断した以上、様々な陰謀論をすべて伊集院一族の企んだものとして罪をかぶせ、これを粛清することで家中に広がる不協和音を一掃し、忠恒の強い意思を家中に示そうという意図が感じられる。そもそも、伊集院忠真兄弟にとって忠恒は父忠棟の仇《かたき》であり、彼らは忠恒にとって目障りな存在であった。この機会に粛清したのは、忠恒にとっては一石二鳥以上の効果があったのだろう。

八月二九日、義弘は上洛途上の忠恒に書状を送り、この罪状条書を島津以久に口上で伝えるよう命じ、これこそ「条書を作成した最大の目的だ」と強調している。伊集院一族粛清は、独自に動いて家康と交渉していた、島津又四郎忠仍を孫にもつ島津以久への牽制が大きな目的のひとつだったようである。

またもう一人、伊集院一族との関わりと、島津忠仍擁立の陰謀論に関与したと疑われた人物がいる。少なくとも前年慶長六年一一月までは忠恒の老中だった平田増宗である。近世末成立の『本藩人物誌』によると、増宗の長男新四郎宗次《しんしろうむねつぐ》（一五八六～一六〇二）は伊集院忠真とともに八月一七日に野尻で「横死」している。忠真とともに殺害されたのであろう。一説には忠真と間違われて射殺されたともいう。

忠恒上洛後の一一月五日、平田増宗は老中鎌田政近・樺山久高に対して起請文を呈している（『旧記後』三―一七三七）。冒頭で、「この度の伊集院忠真成敗について、我々の行動も疑わしいと噂されている」ことに驚き、「御三殿様」への忠誠を誓っている。さらに、阿多において殺害された伊集院忠真の母と「対談」していたとの疑惑を否定している。ただ、川辺小野《かわなべおの》村（鹿児島県南九州市川辺町小野）に行った際、近所なので忠真の弟千次に接触したことは認めている。その上で「島津又四郎忠仍と親しくしたことは全く無い」と誓っている。

平田氏は応永《おうえい》年間（一三九四～一四二八）以来島津奥州《おうしゅう》家の老名・老中を代々つとめてきた譜代家臣の名門である。増宗の祖父光宗《みつむね》、父歳宗《としむね》そして増宗も老中を経験しており、その知行高は三〇〇〇石もあった。トップクラスの譜代重臣が伊集院氏との連携を疑われたのである。この年六月三日付の老中連署領知宛行状には、平田に代わって樺山久高が連署しており、陰謀論が流れたのと同時期に平田増宗は老中を罷免されたようである。この時は増宗の長男が犠牲になっただけで終わったが、平田氏は忠恒にとって潜在的反乱分子とみなされたのである。

忠恒の上洛、家康への見参

後顧の憂いを断った忠恒は、九月二六日に日向国細島から出船し、一〇月一四日、室津《むろつ》（兵庫県たつの市御津町《みつちょう》）に到着した。ここで福島正則の出迎えを受け、翌一五日、福島正則に伴われて大坂入りする。ここでの福島正則の接待に忠恒は大いに感激している。正則は忠恒の豊臣秀頼拝謁とりなしや、山口直友を伏見から呼び寄せて談合のお膳立てまでしている。さらに福島正則は、「薩摩の律儀」は広くしられているので、裏切ることはあり得ないと、徳川家康や諸大名に触れ回っており、忠恒の上洛実現で大いに面目を施し大満足だと語った。二年にわたり上洛を引き延ばし、諸大名には島津氏当主の上洛と和平実現を疑うものも多かったのだろう。そうした島津家への疑念を打ち消し、必ず上洛すると説得していたのは福島正則だったのである。

〝島津家の律儀ぶり〟がどこまで浸透していたのかは怪しいが、同日付の新納旅庵書状によると、正則は義弘の〝律儀振り〟を五度も十度も語っていたという。福島正則は忠恒というより義弘に対し畏敬の念を抱いており、島津家と家康の和睦実現に尽力するに至ったのであろう。義弘の甥島津豊久は福島正則配下のものに討ち取られており、それに報いる気持ちがあったのかもしれない。

さらに正則は忠恒に対し、大坂には銀子一〇〇貫目と米三〇〇〇石を備蓄しているので、御用の際は好きに使ってくれと申し出ている。在京のたびに借銀に頼っていた島津家としてはありがたい申し出だったろう。また、大坂での宿所は町屋を考えていたが、手狭だったため福島正則屋敷の一角を借用している。至れり尽くせりであった。一〇月一五日と一八日にこうした経緯を国元の義久・義弘に伝えた忠恒は、「さても〳〵奇特なる御事」と大いに感心している（『旧記後』三―一七二〇・一七二四）。

なお、忠恒の無事上洛を国元に伝えた新納旅庵は一〇日後に急病となり、一〇月二六日に大坂にて没している（享年五〇）。関ヶ原を生き延びて捕縛され、和平交渉で何度も京都・薩摩を往復して心労が祟ったのであろう。

徳川家康はこの年一二月二五日、江戸から伏見に戻った。大坂にいた忠恒は伏見に呼ばれ、一二月二八日、福島正則に伴われて伏見城に登城し、徳川家康に拝謁して本領安堵の御礼を言上する。これにより、ようやく関ヶ原の戦いの和睦が正式に成立したのである。これを成し遂げたのが、「三殿」のうち忠恒であったということの意味は大きい。これにより名実ともに、島津氏の当主は忠恒と確定したのである。

明けて慶長八年（一六〇三）正月六日、忠恒は家康に暇乞いして認められると、正月末に帰途についた。この時、一緒に上洛したのか途中から合流したのかは不明だが、国元での陰謀論の当事者となった島津又四郎忠仍と北郷三久を伏見に人質として残している。

二月一四日、忠恒は鹿児島に帰着する。なお、同月一二日、徳川家康は従一位右大臣に叙任されるとともに、征夷大将軍《せいいたいしょうぐん》に任じられた。江戸幕府の成立である。これにより忠恒は、初代薩摩藩主となるのである。

第五章　琉球侵攻とふたりの晩年

一、鹿児島城完成と宇喜多秀家の上洛

忠恒への権限移行

慶長八年（一六〇三）二月一四日、島津忠恒は徳川家康に拝謁し、二年に及ぶ懸案であった家康との和睦を果たし、意気揚々と鹿児島に帰還した。上洛を拒否し続けた義久に代わっての上洛、家康への拝謁であり、島津本宗家家督としての忠恒の地位はこれで固まり、それまで義父義久・実父義弘を忖度しつづける立場から、みずから主導権を握って領国経営に乗り出す素地が出来上がったのである。同年正月一九日付で義弘は帰国途上の忠恒に書状を送り、「本当にあなたが一八代目として島津家を相続されたのであり、人々も歎息《たんそく》することはなくなった。絶対に島津家中興の祖はあなた以外にあり得ない」と大絶賛している（『旧記

後』三―一七七五)。

前年四月一一日、徳川家康は義久から忠恒への家督継承を起請文で認めていたが、その前後、伊集院忠真・加藤清正が連携して島津以久・平田増宗を取り込もうとし、「義久が外孫にあたる島津又四郎忠仍を忠恒に代わって家督にしようとしている」との陰謀論を広めて、家中が分裂するほどの混乱が生じた。この陰謀論は伊集院忠真一族を粛清することで押さえ込み、その後忠恒が家康に拝謁し、所領と島津氏家督としての地位を安堵されたことで、忠恒の地位は確固たるものとなったのである。義弘がここまで大絶賛するのは、万難を排して上洛を成し遂げ無事帰国した忠恒への偽らざる気持ちであろう。

この時忠恒二八歳、義久七一歳、義弘六九歳であった。これまで島津家を主導してきた義久・義弘兄弟も高齢になっており、義久はこれから八年後に亡くなる。徐々に二人の権限も忠恒へと移行していったのであり、本章では諸権限の移行過程をふまえつつ、二人の晩年を見ていきたい。

鹿児島城築城の継続

前章で記したように、忠恒が義久の上洛要請を拒否して徹底抗戦を家中に伝えた直後の慶長六年(一六〇一)正月一八日、中世以来の山城である上之山城(鹿児島市城山町)の普請＝

再整備が開始される。これがのちの鹿児島城である。

ただ、義弘は上之山城への居城移転には大反対であった。義久が上洛するか否か紛糾していた慶長七年七月一六日、上之山の城普請を見分した義弘は忠恒に書状を送る（『旧記後』三―一六六〇）。義弘は「どれほど普請に力をいれても、あなたの考え通りの城にはならないと思う」とまず反対して以下理由を述べる。時節柄、諸侍屋敷を御内周辺から移そうとしても、彼らは「私之普請」を優先して「公儀之御普請」には協力しないだろうと家臣団にその気が無いことを指摘し、忠恒の「屋形」だけを移転しても、見かけがよくない。諸侍の屋敷を一斉に移すこともできないだろうとする。

次に「諸侍屋敷之地あまり海近過候」と立地の悪さを指摘する。この時点で城の中心は、山城部分（現在の城山公園から城山ホテル鹿児島付近）とみられるが、「諸侍屋敷之地」は山下の平地部分が予定されていたのであろう。江戸時代に入ると徐々に埋め立てが進むが、現在の鹿児島城本丸跡（鹿児島県歴史・美術センター黎明館《れいめいかん》敷地）から当時の海岸線（現在の電車通り）までは、二〇〇メートルほどしか無かった。義弘は「先年根占《ねじめ》より兵船参候而、既いまの屋形ニ矢を射籠候」と、元亀《げんき》二年（一五七一）一月に祢寝《ねじめ》氏らの軍船が鹿児島を襲撃した際、御内まで矢が届いたと指摘する。その頃と違い、鉄砲より射程の長い大筒が使用されるようになっており、家臣団の屋敷に被害が出ることを懸念しているのだろう。この指摘は、二六〇年後の文久《ぶんきゅう》三年（一八六三）七月、薩英戦争における英国軍艦の砲撃で城内や城下にまで被害が出たことで実証されている。

義弘は居城を移すとしても、室町期に居城が置かれた清水城《しみずじょう》（鹿児島市稲荷町《いなりちょう》、現在の清水中学校とその裏山）を推奨する。「以前自分が鹿児島に居城を移そうと考えて屋敷地を検討させたときも、清水城は特に良い場所だと、『もりはかせ』が申していた」と説く。「もりはかせ」とは縄張りの専門家を指すとみられる。かつて瓜生野城の居城化計画のときにも、義弘は北に川があることを理由に反対しており、「もりはかせ」は易や風水の観点から「可然」と判断したのであろう。あるいは、鹿児島城の縄張りにも関わったと伝えられる帰化明人江夏友賢だろうか。

さらに義弘は、「忠恒が命じたことがうまくいかないと、無念であると言う人も多くいるだろうが、それでもやめるべきなのだ。悪いことを何度でも改めることは昔からあることだ。屋形を過半完成させたということと、諸侍の家居を造作することとは特別なことなので、遠慮はいらない。もちろん出来たものを捨てろと言っているのではない。上之山城は出城にして、しばらくそれなりの人衆を移し、少しずつ普請を命じていけばいい」と、くどくどと諦めるよう説得し、忠恒が同意すれば、義久と談合して義久の「御指南」で上之山移転を中止する形にすればいいとまで提案している。

この長文の説得に対する忠恒の返答は確認できない。この翌月、忠恒は一転して和睦を図るべく上洛するのだが、そのまま鹿児島城築城は進められたようである。

ただ忠恒の上洛中、築城作業はあまり進まなかった。慶長七年一二月一二日、「かごしま城屋地之普請之儀」について国元の義久は忠恒に書状を送り、鹿児島留守居衆と相談したが「留守居衆に普請好きのものがいないのは残念だ」として、忠恒から直接鹿児島に指示を出すよう伝えている（『旧記後』三―一七四五）。義久は義弘とは違い、鹿児島城築城について協議しようとはしているが、築城そのものに反対はしていない。

結局忠恒は、帰国後も義弘の意見は無視して鹿児島城築城を継続していく。鹿児島城は徳川方との決戦用防衛拠点という目的から、薩摩藩初代藩主忠恒による新たな領国支配の象徴、いいかえると三殿体制から脱却した忠恒の権威の象徴としての意味を持つようになるのであり、現在見られるような石垣と水堀、御楼門を備えた山下の居館を中心とする城造りへ転換していく。鹿児島城築城は、忠恒にとって親離れの象徴でもあった。

慶長一一年（一六〇六）五月には山下の書院や数寄屋《すきや》が完成し、六月には御楼門《ごろうもん》前の水堀にかかる橋の渡り初めがおこなわれている。それからまもなく忠恒は御内から鹿児島城へと居城を移したのであろう。

宇喜多秀家（休復）の上洛

忠恒の帰国後、出家して「休復」となのっていた宇喜多秀家が島津領内に匿われていることが、徳川家の知るところとなった。慶長八年（一六〇三）六月六日、山口直友は忠恒に家臣和久甚兵衛の薩摩派遣を伝えている。秀家の引き渡しを求めるためであった。翌月、和久甚兵衛は薩摩入りしたようで、島津家中は秀家引き渡しをめぐって紛糾している。七月二六日、義久は義弘に書状をおくり、この問題について見解を述べている。義久は秀家に対し上洛するよう説得したが、秀家は当初これを拒否したようである。しかし、義久のみるところ本心では上洛は避けられないと覚悟しているようだとし、既に正興寺玄昌に上洛同行を要請している。その上で、義弘に対し鹿児島での重臣談合を要請している。

七月晦日《みそか》＝三〇日、義弘は忠恒に書状を送り、島津家としての結論が出ず和久甚兵衛が立腹することを懸念している。ただ義弘は「京も田舎もこうした始末はよく考えないと調わないので、少し時間がかかると説明することが大事」と家中の合意形成の重要性を説き、鹿児島での談合内容が酒席などで漏れることを強く懸念している。秀家の上洛容認は島津家中の〝道徳的価値観〟に関わる重大案件であり、義弘としては慎重な審議が必要と考えていたようである。

結局、八月六日、宇喜多秀家は桂忠詮・正興寺玄昌に伴われ、潜伏先の大隅牛根《うしね》（鹿児島県垂水市）から上洛の途につき、同月二七日、伏見に到着した。桂と正興寺は秀家を山口直友に引き渡すと、その助命嘆願のため奔走した。島津家は本多正純《まさずみ》ら幕閣中枢や徳川家康の外交僧西笑承兌らに働きかけて、秀家の赦免＝助命を嘆願している。その結果、死罪が当然と考えていた家康は秀家を助命し、駿河《するが》国久能《くのう》（静岡県静岡市駿河区）への配流を決定した。実際はそれよりも厚遇され駿河城の二の丸への蟄居となったようである。同時期に上洛していた老中比志島国貞から国元への書状には、奥州配流になるところを駿河になったのは、島津家のお手柄であると世上で噂されているとし、「天下における島津家の評判が大いに高まった」と自慢げに記している（『旧記後』三―一八五五）。

本書で一貫して述べてきたように、島津家中特に義弘を突き動かすものは、「外聞実儀」「自他国之覚」である。島津家に助けを求めてきた宇喜多秀家を家康に突き出すことは、島津家としてはもっとも恥ずべき行為だったのである。秀家の助命嘆願への協力を依頼した八月二〇日付西笑承兌宛忠恒書状には、「自分としては秀家を庇護《ひご》する事情はなく、助命嘆願の必要もないのだが、一度頼まれたからには助命をお許しいただければ島津家の面目がたつ」と本音が記されている。そして、九月二日、秀家が助命され駿河国久能へ配流されたことを伝えた義久宛山口直友書状では「あなたもこれでご満足でしょう。島津家の外聞・面目は施されました」と強調している。結局、宇喜多秀家は八丈島《はちじょうじま》（東京都八丈島八丈町《はちじょうまち》）に配流となるのだが、とりあえず家康が駿河蟄居としたのは、島津家の「面目」を立てるためであろう。

秀家出発前日の八月五日、義弘は忠恒に書状を送り、今晩福山（鹿児島県霧島市福山町）まで秀家に暇乞いに行くことを伝えている（『旧記後』三―一八四七）。慶長六年六月に秀家が薩摩入りして以来、表向き蟄居中だった義弘は秀家に会うことを止められていたようである。「秀家を匿うという約束を破ってしまったことについて、釈明・謝罪するために会いにいくのである」と説明し、「約束違反は返す返す残念である」と記している。今回の秀家上洛に異議を唱え、上洛決定を誰よりも悔やんでいたのは、義弘自身だったのだろう。福島正則がいう〝島津家の律儀ぶり〟とはこういうことだろう。

二、対外交易利権と帰化明人

対外交易の主導権―義久による海商庇護と交易利権―

忠恒が両殿から継承する必要があったもののひとつに、対外交易での主導権があった。文禄・慶長の役以前から日本と東南アジアとの交易は盛んであり、九州南端の島津領はそうした交易の拠点であり、国内海上流通との結節点として大いに栄えていた。万暦《ばんれき》二二年＝文禄三年（一五九四）、明福建《ふっけん》省の民政・軍事を司《つかさど》る福建軍門に日本の情報を伝えた明の商人張《ちょう》一学《いちがく》らの報告によると、「薩摩には各地の船が集まっており、呂宋《ルソン》（フィリピンのマニラ）に向かう船三隻、交趾《こうち》（ベトナム）への船三隻、柬埔（カンボジアか）への船一隻、暹羅《シャム》（タイ）への船一隻、仏郎機《フランキ》（ポルトガル）船二隻が停泊していた」という。

日本における朱子学の祖とされる藤原惺窩《ふじわらせいか》（一五六一～一六一九）は、明に渡航すべく大隅国内之浦《うちのうら》（同県肝属郡肝付町北方《きたかた》・南方《みなみかた》）に下向し、ルソンから渡来した文物を目の当たりにするとともに、ルソン交易に従事する中国人豪商呉《ご》我洲《がしゅう》と接触している。惺窩を饗応《きょうおう》したこの地の役人である伊集院忠棟家臣竹下頼堅《たけのしたよりかた》（宗意《そうい》）は、ルソンとの交易に従事する廻船《かいせん》衆でもあり、妻子は琉球《りゅうきゅう》にいた。島津領国内に点在する港は、東南アジアとの交易に従事する廻船衆・海商の拠点であり、各国から来航する船の寄港地でもあったのであり、国際貿易港となっていた。

こうした日本や明沿岸部の海商たちは時として海賊行為をおこない、「倭寇《わこう》」とよばれる存在でもあった。東南アジアとの交易を統制したい豊臣政権は、たびたびこうした海賊行為を禁止している。天正一六年（一五八八）七月八日に豊臣秀吉が海賊停止を命じる法度を出して以降、島津家に対してはたびたび海賊取り締まりを命じている。天正一七年正月二一日には、細川幽斎・石田三成が島津義久に対し、海賊船が島津領から出船していることを指摘し、急ぎ糾明するよう命じている。こうした海賊行為をおこなう貿易商・廻船衆は、単なるアウトローではなく島津家のある程度統制下にあったとみられる。

慶長四年（一五九九）一二月、徳川家康は島津家に対し、慶長の役で明軍から人質として受け取った茅国科を薩摩経由で明に送還することを命じ、いまだ庄内の乱が続いていた慶長五年正月頃、茅国科は寺沢正成の本拠唐津から薩摩に移送された。同年正月二七日、義弘・忠恒は寺沢正成と連署して「大明総理軍務都指揮」である茅国器《ぼうこくき》に書翰《しょかん》を送り、鳥原宗安《とりはらそうあん》を使者として茅国科を送還する旨伝えている。

このタイミングで徳川家康が被虜人を送還する決断を下したのは、明との和睦交渉の糸口とし、最終的には「勘合」＝国家間の統制された公貿易の復活を目指していたとされ、告文にも「金印・勘合を以て往返を作すべし」と明記している。それとともに、日本側が捕縛した中国人海賊二〇人を送還するとも記し、交易の前提となる倭寇の排除、海上の安全保障を示唆している。送還の使者となった鳥原宗安は、天正一二年（一五八四）一一月に義久から「琉球渡海朱印状」を獲得している船頭鳥原掃部助と同族とみられ、薩摩国坊津《ぼうのつ》を拠点として琉球などと行き来していた廻船衆・海商であった。

慶長一五年六月二三日に鳥原宗安が提出した報告によると、この時使用した船が古かったので、鳥原はこの船と銀子五〇〇目などで新たに「一二万斤船一艘」を購入して帰国したといい、この船はその後薩摩藩のルソン交易で使用されたとされる。

なお、寛文《かんぶん》一一年（一六七一）成立の薩摩藩家老島津久通《ひさみち》編『征韓録《せいかんろく》』によると、この時鳥原宗安は明側から毎年商船二隻を派遣して交易することを約束され、実際に慶長六年明の商船が渡航したが、硫黄島《いおうじま》（鹿児島県鹿児島郡三島《みしま》村）付近で伊丹屋《いたみや》助四郎《すけしろう》一党の襲撃を受け、貿易の道を断たれたという。ただ、明側が商船派遣を約束したという事実そのものが確認できず、「後世に創作された物語」であると渡辺美季《わたなべみき》氏は指摘する。ただ、後述のように伊丹屋助四郎という海賊が捕縛されたのは事実である。

徳川家との和睦交渉が難航していた慶長六年（一六〇一）九月一三日、義弘は忠恒の老中平田増宗・比志島国貞に書状を送っている（『旧記後』三―一五五五）。内容はこれ以前に捕縛されて処刑が決まった海賊伊丹屋助四郎についてである。

これ以前＝関ヶ原の戦い勃発以前、徳川家康が「ばはん御法度」＝海賊禁止を命じたので、忠恒が明に対して「ばはん」すなわち海賊行為は禁制である旨の文書を送った。恐らく鳥原宗安渡航の際に送付したのであろう。その後、伊丹屋助四郎が出船しようとした際、彼が「ばはん」を企てていることがはっきりしていたので、忠恒は義久に対したびたび「出船之儀御堅慮」（出船許可を取り消すように）と申し入れたところ、義久が忠恒を誑《たぶらか》したという。これを義弘は「曲事」だと指摘している。その上で、伊丹屋助四郎らが逃走する前に確実に処刑するよう求めていた。これを受けて、同月二七日以前に助四郎は処刑されている。伊丹屋助四郎は薩摩山川《やまがわ》に拠点をもつ海商で、慶長の役では泗川に店舗も構えており、島津家の御用商人とみられる。

まだ和睦交渉中であった徳川家康が明との和睦・国交回復を望み、その前提となる海賊禁止を命じていたことをふまえ、忠恒は明らかに海賊行為を企んでいた伊丹屋助四郎を捕縛したのである。ところが、この伊丹屋助四郎の薩摩からの出船を許可した、つまり過書《かしょ》＝通行許可証を発給したのは義久だったようであり、忠恒は何度も義久に許可しないよう求めたのである。これに対し義久は忠恒を「誑《たぶらか》」したという。この解釈が難しいが、伊丹屋の出船を許可することは利益になると、忠恒を言葉巧みに説得しようとしたと理解したい。恐らく、伊丹屋助四郎は義久の庇護下にあり、義久はこうした海賊行為をおこなう海商・廻船衆に渡航許可を出せる立場にあったのである。前述のように、内之浦を拠点にルソン交易に従事していた竹下頼堅は伊集院忠棟の家臣でもあった。海賊ともなりうる海商・廻船衆は義久や伊集院忠棟といった権力者の庇護下にあることで、出船・渡海のための過書＝許可証を獲得していたのであり、義久や伊集院忠棟は大きな見返りを受けていたのであろう。

最終的に伊丹屋を処刑したということは、忠恒は義久からの提案を拒絶したのであろう。忠恒の行為は、義久による過書発給権の否定であり、義久による海商・廻船衆を利用した対外交易利権を奪おうとしたことに他ならない。

義久は琉球に貿易のため渡海する廻船に対して渡航許可証を発給していた。「琉球渡海朱印状」とよばれるもので、船の名前と船頭の名前、渡航先を記し、年月日の下には義久の署名・花押そして朱印が据えられていた。黒嶋敏《くろしまさとる》氏の調査によると「琉球渡海朱印状」は延徳《えんとく》四年（一四九二）から慶長七年（一六〇二）まで一四通が確認でき、このうち天正二年（一五七四）四月一日付のもの以降、一二通が義久発給である。このことは、島津家の許可のもとに琉球との交易を意図する商船の渡海許可が、義久に独占されていたことを意味しよう。そうした義久が牛耳る交易利権の解体を忠恒は目指していたのではないか。義久発給の「琉球渡海朱印状」が慶長七年九月七日を最後に見られなくなるのは、義久による渡航許可証発行体制が消滅したとも考えられる。

義久配下の帰化明人と福建軍門の対島津交渉

義久が海商・廻船衆を庇護することにより獲得したもののひとつに人材がある。島津領内には、明から渡ってきた帰化明人が多く居住していた。海商として渡航してきて定住したものもあろうが、海賊により拉致《らち》されてきたものも多い。そうしたなかから、義久は有用な人材を登用し、みずからの配下とした。その代表が義久の侍医許儀後《きょぎご》（日本名高樋三官《たかひさんがん》）である。許儀後については、管寧《かんねい》氏の研究により、江西《こうせい》省吉安《きつあん》府万安《まんあん》県（現在の中国江西省吉安市万安県）出身で、もとは商人であったが広東《カントン》に赴いた時に倭寇に捕まり、薩摩に拉致されたことが明らかになっている。その後、医術で義久に召し出されて侍医となったのであり、医者としての活動は『上井覚兼日記』に散見される。

許儀後の弟子とされる郭国安《かくこくあん》（日本名汾陽理心《かわなみりしん》、一五三七～一六三九）は、永禄《えいろく》二年（一五五九）に日本に渡り、義久に召し出されて汾陽理心と改名したという。通詞＝通訳としての役割を期待され、文禄・慶長の役に出陣して後述のように明軍との和平交渉で活躍している。

こうした帰化明人が義久の周辺には複数いたようであり、彼らは東シナ海・南シナ海海域にはりめぐらされた「華人の海商ネットワーク」に繋がり、「義久の実質的な外交ブレーン」であったことが、上里隆史《うえざとたかし》氏によって指摘されている。こうした義久周辺の帰化明人コミュニティーの存在が、文禄・慶長の役の際、島津家と明側を結びつけることになる。

混乱を避けるため第二章では触れなかったが、文禄・慶長の役において、明福建省の民政・軍事を司る福建軍門（巡撫《じゅんぶ》）が島津領内の帰化明人と連携し、日本軍の情報を収集すると共に、独自に豊臣政権打倒を島津家に持ちかける工作をおこなっていた。その島津領側の中心人物が、前出の許儀後・郭国安であった。

天正一九年（一五九一）九月、許儀後は郭国安と連名で明朝廷宛に豊臣秀吉の「仮道入明」＝朝鮮侵攻を知らせる報告書（「倭警陳報」）を作成し、許儀後と同郷の海商朱均旺《しゅきんおう》に託した。この報告書は万暦二〇年＝天正二〇年二月二八日、福建軍門に届き、同年五月には北《ペ》京《キン》にまで届いている。日本軍が朝鮮に上陸した翌月である。

許儀後・郭国安の報告書が届く前に、豊臣秀吉から島津家の「与力」として朝鮮侵攻の軍役負担を命じられていた琉球王国は、この情報を明に通報している。通報したのは琉球長史で、のちに三司官として島津家の侵攻に対応することになる鄭迵《ていどう》（謝名《じゃな》親方《うぇかた》、一五四九〜一六一一）である。この報告は、万暦一九年（一五九一）三月、明への朝貢船に同乗した琉球居留明人によって届けられた。両者の情報は「明朝廷の上層部で第一級のインテリジェンスとして重視」されたと、上里隆史氏は指摘している。

増田《ますだ》勝機《かつき》氏の整理によると、このの ち福建軍門は、許儀後を頼りとして少なくとも二度にわたり島津家に対する工作をおこなう。万暦二一年＝文禄二年（一五九三）、福建軍門都御《とぎょ》史《し》の許孚遠《きょふえん》は、海商許予《きょよ》の協力を得て、配下の史世用《しせよう》を商人に扮《ふん》させ薩摩に派遣する。許予・史世用は、同年七月に貿易港内之浦に到着。許儀後が義久とともに肥前名護屋《なごや》にいることを知ると、名護屋に潜入して許儀後に接触し、同伴した商人の張一学らは密《ひそ》かに秀吉の居城や動静を探ったという。

この時の史世用らの内偵をもとに翌年作成され、明朝廷に上申された「請計處倭酋疏」には、「義久らにははなはだ成功を憎み敗北を楽しむ気持ちがあるようだ。許予が思いを述べ答える間にも、またかすかに（明側に）誘う機会があった」と記していたという。一一月、義久は許予に硫黄二万斤を購入して帰国することを認め、福建軍門に宛てた文書などを託し、万暦二二年＝文禄三年（一五九四）正月、海商許予は帰国して福建軍門に日本の情報を伝えている。

さらに万暦二六年＝慶長三年（一五九八）四月、福建軍門金学曾《きんがくそ》は林震虩《りんしんげき》を貿易商人に仕立てて薩摩に派遣する。林震虩は今回も許儀後に接触して銀八〇〇両で買収し、島津家に対して豊臣政権から離脱するよう説得させた。許儀後はみずから慶尚道《キョンサンド》泗川に渡海し、義弘に対し明が薩摩経由で日本に侵攻する計画であることを伝え、朝鮮からの撤退を説得したという。この時、前出の郭国安も朝鮮におり、同年一〇月一三日には泗川の戦い後の和平交渉に通詞として関与していた。一六〇六年成立の諸葛元声《しょかつげんせい》著『両朝平攘録《りょうちょうへいじょうろく》』によると、郭国安は交渉成立後に人質となった明将茅国科に対し、秀吉の死を密かに告げ日本軍を討つ好機であると伝え、その後の明軍による順天小西行長勢攻撃に繋がったという。

義久配下の帰化明人が、義久の許可無く朝鮮と日本を行き来していたとは思えない。義久が黙認するなか、情報収集と朝鮮派遣明軍との和平交渉に関与したとみるべきである。義久がこれを容認したのは、明との交易を福建軍門承認のもとおこなうためであろう。

慶長四年三月、明福建の金軍門は使者船を薩摩に派遣するが、海賊の妨害によって果たせなかった。しかし、この時生き残った「唐人」の一人は慶長四年八月頃、伏見の義弘のもとを訪れ、海賊によって奪われた船が天草牛深《あまくさうしぶか》（熊本県天草市牛深町《うしぶかまち》）に停泊していることを伝え、その船と海賊の頭領を引き渡して欲しいと要求している。さらに、海賊を厳しく取り締まることを福建軍門に約束すれば、来年から問題なく「商買之通用」が出来ると述べたようであり、義弘はこれを徳川家康に報告している（『旧記後』三─八六七）。

義弘・忠恒父子によるルソン交易掌握

義弘が福建軍門の交易承認の件を徳川家康に伝えたのは、ルソン交易が関わっていたとみられる。当時ルソン交易によってもたらされるルソン壺《つぼ》は日本国内で珍重され高値で取り引きされていたため、豊臣政権はルソン壺輸入を統制下に置こうとしていた。慶長四年（一五九九）七月、伏見の義弘は国元の忠恒に書状を送り、長崎奉行を兼務していた寺沢正成がルソン壺密輸を厳しく取り締まっていることを伝え、島津領内の甑島《こしきしま》に来航した船にルソン壺がないか糾明するよう命じている。それとともに、義弘はみずからもルソン交易に乗り出そうとしていた。同年九月、義弘は寺沢正成にルソン交易の「墨付」を求めたが、家康から許可を得て寺沢自身が交易することになったと断られている。

徳永和喜《とくながかずのぶ》氏や清水有子《しみずゆうこ》氏の研究によると、義弘・忠恒は関ヶ原の戦い直前に、配下の商人大迫《おおさこ》氏にルソンへの渡航とルソン壺輸入を命じ、長崎のイエズス会司教ルイス・セルケイラに対して、マニラへの紹介状執筆を依頼している。清水有子氏は関ヶ原の戦いで徳川家康との対立が続くなか、義弘がルソン交易を独占していたとするが、こうした東南アジア方面との交易にあたっては、海商・廻船衆を庇護するとともに、配下に帰化明人コミュニティーをもつ義久とのバッティングが想定される。義久の庇護下にあった伊丹屋助四郎が慶長六年九月に忠恒から処刑されたのも、こうした両者の貿易利権をめぐる対立の結果ではないだろうか。

慶長八年六月七日、義弘側近伊勢貞成は、本田親貞（元親）・五代右京入道《ごだいうきょうにゅうどう》に対し「唐船着津ニ付被　仰出条々」を出している。鹿児島（忠恒）・富隈（義久）・帖佐（義弘）の三方から「御用物」以外の物資を差し押さえることの禁止、押し買いの禁止、唐人に対する地下《じげ》人《にん》の喧嘩《けんか》・口論の禁止などを通達している。宛先の本田・五代の両名はこの頃「唐船奉行《とうせんぶぎょう》」に任じられたとされ、冒頭の規定からうかがえるように、義久が庇護していた特権商人らが恣意《しい》的に「唐船」の積荷を差し押さえることを禁じ、藩の役人たる「唐船奉行」の統制下におこうとしたものであろう。

三、琉球侵攻

琉球王国への対応―「来聘問題」の勃発―

慶長七年（一六〇二）九月七日を最後に義久発給の「琉球渡海朱印状」が見られなくなり、義久の渡海許可権が失われた可能性を指摘した。しかし、長年琉球との外交交渉は、帰化明人を配下にもつ義久が牛耳っており、その権限を忠恒が奪取することはなかなか困難であった。

その慶長七年冬、奥州の伊達政宗領に琉球船が漂着し、翌慶長八年春、乗組員の琉球への送還が島津家に命じられた。ちょうど忠恒が徳川家康への拝謁を終えて帰国し、家康が征夷大将軍に任じられた頃である。かつて豊臣秀吉が島津家を通じて「綾船《あやぶね》」派遣を琉球側に求めたのと同様、征夷大将軍となった家康は琉球に対して服属儀礼としての遣使を求めたのである。紙屋敦之《かみやのぶゆき》氏は「一六世紀半ばに断絶したままになっている日明国交の復活を中国＝明の朝貢国である琉球に交渉させるため、琉球を幕府に従属させる意図があった」と推測している。

発給時期ははっきりしないものの、義久は琉球国王に対して書状を送り、送還に至った事情を記すとともに、徳川家康の「博愛之恩恵」に対し謝礼使を派遣するよう求めている。恐らく、忠恒帰国後まもない頃であろう。やはりこの時期に至っても、対琉球外交の主導権は義久の手にあった。ところが、琉球国王尚寧《しょうねい》（一五六四〜一六二〇）は遣使を拒否したようである。これを研究者は「来聘《らいへい》問題」とよんでおり、島津家による琉球侵攻の出発点と位置づけられている。

これに対し義久は、慶長九年二月、再度尚寧王に対し書状を送り、家康に対していまも御礼がないのは「多罪多罪」と非難した上で、今年の夏から初秋に使者を派遣するよう求めている。さらに新たに肥前平戸《ひらど》（長崎県平戸市）に漂着した琉球船についても、松浦《まつら》家と島津家の連携により送還しようとしたところ、船主が無断で帰国して島津家は面目を失ったとし、甑島に漂着した琉球人一二人の送還ついでにこの書状を送ったという。末尾には「この上まだ島津家を疑いあなどるのならば、旧約に背いたのはあなたの国だということになる」と脅している（『島津』二―一一一九）。相手に〝非法〟を重ねさせ、こちらに〝理〟＝正当性があるように持っていくという、島津家得意の外交戦術である。

それでも動かなかった琉球王国に対して義久は、約束の初秋＝九月、再度書状を送る。従来の主張を繰り返した上で島津家を蔑《さげす》んでいるのかと批判し、琉球側の侮蔑《ぶべつ》的対応に黙っていられず、新当主の忠恒が若さにまかせて〝短慮の企て〟を図るに至った。これを私が「往古之約盟」＝昔からの友好関係があることから色々と「助言」をして押さえ込んでいると記している。「短慮之企」とは明言していないが武力行使であろう。義久はこのように、戦国期以来の〝お家芸〟である心理的圧迫で琉球側に服属を迫るという、回りくどい外交戦術をとった。

義久の大病と義弘・忠恒の「大島入り」決断

慶長九年（一六〇四）四月ごろ、忠恒は阿久根から海路で上洛の途に就き、六月に上洛すると徳川家康に拝謁し、「陸奥守」に任じられる。島津奥州家代々の官途であり、忠恒の祖父貴久は、修理大夫《しゅりのだいぶ》から陸奥守に官途を変えている。史料上確認できないが、恐らくこの時、琉球からの「来聘問題」についても解決を命じられたはずであり、忠恒は琉球との外交権がいまだ義久の手にあったことを伝えたであろう。

実はこの時、義久は忠恒が上洛の途についた直後の四月末ごろに腫物《はれもの》を患い、六月には重症化していた。これにより忠恒は急遽帰途につき、七月一九日には帰国しているが、その頃には義久の病状は回復していた。義久は山口直友に書状を送り、忠恒の陸奥守任官に感謝の意を表するとともに、病気は回復しつつあるが、腰が一切立たず、他力がないと寝起きもできないと説明している。義久が忠恒の軍事力行使を臭わせる書状を琉球国王に送ったのは、回復直後のことである。

忠恒の帰国に際し、幕府は来年二月に徳川秀忠が将軍宣下を受けるため上洛することを伝え、必ず忠恒も上京するよう命じていたが、一二月になると、来春義久が上洛するなら忠恒の上洛は必要ないと伝えている。なぜ急に幕府は義久の上洛を求めたのか。これは琉球からの「来聘問題」解決を、配下に帰化明人コミュニティーをもつ義久独自の外交ルートに求めたのではないだろうか。これに対し義久と忠恒は、一二月一八日に伏見在番となった老中榫山久高に書状を送り、義久は老衰しており暖かくならないと出立は難しいので、三、四月頃の上洛になる。そうなると新将軍となる徳川秀忠への挨拶が延引し公儀への無沙汰《ぶさた》となるので、まず忠恒が上洛して、義久はゆっくり上洛するのがいいだろうと、山口直友に打診するよう命じている。年が明けて慶長一〇年となっても、幕府側は義久の上洛にこだわる。二月一九日には徳川家康が江戸から伏見に入り、同月二二日にも山口直友は義久に書状を出し、急ぎ上洛するよう求めている。

義久はこの時期に至っても幕府を疑っている。正月一〇日、義久は隠密の書状を伏見在番榫山久高に送り、三月には必ず上洛する覚悟だが、京周辺で義弘の身上について取り沙汰は無いか、もしそうしたことがあったら面倒なことになるので、自分の上京はいかがなものかと思うと伝え、幕府の意向を探るよう命じている。義久は自分を人質にとって義弘を処分するつもりではないかと邪推したようである。

結局、義久は体調を理由に上洛していない。四月に義久は山口直友に対して老衰による病気進行で上洛出来ないと回答し、名護屋在陣中以来の徳川家康の「御懇意」は忘れておらず、今後は忠恒に対して「一筋尊慮」を加えて欲しいと求めている。幕府に対する事実上の隠居宣言であろう。前年一二月には、居城を錦江《きんこう》湾水運に直結する富隈城から、若干内陸部に位置する国府《こくぶ》舞鶴《まいづる》城（鹿児島県霧島市国分中央）に移しており、大病を経たことで、領国経営から離れるつもりだったのではないだろうか。

同年三月末、急遽義久の代わりに忠恒が上洛の途に就いている。四月二八日、忠恒は新将軍秀忠のお供で参内しており、これ以後家康は「大御所」として記録されている。六月に忠恒の人質として、義弘長女御屋地《おやぢ》と島津豊州家朝久《ともひさ》の間に生まれた娘、つまり忠恒の姪《めい》が上洛し、入れ替わりで七月末に忠恒は帰国した。

忠恒の帰国とほぼ同時に、島津家としては懸念すべき事態が生じる。慶長一〇年七月二八日、幕府年寄本多正純は平戸藩主松浦鎮信《しげのぶ》・長崎奉行小笠原一庵《おがさわらいちあん》に対し、琉球側が謝礼使を派遣しないことは遺憾であるとの家康の意向を、漂流民送還にあわせて伝えるよう命じた。八月一五日、松浦鎮信はこれを忠恒の老中に伝え、「御分別」＝来聘問題の解決を求めたのである。紙屋敦之氏は、幕府の松浦家への指示により「対琉球関係の窓口を多様化させる可能性」が生じ、「島津氏の対琉球関係の独占体制を崩壊させかねない危険性」が出てきたため、忠恒は義久の反対論を抑えて、「琉球に軍事的圧力をかけて来聘問題を一挙に解決する」方針に転じたとする。

八月一九日、山口直友は義弘に書状を送っている（『旧記後』四―九七）。これより先に「来聘問題」について唐船奉行本田親貞が上京して報告しており、それをふまえた返信である。山口は、家康への琉球からの使節が渡海しなければ、「御人数可被相渡由」つまり軍勢を派遣すると琉球側に何度も伝えて、それでも渡海しなければ、「被得御意御尤存候」つまり家康に出陣許可を要請するのはもっともだと記す。つまり、唐船奉行本田は、琉球からの使節が来ない場合、出陣する意向を山口に伝えたのであろう。ただ山口は、琉球に油断なく使者を派遣して決着をつけるのがよいと、まずは平和裡《り》に解決するようクギを刺している。松浦鎮信の書状が来る以前に、義弘・忠恒父子は、琉球王国領であった奄美《あまみ》群島の軍事制圧を目的とした「大島入り」を決断し、幕府にその意向を伝えたのであろう。

「大島入り」の談合と義弘のいらだち

慶長一一年（一六〇六）三月末ごろ「琉球大島渡海之御談合」が鹿児島で開催された。当主忠恒は前月から上洛しており鹿児島には不在で、そのためなのか義久・義弘が談合出席を求められたようである。四月二日付で義弘は、この時の談合の様子を忠恒に伝えて憤慨している（『旧記後』四―一八四）。談合がおこなわれた三日間のうち二日間は、義久は談義所＝大乗院《だいじよういん》（鹿児島市稲荷町）や南林寺《なんりんじ》（鹿児島市南林寺町）に招かれており、談合衆のうち川上久隅《ひさずみ》・伊集院宮内少輔《くないしょう》・川上久国《ひさくに》・村田経永《むらたつねなが》、そのほか喜入忠続《ただつぐ》・新納忠元・伊集院久治といった老臣たちも同行し、談義所には義弘も同行していた。つまり、談合には主要メンバーが一日しか同席していなかったことになる。しかも談合衆は、「八ツ時」＝午後二時頃出仕して日没前には退出しており、談合は「はかゆきかね」＝まともにおこなわれず「笑止成躰」＝遺憾な状態であったと報告している。義弘がこうした不真面目な重臣談合に憤慨しているのは確かであろう。

紙屋敦之氏は、この書状をもとに「談合衆の大方が大島侵略の談合に消極的な姿勢」であり、「特に義久が大島侵略の談合をボイコットする動きの先頭に立っていた」と指摘し、島津家中が〝出兵積極派〟の義弘・忠恒と〝出兵反対派〟の義久で分裂していたと分析している。文禄・慶長の役と同様に軍役負担に不満、あるいは消極的な重臣がいたことは確かであり、談合衆四人が義久に同行して談合を欠席したのは問題だろうが、この書状から家中の分裂を読み取るのはうがち過ぎである。

後述のように、この時期義久の体調は万全ではなく歩くのもやっとであり、歯も抜けてしゃべるのにも不自由していた。談合に長時間出席できるような状態ではない。そもそも義久が当主の頃、こうした重臣談合に義久が臨席することがほぼ無かったことは、第一部を読み返していただければお分かりであろう。もし義久に不満があったとすれば、三日間も談合に引きずり出されたことである。義久の時代なら、談合は重臣達に任せて結論だけを報告させていた。その間、寺に参詣《さんけい》するのは何の問題もないのである。結論を出せなかったのは、談合衆とそれに諮問した忠恒の責任である。

義久が義弘のように、わざわざ不満を忠恒に対して直接ぶちまけないのは、〝隠居〟として口を出さないという立場をとったからであろう。義久自身が忠恒の「大島入り」にはっきり反対したことを示す史料は現存しない。義久が積極的に義弘・忠恒の琉球に対する軍事行使を妨害したとは思えないが、既述のように義久のもとには、「華人の海商ネットワーク」とつながる帰化明人コミュニティーが存在した。こうしたルートで外交的解決を模索する動きがあっても不思議ではなく、実際幕府側は後述のように武力行使は最終手段で、できるだけ平和裡に「来聘問題」を解決するよう求めている。

一方、この頃の義弘は忠恒の家中統制や家中の緩みに強い危機感を覚えていた。義久のように達観できておらず、まだまだ忠恒の統治に介入する気満々であった。

忠恒が上洛の途に就く直前の二月一一日、義弘は忠恒に長文の書状を送って恒例の説諭をしている（『旧記後』四—一六七）。幕府から命じられた石船＝江戸城改築の石材輸送船調達が進んでいないことを指摘し、「島津家はここまで二〇代続くが、お前で終わるのではないかと思う」と危機感を伝え、忠恒の姿勢を批判する。前年の上洛時、城＝二条《にじょう》城もしくは伏見城で諸大名と能を鑑賞したとき、忠恒が能に「心をうつし」、座ったまま「仕舞い」をまねていたのを諸大名に見られていた。後日「忠恒殿はよほど能好きなのだろう」と噂されていることを、義弘は「油断にて御取乱」と非難する。そんな息子の大名にあるまじき姿を聞いて、能に興味の無い義弘は理解できなかったのである。さらに義弘は、石船の建造で家中全体が忙しい時に、忠恒が遊興ばかりなので誰も政務に力を入れなくなったのだと批判した上で、諸事奉行任せにせず、あらゆる事象を直接現場に指示するよう求めている。

これ以外にも説諭は多岐にわたり、この書状案をわざわざ老中比志島国貞と伊勢貞昌にも送り、忠恒を補佐する者たちにも注意を促している。四月二日付書状も、前半は島津家中の軍役緩怠への苦言であり、義弘・忠恒父子の認識の違いこそこの時期の特徴であろう。

「大島入り」の目的—知行再編問題—

島津氏による「大島入り」計画の目的は、既述のように「来聘問題」を解決すべく、琉球王国側に軍事的圧力を加えることにあったが、途中から別の目的が加わる。島津家の知行再編問題である。

慶長九年（一六〇四）八月、徳川家康は諸大名に、村ごとの田畠の高を書き付けた郷帳と国絵図を作成し提出することを命じる。二年後の慶長一一年五月一日、上京中の忠恒宛義弘書状によると、郷帳と国絵図作成は鹿児島の忠恒家臣に命じられたが遅々として進んでおらず、しかもその過程で一一万八〇〇〇石の「かくれ知行」が発覚したという（『旧記後』四―二〇四）。「大島入り」で「銀子百貫目程」が必要と試算されるなか、これほどの「かくれ知行」を放置することはできないはずだが、だれも糾明しようとしないと忠恒に怒りをぶつけている。

そもそも「かくれ知行」とは何だろうか。慶長四年（一五九九）の「知行割付之事」によると、島津領の総石高は約六二万石であり、このうち給人分合計は三二万七〇〇〇石ほどであった。既述のとおり、同年二月に義久から家督を譲られた忠恒は、加増され留保された領知を太閤検地により減知となった家臣達に徐々に宛行っている。郷帳作成過程でこうした家中の知行地をおそらく指出《さしだし》によって積算していったところ、帳簿上の給人領とのあいだに一一万八〇〇〇石の誤差が生じたのであろう。つまり家中のなかに、知行高をごまかして報告したものがいたのであり、それを「かくれ知行」と表現したのであろう。島津家中枢は、家中の知行地をしっかり把握できていなかったことが明るみに出たのである。

これも既述のように、庄内の乱勃発後の慶長四年五月の段階で、三殿の蔵入地二〇万石のうち七〜八万石は荒廃しており、島津家の財源不足はずっと続いていた。さらに、慶長一〇年（一六〇五）七月、新将軍徳川秀忠は、忠恒に明年の江戸城改修のため石材輸送用の大船三〇〇艘の建造を命じていた。これは翌年六月の段階でも完成に至っていない。「大島入り」談合の不調を伝えた同年四月一日付義弘書状によると、忠恒の上洛と石材輸送船建造費用のため家中から「出物」＝知行高に応じた出銭が命じられたようだが、五〇人ほどの「未進衆」と刀や知行地を売り払ってまで出銭したものとの間で対立が生じている。この時期の家中の対立は、大島出兵派と慎重派の対立というより、軍役の負担を含む不公平感による対立と考えるべきである。経済的に困窮していた家中の一部は、これ以上の軍役負担に耐えられず、出兵を忌避していたのであろう。忠恒としては、こうした家中の知行・軍役負担に対する不満と島津家の財政悪化、ふたつの問題を解決する必要があり、その方策が「大島入り」の実現であった。

慶長一一年六月六日、上洛中の忠恒は、国元の老中島津忠長・樺山久高に対して書状を送り、「大島入り」をこの年秋に必ず実施すると宣言している。この時点で過分に金がかかり上下ともに疲弊して「大島入り」が準備出来ないとなると、後年まで疲弊は続く。国家のことを思い大変でもここで念を入れるべきだと、渡海衆を説得するよう命じている。「大島入り」による支配領域拡大と後述する家中の軍役高確定が、諸問題解決の唯一の方策と考えていたようである。

「大島入り」から「琉球入り」へ

その直後の慶長一一年（一六〇六）六月一七日、忠恒は徳川家康から偏諱《へんき》を賜り「家久」と改名するが、本書では混乱をさけるべく最後まで「忠恒」と表記する。『寛政重修諸家《かんせいちょうしゅうしょか》譜《ふ》』によると、この偏諱拝領と同時に、忠恒は琉球国の「征伐」の許可を求めて、これを許されたとする。同時代史料で、この日に幕府から「琉球入り」の許可が出たと記したものはなく、直前に「大島入り」を国元に指示していた忠恒が急に家康に琉球侵攻を申請するのも不可解である。実際どの段階で忠恒が幕府から許可を得たのか、「大島入り」を「琉球入り」に変更したのか、はっきりしない。

忠恒は幕府から許可を得ることで家中の反対を押し切りたかったのであろうが、家中の対応は進まず「大島入り」はなかなか実現しなかった。この年六月二日、琉球国王尚寧が何度も申請していた、冊封使《さくほうし》＝国王に任じるための明皇帝の使者がようやく那覇《なは》に到着したのである。これにあわせて、島津領からは多くの商船が明からの下賜品目当てに琉球へ向かったようであり、九月二日付で忠恒は山口直友に報告している。「大島入り」が幕府から許可されたのは、あくまでも「来聘問題」を解決し、琉球経由で明との国交を回復することが目的だったからである。明からの使者が琉球に来ている間に軍事行動に踏みきることはできなかったであろう。

一一月一九日の忠恒から義弘への書状には、来年の駿府《すんぷ》城（家康の居城、静岡県静岡市）築城の普請衆リストが届いたことが見え、島津家は「琉球仕置につき」赦免＝免除されたと伝えている。翌年の琉球侵攻を幕府は了承しており、しかも「大島」ではなく「琉球」と明記されている。これ以前に侵攻先は大島から琉球本島へと変更されていたようである。

なお、冊封使夏子陽《かしよう》は琉球にて、茅国科を明に送還した薩摩の海商鳥原宗安への接見をもとめたという。そこで琉球側は薩摩に使者を派遣して、夏子陽の要求を伝えるとともに、ようやく忠恒の家督継承を祝賀した。これに対し島津側は、九月に忠恒から夏子陽に「呈大明天使書」、義久から尚寧に「呈琉球国王書」を正興寺の文之玄昌に起草させた。前者は島津領内への明商船の来航を求めたもので、後者は「来聘問題」への未対応を責めて来年も怠れば安全は保障できないと恫喝《どうかつ》している。その一方で、家康は琉球を介した明との中継貿易を望んでいると伝えており、幕府が望む外交による問題解決も図ろうとしている。

さらにこの年九月、倭船数隻が那覇に来航して夏子陽への謁見を求めており、上里隆史氏はこれを海商鳥原宗安と推測し、外交折衝がおこなわれたとみている。夏子陽は一〇月二〇日に那覇港を発ち帰国した。残念ながら島津側と夏子陽との交渉は不調に終わったようである。

一連の島津側からの働きかけは、忠恒と義久どちらが主導していたか不明である。ただ、琉球国王宛が義久の名義でおこなわれており、使者を海商鳥原宗安が務めていることは、琉球への交渉主体としていまだ義久名義の方が有効と考えていたことは確かであろう。

一方、琉球側は「呈琉球国王書」をうけ、日明貿易の仲介に乗り出し、危機を回避しようとした。万暦三五年＝慶長一二年（一六〇七）一〇月、冊封をうけて明に派遣された謝恩使＝冊封に対する御礼の使者は、冊封使夏子陽らに対して、文引《ぶんいん》制という渡航証明書に基づく明の民間商船による琉球との貿易、もしくは琉球が勘合を発行して明の商船と貿易することを申請した。これにより、日明貿易を琉球が仲介しようとしたのであるが、夏子陽は断固として通商を拒否したという。これにより琉球側の交渉は頓挫《とんざ》したのであり、上里隆史氏は「琉球が屈しないかたちで戦争を回避できる唯一のチャンス」を失ったと指摘している。

琉球侵攻の思惑

島津側はいったん慶長一二年（一六〇七）の琉球侵攻を決定し、幕府からもその許可を得ていたが、冊封使の琉球来訪を契機とした外交交渉開始によりしばらく状況を見守っていたとみられる。また、同年二月一日に義弘の愛妻で忠恒の母でもある宰相が亡くなっている。さらに六月からは、忠恒が駿府城普請の指揮を執るため上京しており、琉球侵攻はなかなか実施に至らなかった。

翌慶長一三年（一六〇八）八月一九日、山口直友は忠恒に書状を送り、伏見城から完成した駿府城に移ることを伝えると同時に、琉球の「来聘問題」について言及している。この件がいまだ解決しないため、駿府の家康から催促されており、島津家から使者を派遣し、琉球側から家康に謝礼使を派遣しないならば軍勢を派遣すると脅すよう、再度求めている。ただ、軍勢催促はおこなってもあくまでも外交による説得が「専一」であり、軍勢派遣前に「来聘問題」を解決させることを望んでいる。幕府としては島津家の軍勢派遣は、「来聘問題」解決のための手段にすぎず、できれば平和裡に解決することを望んでいたのである。

一方島津家、とくに忠恒にとって琉球侵攻は、「来聘問題」を解決する以上の狙いがあった。慢性的財政悪化と家中にくすぶる知行・軍役問題を、この軍事行動によって一挙に解決しようとしたからである。それに加えて、忠恒には大きな狙いがあったと考える。

文禄三年（一五九四）六月、義久三女亀寿との婚姻により家督継承者に決定して以降、そして慶長四年（一五九九）二月に義久から家督を譲られて以降も、忠恒はみずからが決断・主導した軍事行動で明確な勝利を得たことが一度もなかった。慶長の役の指揮は父義弘がとっており、忠恒は一大将として参戦したに過ぎない。庄内の乱はみずからが招いた戦いであったが、何度も苦戦を強いられて義久・義弘から苦言を呈されたあげく、徳川家康の仲介により和睦している。関ヶ原の戦いも島津領外縁部で合戦があったが、義久から指揮を執ることを禁じられている。伊集院忠真一族の粛清は単なるだまし討ちである。天正年間に数々の戦いで勝利を収めた義久・義弘と忠恒の違いはここにある。

「三殿」のなかで義久・義弘に比べて忠恒の求心力が弱いのは、秀吉政権や江戸幕府による承認の問題というより、みずからが主導する軍事行動で家中を納得させるような勝利を収めていないことにあろう。忠恒はみずからが企画・立案した琉球侵攻で完全なる勝利を収め、指揮官として家中の信頼を獲得したかったのであろう。

慶長一三年九月五日、平和的解決を望んでいた山口直友も、「軍勢催促をおこない、琉球に派遣する準備をすることに賛成する」と、派兵準備にゴーサインを出すに至る（『旧記後』四―四九三）。翌九月六日、忠恒は「琉球渡海之軍衆御法度之条々」を作成し、これを義久・義弘に示して同意を求めたようである（『旧記後』四―四九四）。この法度は陣中における喧嘩口論の禁止や、出陣の際の兵糧、鉄砲・弓や鍬など工作用具の数を規定するほか、軍役人数の規定が注目される。

島津領総石高約六二万石のうち、家臣らの給地四〇万二一八〇石余を軍役賦課対象とする。

琉球渡海衆＝実際に出陣する家臣の知行高を七万五〇〇〇石として、一〇〇石につき二人役、一五〇〇人を動員する。在国衆＝留守番の家臣は知行高を三二万七〇〇〇石として、一石につき三分三里の「出銀」を命じ、総額銀一〇七貫九〇〇目と算出している。なお、出銀のうち、九三貫三四〇目（約八七パーセント）は伏見番衆・駿河質人《しちにん》の必要経費として使用することが記されており、島津家の財政不足を補う目的があった。

これを全家中に賦課することで出陣に必要な軍勢と費用を捻出した。それと同時に、実際に出してきた軍勢・出銀で各家臣の知行高を把握・確定し、一一万八〇〇〇石におよんだ「かくれ知行」をあぶりだそうとしたと、紙屋敦之氏は指摘している。この時把握した知行高をもとに、慶長一六年（一六一一）九月以降「慶長内検」とよばれる惣検地を実施し、「御支配」＝家中への領知再配当が実施されるのだが、それはまた別の話。琉球侵攻は忠恒にとって、うまくいけば一石三鳥の効果があったのである。

同年一二月、忠恒は駿府の徳川家康に出陣の許可申請をしたようであり、一二月三〇日、駿府の山口直友は家康に披露して了承を得られたことを伝える一方、いつ渡海＝出陣するのか、もう一度使者を派遣して家康の承認を得るよう求めている。幕閣は実際の出兵には慎重であったが、幕府とは異なる思惑のあった忠恒は出陣に突き進んでいく。

琉球侵攻軍の構成

慶長一四年（一六〇九）二月二六日、忠恒・義弘・義久が連署して「琉球渡海之軍衆法度之条々」が改めて発布される。こちらは前年九月のものとは異なり軍役規定についての記述はなく、文字どおり出陣中の禁止事項を列挙したものである。三名が連署しているのは琉球渡海衆が、鹿児島・加治木・国府、つまり忠恒・義弘・義久の直臣たちの混成軍だったからである。この点、文禄・慶長の役の頃から変わっていない。なお、慶長一三年一一月一三日、義弘は居城を平松から終《つい》の棲家《すみか》となる加治木屋形（鹿児島県始良市加治木町仮屋町《かりやまち》）に移している。

義久が琉球侵攻に慎重だった、あるいは反対していたとの主張があるが、この法度に連署しているということは、少なくともこの時点で義久は出陣に賛同している。それどころか、琉球への渡海前日に義久は忠恒に書状を送り、渡海衆が琉球人を侮っているのではないかと危惧し、注意を促している。琉球渡海衆は大将を含めて若い世代に代替わりしており、庄内の乱での軽率な戦い振りが義久の頭をよぎったのであろう。

琉球渡海衆の大将は老中樺山久高が任命され、副将には島津家譜代の重臣である平田増宗が任じられた。渡海衆の構成は上原兼善《うえはらけんぜん》氏や桐野作人氏が整理している。鹿児島・加治木・国府に属する「三殿」の直臣のほか、独立した領主である一所持《いっしょもち》（国衆・御一家《ごいっか》）からも、薩摩喜入領主肝付兼篤《かねあつ》が兵八五、日向都城領主北郷忠能《ただよし》の名代北郷久武《ひさたけ》が兵一二〇、種子島久時の名代種子島六郎右衛門《ろくろうえもん》が兵数十人を率いて従軍している。大将の樺山、副将の平田も独立した所領を有する一所持であった。さらにトカラ七島衆が船頭ら二五〇人で先導しており、これ以外に陣僧・山伏、御道具衆、大工も加わっている。前出の「琉球渡海之軍衆御法度之条々」によると動員数は一五〇〇であったが、「琉球入ノ記」などによると実際は兵三〇〇〇ほどが集まったようである。兵が倍増したのは、渡海衆がそれぞれ軍役規定以上の兵を率いたことに加え、文禄・慶長の役や関ヶ原の戦いの時と同様、恩賞を求めて志願兵がかなり加わったためと考えられている。

琉球渡海衆の確執は事実か？

紙屋敦之氏は、近世末成立の『本藩人物誌』の記述を根拠として副将平田増宗を義久の老中とし、出兵推進派の義弘・忠恒の代表が大将樺山久高で、慎重派の義久の代表である副将平田との対立・確執が渡海衆に内在したと指摘した。しかし、既述のように義久が出陣に反対したことを示す史料はなく、平田増宗はそもそも義久の老中ではなく、義久直臣の国府衆でもない。義久は自身の老中に知行宛行状を発給させており、慶長一三年一二月二四日付のものは、平田宗親《むねちか》・山田有信（理安）・喜入久正が連署している。増宗の弟宗親は確かに義久の老中だったようであるが、平田増宗自身が署判したものは一通も確認できない。

文禄・慶長の役で平田増宗は樺山久高とともに島津久保直臣であったが、久保没後は忠恒直臣となり、忠恒が家督を継ぐと老中に抜擢《ばってき》されている。しかし前節で記したように、慶長七年六月頃に生じた「忠恒にかわって義久の外孫島津又四郎忠仍を新たな当主に擁立する」という陰謀への関与を疑われ、老中を罷免されている。あわせて増宗の長男は伊集院忠真とともに殺害されており、忠恒への恨みがあったとされる。さらに琉球への出陣に際し、渡海衆が総大将樺山久高に敬意を払わなかったとの近世中期以降成立の説話をもとに、忠恒派の樺山と義久派の平田の対立を類推する向きもある。

しかし、これらの説は後年忠恒が平田増宗を粛清したことを正当化するため、この時期に対立の萌芽があったように偽装したものであろう。平田増宗が副将となったのは、譜代家臣筆頭の平田氏が従軍する以上、当然の処遇だったであろう。

琉球侵攻の実行

慶長一四年（一六〇九）三月四日、琉球渡海衆三〇〇〇は忠恒・義弘に見送られ、八〇艘の船に分乗して薩摩山川湊（鹿児島県指宿市山川）から出航していった。この琉球侵攻そのものは、忠恒指揮下の樺山久高・平田増宗によるものであり、本書の記述対象ではない。先行研究により、その経過だけを述べておきたい。三月一六日までに奄美大島をほぼ無傷で制圧し、同月一八日には徳之島《とくのしま》で戦闘となったが、琉球勢一〇〇〇を島津勢三〇〇ほどが圧倒的な鉄砲により撃破し、同月二二日までに同島は制圧されている。翌日には無傷で沖永良部島《おきのえらぶじま》を制圧し、いよいよ沖縄本島に迫った。

三月二五日、島津勢は古宇利島《こうりじま》（沖縄県国頭《くにがみ》郡今帰仁村《なきじんそん》古宇利）に到達し、二七日に今帰仁グスク（同村今泊《いまどまり》）を制圧している。その直前には、琉球王府から講和使節団が派遣されており、今帰仁で陣僧の大慈寺龍雲《だいじじりゅううん》が対応しているが、交渉は那覇でおこなうとして門前払いにあっている。三月二九日、大湾《おおわん》（同県中頭《なかがみ》郡読谷村渡具知《よみたんそんとぐち》）に再上陸した島津勢は海陸から那覇に迫った。四月一日、那覇港に突入した七島衆の軍船は三司官謝名親方（鄭迵）率いる精鋭に撃退されたが、陸路を進んで南下した島津勢は足軽衆が勝手に首里《しゅり》に攻め寄せた。四月一日に防衛線である太平橋《たいへいきょう》（同県那覇市首里平良町《たいらちょう》）を突破し、夕方には王府の首里城（同市首里金城町《きんじょうちょう》）を包囲するに至る。四月四日、尚寧王は降伏して首里城から下城した。山川湊を出港してわずか一か月で島津勢は目的を達成したのである。島津勢の戦死者は雑兵二〇〇程度、武将の戦死者は、梅北照存坊《しょうそんぼう》と七島衆の小松彦九郎《こまつひこくろう》の二人のみだったという。

四月五日に首里城を接収した島津勢は、城内の宝物を点検すると船積みし、尚寧王、三司官の謝名親方・浦添《うらそえ》親方を連行して、五月一五日に那覇港から帰国の途に就いた。島津勢は五月二五日までに山川湊に戻っている。六月二六日に忠恒は尚寧王を引見し、八月四日には国府で義久が引見している。島津勢の帰還前に首里制圧の報告をうけた島津家では、五月二一日に義久が山口直友に、五月二六日に義弘が山口直友・本多正純に勝利を報告している。この情報は七月初めには江戸まで伝わり、七月五日、将軍徳川秀忠は忠恒・義久・義弘それぞれに対して朱印状を送り、「誠以稀有之次第」＝めったにない勝利、「尤無双之仕合」＝比べるもののない見事な勝利と賞賛している。そして七月七日、大御所家康は忠恒に対し琉球制圧を賞して、「彼国進候条、弥仕置等可被申付候也」（琉球国を与えるので、支配を命じる）と、島津家による琉球支配を承認している。

翌慶長一五年（一六一〇）五月一六日、尚寧王を連れて忠恒は鹿児島を発ち、八月八日には駿府城にて大御所家康に拝謁させ、八月二八日には江戸城に登城し将軍秀忠に拝謁させている。琉球から連行した尚寧王を同行しての駿府・江戸出府は、忠恒が琉球を制圧したことを視覚的にもアピールし、大いに面目を施したことであろう。

平田増宗の暗殺

忠恒が上京途上の慶長一五年六月一九日、琉球侵攻軍の副将だった平田増宗が、地頭を務める清敷《きよしき》（鹿児島県薩摩川内市入来町《いりきちょう》）から所領の郡山《こおりやま》（同県鹿児島市）に向かう途上、暗殺される。殺害を命じたのは忠恒とみられるが、平田死亡の情報を伏見で知った忠恒は、七月七日に義弘に、同月一三日に義久に対して書状を送り、平田の死について誰の仕業が糾明すべしとか、こうしたことは「国之緩」の故だなどと、白々しく記している。恐らく義久・義弘も忠恒の指示によるものと分かっていたであろうが、これを批判・糾弾するようなことはしていない。また、これから二年後の慶長一七年（一六一二）四月二六日、増宗の弟で義久の老中だった平田宗親が、島津忠仍の子菊袈裟《きくけさ》（久敏《ひさとし》、一六〇二〜二四）を擁立して謀叛をおこそうとしたとして一族と共に粛清されている。

紙屋敦之氏は、「家久（忠恒）に跡継ぎがいないのを好機に、反島津勢力は、平田増宗の下に結集し、義久の血筋の者を擁立して、大名島津氏と権力闘争を展開した」と結論づけるが、陰謀論を安易に肯定しすぎである。

義久の外孫である又四郎忠仍とその子を擁立して忠恒排除を狙ったとは、慶長七年（一六〇二）八月に伊集院忠真一族を粛清したときと全く同じ理由であり、その時も平田増宗は伊集院一族との連携を疑われている。その後忠恒は上洛して徳川家康から義久の後継として認められており、島津忠仍は島津家の人質として上洛している。そうした陰謀の芽は既に摘まれており、今更平田増宗が反旗を翻すとは思えない。伊集院氏に続き、あえて高禄の譜代家臣筆頭の平田氏を見せしめとして粛清することで、忠恒はみずからの権力掌握をほかの重臣達、そして二人の父に見せつけたのであろう。琉球侵攻の完遂と平田増宗の暗殺、平田一族粛清は、「三殿」体制の終焉と忠恒への権力集中を象徴する出来事であった。

四、義久・義弘の死

義久の老い・病気と老後の楽しみ

慶長五年（一六〇〇）、関ヶ原の戦い後から義久の書状に〝老い〟についての記述が増えていく。この時義久六八歳である。同年一二月以降、徳川方は義久の上洛、家康への釈明を繰り返し求めたが、その都度義久は病気と老衰を理由に断り続けている。先述のとおり慶長七年七月、義久は山口直友に釈明の書状を記したなかで「作病」＝仮病と噂されては「迷惑深重」と記している。義久の体調不良は事実であった。

義久は五〇歳を迎えた天正一〇年（一五八二）頃から「虫気《むしけ》」＝内臓疾患系の病をたびたび発症して重症化している。もともと体が丈夫な方ではなかったようである。それでも領国内外の寺社の祈禱と侍医許儀後の治療・投薬もあってか、豊臣政権下での度重なる京と国元の往復にも耐えてきた。

しかし老いには勝てず、慶長七年（一六〇二）三月、たびたび島津領にも来ていた上方の猿楽師渋谷対馬入道宛の義久書状には「唄《うた》は歯が欠けて上手く発声できなくなったので、近年止めてしまった。なんとも老いるとは悔しいものだ」と記されている。また、時期ははっきりしないが恐らくこの頃、島津忠恒は義久の側近に書状を送り、義久の「きあひ」＝気合いが入らないという症状に対し、「野川の遊びで疲れが出たのであろう。若い時とは異なり老体なので〝御慰み〟もあまり激しいとかえって気疲れとなる」との許儀後の診断を伝え、自重を促している（『旧記後』三―一七八二）。もう無理が利かない体になっていたのである。

慶長七年初夏＝四月には「腫物」を発症し、これが徐々に重症化してしまう。琉球の「来聘問題」が深刻化していた慶長九年五月、上洛中の忠恒に義弘は書状を送り、側近の鳥丸六《とりまるろく》右衛門《え》尉《もんのじょう》が義久の側に付き添い毎日膿《うみ》を吸い出していると記しており、腫物はかなり悪化していた。同月下旬には痛みが酷《ひど》くなり食事も取れなくなり、六月一九日、義弘は忠恒に至急帰国するよう命じている。義弘は義久の居城富隈城に泊まり込んでおり、危篤状態にあったとみられるが、侍医許儀後の治療もあって何とか持ち直している。これに対し恐らく徳川家康の配慮で、天正年間から島津氏一族もお世話になっている上方の名医祐乗坊《ゆうじょうぼう》が下向して義久の治療に当たった。慶長一〇年九月、義久は近衛家家司倉光主水佑に書状を送り、祐乗坊の治療のお陰で「快気」したと言いつつ、膝《ひざ》の痛みが続いており当分は腰が立たないので、趣味の乗馬や鷹《たか》狩りも出来なくなったと記している。

翌年二月一三日、義久は帰国した祐乗坊に書状を送り、自分の症状を伝えて服薬について相談している。一種の遠隔診療であろう。祐乗坊の調合してくれた薬のお陰で、気合いが軽くなって虫気もなく膝の痛みも改善されたとしながらも、夜な夜な「しハぶき」＝咳《せき》がおこり、「吐逆」＝嘔吐《おうと》で困って耐えがたいと、喘息《ぜんそく》のような症状を訴えている（『旧記後』四—一六六）。

こうして徐々に老いと体調悪化で政務から離れていった義久は、動物とのふれあいを楽しみとしていた。元々義久・義弘兄弟は動物好きである。義久自身は乗馬の達人であり、鷹狩りも嗜《たしな》んでいた。さらに上方では、義久・義弘兄弟は猫のブリーダーとしても知られている。慶長六年一二月二三日、義久は近衛前久家司の倉光主水佑の求めに応じて猫六匹を贈っている。前久の要請によるものであろう。さらに前久は、もらった猫を「新造かた」＝妻に取られたので義弘に対して自分用の猫を一疋《ぴき》欲しいと要求しており、娘たちには「一ヶ年龍伯（義久）より二、三疋参候」とあり、義久は何度か猫を近衛家に贈っていた（『旧記附』二—二七〇）。

晩年の義久が可愛がったのは鳩である。慶長一〇年五月二一日、義久は義弘に書状を送り、屋久島から取り寄せた鳩について熱く語っている（『旧記後』四—六三）。曰《いわ》く、鳩は必ず昼三度、夜三、四度ほど歌うのでおもしろい。夜も近くにおいて歌わせると「あひら敷こそ存候」＝かわいらしい。昨日は雨が強かったので、鳩を籠《かご》から出して外で歌わせたら、羽を伸ばして水浴びして面白がっているのを見て、「一段一段あひら敷こそ候つれ」＝より一層かわいらしかった、とのこと。最後に義弘に対し、是非お前も取り寄せて飼ってみるべきだと勧めている。この頃の義弘はまだまだ政務に未練があり、忠恒への説諭も続いている。そろそろお前も隠居して鳩でも飼って、忠恒への口出しを止めてはどうかと示唆したのではないだろうか。

義久の死とその影響

義久は慶長一六年（一六一一）正月前から虫気を発症していた。同月一一日頃から悪化し、同月一六日には「龍伯様御気色火急」と危篤状態になったようであり、義弘・忠恒が国府に駆けつけている。そして、正月二一日申刻《さるのこく》（午後四時頃）、義久は国府にて弟義弘、側室とみられる「一台」、三女亀寿らに見守られながら、七九歳で没した。法号は「貫明存忠庵主　妙谷寺殿」。辞世は次のように伝えられている。

世の中の米《よね》と水とをのみつくし　つくして後は天津大空

はっきりとした意味は分からないが、人生やり尽くしたという満足感は感じられる。義久死去の報告を受けた将軍徳川秀忠は、家臣揖斐与右衛門《いびよえもんのじょうまさかげ》尉政景を薩摩に派遣し、白銀一〇〇枚を下した。忠恒は義久の遺品として、藤原定家《ふじわらのていか》の色紙・宝刀（銘国次）・葉茶壺三品を秀忠に献上している。古今伝授を受けた文武に通じた武将らしい遺品である。二月二〇日には、側近ら一五名が殉死している。

義久の四十九日が過ぎると、義久没後の影響が出てくる。同年三月二七日、義久の外孫島津又四郎忠仍が、老中伊勢貞昌に起請文を呈している。一条目で忠恒に背かず奉公すること、二条目に忠恒への「悪心」＝不満を自国・他国で話さず、謀略に同心しないことを誓っている。さらに三条目では、義久が存命中、自分の進退について望みを伝えたことはなく、義久から示唆を受けたこともないとする。忠恒側は義久の生前、忠仍を擁立しようとの動きがあったと疑い続けていたのか、そうした陰謀論を持ち出して忠仍に圧力をかけようとしたのであろう。

忠仍の祖父以久は、佐土原藩主に収まっていたが、慶長一五年（一六一〇）四月九日に京都で没している。その時忠仍は佐土原にいたようであるが、徳川家康の継承指名を拒否し、以久の三男忠興《ただおき》が二代藩主になっている。四条目はこの件についてであり、佐土原藩継承を拒否したのは、高齢の義久のもとを離れたくない母＝義久二女新城が上洛を嫌がったので、それに同心したまでであり、特に子細があって拒否したわけではないと記している。忠恒側としては、以久没後忠仍が佐土原藩を継承し、支藩の藩主という地位に収まるのを望んでいたのであろう。そうすれば、男子のいない忠恒の跡を狙うといった陰謀に利用されることもなくなる。そうしておけば、忠仍一族のその後の不幸も防げていたのかもしれない。

亀寿の「隠居」と忠恒実子の誕生

忠恒の正室で義久の三女亀寿は、父が亡くなった時四一歳になっていた。一方忠恒は三六歳である。天保《てんぽう》六年（一八三五）成立の伊地知季安《いじちすえやす》著『家久公御養子御願一件』は、「御恩徳記」なる史料を典拠として、義久が没した翌年の慶長一七年（一六一二）秋、老中伊勢貞昌が徳川家康・秀忠に対して、忠恒にいまだ世継ぎが誕生しないことを理由に、秀忠二男国松《くにまつ》（のちの忠長《ただなが》、一六〇六〜三三）を養子に迎えたいと願い出たとする。しかし、これを取り次いだ本多正純は八月一七日付で書状を下し、「まだ忠恒は歳も若いので子供もできるであろうから、側室を迎えるように」と回答し、この要請を断った。これを受け、義弘が忠恒に「女房」＝側室を多く迎えるよう伝え、「鹿児島家老衆」の内談により「御簾中《ごれんちゅう》」＝亀寿は国分へ「御隠居」と決まったという。ようするに亀寿は子供が出来ないことを理由に事実上離縁となり、義久の居城だった国分舞鶴城に別居することになったのである。

忠恒が義久の血を引く島津忠仍やその子を過度に警戒していたのは、自分の嫡男がいまだ出来ず、自分の後継に彼らが擁立される可能性があり得たからである。その可能性を断った承めにも男子が必要であり、側室を迎えたかったのであろう。それでは亀寿本人そして義久旧臣の反発も考えられるので、徳川将軍家からの側室のススメというお墨付きを獲得したのである。

実際、忠恒は側室を迎え、慶長一七年一二月九日、忠恒と鎌田政重《まさしげ》娘との間に長男兵庫頭《ひょうごのかみ》が誕生している。ただ、この長男は二年三か月後の慶長二〇年三月一五日に夭折《ようせつ》している。ほかにも、慶長一九年八月五日には、相良長泰娘との間に三女が生まれている。同時に複数の側室を置いたようである。

こうした事態に亀寿はどう対応したのか。忠恒の娘米寿姫を室に迎えた薩摩喜入領主肝付兼屋《かねいえ》（一六一九～七五）の家譜「桃外院殿年譜雑伝」（『鹿児島県史料　旧記雑録拾遺家わけ二』所収）に興味深い記述がある。

亀寿の姉御平《おひら》の子島津薩州家忠清《ただきよ》（一五七一～一六二〇）は、兄忠辰の改易後小西行長預かりとなり、小西家家臣皆吉続能の娘カタリナ（一五七五～一六四九）を室としていた。二人の間に生まれた長女（一六〇〇～二五）が一三歳の時、すなわち慶長一七年（一六一二）、お歯黒始めのため国府に来て亀寿に対面する。そのあまりの見目麗しさに亀寿はこれを手元に置き、みずから鹿児島の忠恒に側室として推挙する。忠恒は一目見てこの娘を気に入り、側室として寵愛《ちょうあい》したという。そして、慶長一八年には忠恒の長女を生み（三歳で夭折）、元和《げんな》二年（一六一六）六月二日には待望の男子を産む。これがのちの薩摩藩二代藩主光久《みつひさ》（幼名虎寿丸《とらじゅまる》、一六一六〜九五）であり、亀寿の思惑通り島津本宗家家督に義久の血を残すことに成功したのである。

前出『家久公御養子御願一件』によると、寛永元年（一六二四）光久＝虎寿丸九歳のとき、国府で隠居の亀寿に参会して「御子之御契約」をしたという。『旧記雑録後編』が元和八年（一六二二）に比定する、七月一二日付忠恒（家久）書状には「虎寿丸を国分の亀寿の子として島津家を相続させれば、義久様の血統として正統性に問題なくなるので、亀寿が納得すれば良いのだがと考えていたところ、とても満足であるとのことで、そのように落着した」とある（『旧記後』四―一七八二）。忠恒の島津本宗家家督としての正統性は、義久の娘亀寿の婿だったことで担保されており、義久の曾孫《そうそん》とはいえ虎寿丸が家督を継承することの正統性に、忠恒は若干の不安を抱えていたようである。そこで、あくまでも亀寿の子とすることで正統性を付与しようとしたのであろう。

義久は忠恒に代わって忠仍を家督にしようとしたのか？

そもそも私は、忠恒の伊集院忠棟斬殺直後の慶長四年（一五九九）四月二八日に、義久が鹿児島御内から重要文書を持ち出したことをもって、忠恒への家督譲渡を取り消した、つまり悔い返したとの説に懐疑的である。忠恒への家督譲渡は重宝類の譲与も大事であるが、やはり義久三女亀寿との婚姻承認こそがもっとも大きな担保であった。同年五月二〇日、義久は忠恒に書状を送り、忠恒が亀寿の知行地を安堵したことに謝意を述べている。忠恒も亀寿の存在の大きさをよく分かっていたのである。亀寿は関ヶ原の戦い後ようやく大坂から国元に戻るが、その時点でも離縁はしていない。忠恒が亀寿を室として処遇し続ける限り、義久が島津本宗家家督の地位を忠恒から悔い返すことはなかったと考える。

第二部第五章にて、義久が二女新城の孫島津又四郎忠仍を家督に据えるべきか迷っていたことを示す史料として、大隅正八幡宮で義久が鬮《くじ》を引き、忠恒を後継に決めたとの「末川《すえかわ》家文書家譜」の記述を紹介した。末川家とは、島津忠仍の四男久章（一六一五〜四五）を祖とする新城《しんじょう》島津家のことであり、明治になって末川に改姓した。義久二女新城の化粧田三七〇〇石と久章室＝忠恒七女千亀《せんかめ》（一六二〇〜四五）の化粧料を合わせて、現在の鹿児島県垂水市新城を領した。その後、島津本宗家から養子が入り義久の血は途絶えたが、義久の後裔《こうえい》として高い家格意識を持ち続けたとされる。この記述は、忠恒と忠仍が家督継承者候補になったものの、神慮により忠恒に決まったとするものであり、忠恒の正統性を担保するものではあっても、決して忠仍にとって有利な記述ではない。「末川家文書家譜」は元文《げんぶん》五年（一七四〇）以降の成立であり、かつて家督継承者候補にもなったという家格の高さを本藩に対して主張するため、こうした記述がなされたのではないだろうか。

「義久が自身の血を引く外孫忠仍を家督につけようとしていた」との陰謀論は定説化しつつあり、それを前提とする義久と義弘・忠恒父子の対立が、文禄・慶長の役以降の島津家の権力構造を規定していたとの理解が広がっている。そして、庄内の乱の原因となった伊集院忠棟誅殺、関ヶ原の戦い後の伊集院一族の粛清、琉球侵攻時の不協和音、平田増宗一族の粛清など一連の権力闘争は、すべてこの対立の構図に引きつけて説明されてきた。

しかし、前提となる「義久が忠恒を家督の座から引きずり下ろそうとしていた」との理解が状況証拠のみであり、それを事実と認定するのは無理がある。そうした理解は忠恒が伊集院一族粛清以後、自らの権力掌握過程でスケープゴートを作る際、あるいは有力一門や家臣の粛清を正当化するために持ち出された陰謀論である。それは、結果として忠恒の子孫によって薩摩藩主が継承されることで、薩摩藩の正史として記録されていくことになった。

義弘の老いと死

病気がちだった兄義久と違い、文禄・慶長の役や関ヶ原の戦いを生き抜いた義弘は丈夫だった。義久晩年の書状に病気や老衰についての記述が多いのに対し、二歳下の義弘書状にそうした記述は極めて少ない。その義弘も慶長一二年（一六〇七）二月一日に最愛の妻宰相に先立たれると、急に老け込んでくる。同年八月頃、なんらかの病気になり、兄義久が侍医汾陽理心＝郭国安を派遣している。八月八日付義弘書状で兄に御礼を述べるとともに、今夜は膝が痛んでつらいと記している。この時七三歳である。

その一方で息子忠恒への厳しい説諭は相変わらずであった。慶長一八年九月八日、義弘は忠恒に長文の書状を送っている（『旧記後』四―一〇四二）。前年一二月の長男誕生を祝いながらも、最近忠恒が「諸道具」に凝っており、召し使っている女房衆の衣装も豪華すぎると指摘し、「内々之儀」はほどほどにしてわずかな金額でも「公儀之用」に用いるべきだと苦言を呈する。この時期度重なる上洛などで家中は疲弊しており、「内々之華麗」は家中の不満を招く可能性があり、少し足りないくらい、見てくれが欠けているくらいが「天道」に叶《かな》い「国家子孫之祈禱」にもなるのだと諭している。追而書《おってがき》で「極老致し、前後を忘れる躰」だと記しており、〝老いの繰り言〟だとの自覚はあったようである。

同年六月末、義弘二女で故伊集院忠真室だった御下が娘千鶴（一六〇〇～五八）を連れて、忠恒の人質として江戸に移っている。二人とはこれが今生の別れとなった。義弘はたびたび御下に書状を送っており、忠恒の犠牲となった娘と孫が不憫《ふびん》でならなかったのであろう。

さらに時期ははっきりしないが、九月四日付で忠恒側近伊勢貞昌に宛てた義弘書状では、「国分之御かミ様」＝亀寿について記している（『旧記附』二―二八六）。亀寿があまりに寂しくしているので加治木に招いて慰めたいと亀寿を誘ったところ、亀寿のもとには女房衆も少なく加治木にうかがえるような状況にないと断られ、国府は「ものさびしく、困窮している様子」だという。義弘は自分が気軽に国府をおとずれて料理でも振る舞いたいので、老中比志島国貞と相談のうえ、忠恒の意向を確認して欲しいと伝えている。鹿児島城の女房衆の豪華さとは対照的である。忠恒に側室をもつよう勧めたことから、亀寿への後ろめたさもあったのだろう。

八〇歳を超えた元和年間（一六一五〜二四）に入ると、義弘はみずからの人生を振り返り、忠恒ら子孫に教訓を残すべく自伝を記している。現在「惟新公御自記」とよばれているものである。さすがに八〇代の作であり年代などの記憶違いが多いが、晩年における義弘の人生観、歴史観、宗教観がうかがえて興味深い。

元和二年（一六一六）六月一六日、徳川家年寄本多正純宛の義弘書状によると、この頃義弘は病気になっており、このため忠恒の参勤が延期になっている。その御礼を述べるなかで「いろいろと治療してきたが、その甲斐《かい》無く次第に衰えてきた」とし、自分は明日をも知れないので、息子忠恒のことを見捨てること無く意見を加え、島津家が存続するよう支援を求めている。そうは言いながら、同年一一月一五日には谷山で鷹狩りを楽しんでおり、まだまだ長生きしそうな雰囲気であった。

しかし、忠恒が江戸に向かったあとの元和三年（一六一七）二月中旬、義弘は「中風」＝

脳卒中で倒れる。軽症であったとみられ、諸大名からの見舞いに対して礼状を出しているが、「中風のため手足が叶わなくなったので、印判を使用する」と、手足に麻痺《まひ》が残って花押も書けなくなっている。義弘が倒れたことを知った京都所司代板倉勝重《いたくらかつしげ》は、京都の名医寿徳庵《じゅとくあん》玄由《げんゆう》（?〜一六四四）を派遣し、治療にあたらせた。同年末には、寿徳庵調合の薬を服用しているので次第に回復するであろうと記している。見舞いのためいったん帰国した忠恒であったが、翌年二月、ふたたび江戸に向けて出立していった。これが忠恒との今生の別れになる。

元和五年七月二一日丑《うし》刻（午前二時頃）、義弘は加治木屋形にて没した。享年八五。法号は「松齢自貞庵主　妙円寺殿」。関ヶ原の戦いで義弘を守り抜いた木脇祐秀《きわきすけひで》ら一三名が殉死した。

辞世は次の二首が知られている。

春秋のはなももみちもとどまらず　人もむなしき関地なりけり
天地《あめつち》のひらけぬさきの我なれば　いきるにもなし死るにもなし

義弘の「一七代当主」主張

現在の島津本宗家歴代当主の代数表記は、明治になって成立した「島津氏正統系図」に基づいており、一五代貴久—一六代義久—一七代義弘—一八代家久となっている。この代数は、明暦三年（一六五七）薩摩藩文書奉行平田《ひらた》純正《すみまさ》が編纂した「正統系譜」に、同藩記録所が増補改訂を続け、明治になって「新編島津氏世録正統系図」と名付けられた家譜の代数を踏襲したものであり、薩摩藩の公式見解である。ただ、それ以前の代数ははっきり確定していなかった。

五味《ごみ》克夫《よしお》氏によると、島津義久は島津奥州家に相伝された系図をベースに新たな系図「龍伯様御再治之御継図」を作成し、それは義久の居城だった「御内」跡に創建された大龍寺《だいりゆうじ》（鹿児島市大竜町）に所蔵されていた。その写によると、一五世紀末の当主立久《たつひさ》を一〇代とし、一一代貴久―一二代義久―一三代義弘―一四代久保―一五代家久とするものや、立久の子忠《ただ》昌《まさ》を一一代として貴久を一二代としたものがある。忠昌後の三代＝忠治《ただはる》・忠隆《ただたか》・勝久《かつひさ》を歴代当主から外したかったのだろう。それが、薩摩藩による家譜編纂過程で、一一代忠昌のあとに三代を加え、貴久を一五代とすることで落ち着いたようである。

一方義弘は、慶長八年（一六〇三）正月一八日、徳川家康への拝謁を果たして帰国途上の忠恒に書状を送って「誠十八代ニ罷成候御家被相続」と記しており、現在の系図同様忠恒＝家久を一八代と見なしている。その一方で、慶長一一年（一六〇六）二月一一日付忠恒宛書状で義弘は「貴所迄及廿代雖御家候」と記しており（『旧記後』四―一六七）、忠恒を二〇代とみなしている。二代増えているのは謎だが、この時点で義弘はみずから一七代もしくは一九代と認識していたことになる。

加治木にあった宝珠山吉祥寺《ほうじゅさんきっしょうじ》は慶長一五年、松岳全龍《しょうがくぜんりゅう》（?～一六四二）を開山として義弘によって創建された曹洞宗寺院である。その松岳全龍は義弘に命じられ、慶長三年九月から同一二年四月まで法華経二万三〇〇〇部を読誦《どくじゅ》した。元和二年（一六一六）仲春二月、これを記念する石塔が境内に建立された。吉祥寺は廃仏毀釈により廃寺となったが、この石塔は現在義弘を祀《まつ》る精矛《くわしほこ》神社（鹿児島県姶良市加治木町日木山《ひきやま》）に現存し、「経塚」とよばれている。これには「檀越《だんおつ》島津十七代　藤原義弘　敬白／元和二年丙辰《ひのえたつ》仲春時正之日／読誦沙門東堂松岳」とあり、義弘が亡くなる三年前に「一七代当主」と認識されていたことになる。これが松岳全龍によって建立されたものであったとしても、義弘の同意のもとに彫られたと考えるべきであろう。

なぜ義弘は晩年に至り「一七代当主」とみずからを位置づけるに至ったのだろうか。慶長九年末、幕府を開いた直後の徳川家康は義久に上洛要請しており、徳川側はいまだ義久に権力があり、義久の上洛・家康への見参なくして島津家の真の帰順とはならないと考えていた。関ヶ原の戦いで義久・忠恒の意向に反して西軍につき徳川方と戦った義弘は、この間桜島に蟄居しており、表向き「三殿」体制から外される形になった。

対外的に島津家を代表するのは義久であり、島津本宗家家督は義久からその娘婿である忠恒に継承されたとの理解のもと、義弘の政治的地位が低下する懸念があったとみられる。慶長七年末、上洛した忠恒は徳川家康に拝謁し、義弘の赦免も確定した。翌年正月、義弘が忠恒を〝一八代当主〟と表記したのは、みずからの赦免に伴いその地位を明確にし、「三殿」体制の維持を図りたかったのではないか。

また、義久没後、亀寿は国府に「隠居」して事実上忠恒と離縁した。これは忠恒による家督継承の正統性が失われたことを意味する。忠恒の娘婿という立場以外に正統性を求めるならば、義久—義弘—忠恒と家督が継承されたことにすることで、一七代当主の子息として正統性を担保できる。そうした狙いも考えられよう。

最後に付言しておくが、義弘を「一七代当主」として認めるべきではないと言っているのでは無い。むしろ、義弘がみずから「一七代当主」だと主張していたこと、忠恒以降の歴代藩主が義弘を「一七代当主」と認定し、薩摩藩が系図・家譜を作成して「正史」としてこれを確定させたこと自体が、近世島津家の歴史認識を考える上で重要なのである。

おわりに―島津義久・義弘の人物像―

一般向けの講座や雑誌の取材などで、「○○はどんな人物、どんな性格だったのですか？」と質問されることがたまにある。正直言って、現存する史料で歴史上の人物の性格を分析するのは極めて困難であり、一番回答に困る。それでも義久《よしひさ》・義弘《よしひろ》兄弟は長生きしており、比較的現存史料が豊富で、二人の発給文書や近侍していた上井覚兼《うわいかくけん》の日記などがあり、ある程度の傾向はつかめる。

まず兄義久である。家督を継いで以来、本心をあまり見せない慎重なタイプであり、書状も短く核心部分は使者の口上で伝えていたようである。この慎重さは若くして家督を継ぎ、トップダウンではなく「重臣会議」で議論させ、そこからのボトムアップで政策を決定するという戦国島津家の権力構造によるものであろう。かといって義久自身に考えや主張がないのではなく、それを重臣会議に反映させるため、根回しや鬮《くじ》の利用など水面下での工作を駆使した。それが島津氏当主のあるべき姿だと、祖父日新斎《じっしんさい》や父貴久《たかひさ》から〝帝王学〟としてたたき込まれ、豊臣政権に服従して以降もその立場を取り続けようとした。

そうした姿勢は、豊臣政権下に入ると政権側の意向とは合わなくなる。特に石田三成やその家臣安宅秀安《あたぎひでやす》の義久評は極めて低く、彼らの書状に基づいた研究では、義久は「古い体質」・「守旧派」とネガティブなものになってしまう。しかし、戦国期の言動をみていくと、義久の政局に対する嗅覚《きゅうかく》は鋭く、少なくとも重臣や弟たちより大局的・客観的な見通しができる人物であった。弟義弘や重臣達の多くが、「自他国之覚」「外聞実儀」をもっとも重視すべき行動規範とするのに対し、島津家の状況を客観視して考えるリアリスト（現実主義者）であり、こうあるべきとの理想を掲げて「改革」を押しすすめるようなタイプでは無い。それは関ヶ原の戦いとその後の対応をみるとよく分かるであろう。

一方義弘は兄とは対照的な人物である。とにかく生真面目で真っ直ぐ、そして律儀かつ几帳面《きちょうめん》で細かな気配りができる人物である。書状はやたらと長くて細かく、くどい。使者の口上に任せればいいようなことでも、自分の文章で書かずにはいられないタイプである。お陰で現代の我々にとっては、何を考えているのかが分かりやすい。それは一面では、義弘の考えのみが注目される研究の現状にも影響を与えている。生真面目に島津家の「自他国之覚」「外聞実儀」つまり名門島津家の評判・面目・世間体をもっとも重視すべき行動指針とし、これを道徳規範の最上位に置く島津家中全体の〝家風〟を象徴するような人物である。

義弘は豊臣政権に服属する前と後で、全く立場・役割が異なる。天正一三年（一五八五）

四月、義久の「名代」になるまでは、前線の一武将、日向国《ひゅうが》真幸院《まさきいん》の一領主として父や兄の意向で敵対国衆、大名の打倒に邁進《まいしん》してきた。それが「名代」＝次期当主に指名されたものの、実権を握り続ける兄義久との関係に苦しみ、豊臣勢との合戦でも十分に力を発揮できないままに降伏している。それが豊臣政権下に入ると一転して秀吉に抜擢《ばってき》され、兄を差し置いて「公家成《くげなり》」し、島津家を代表する立場に引き立てられる。ボトムアップによって当主として擁立されるのではなく、上級権力から代表に指名されたことは、義弘にとって良かったのかもしれない。

義弘は自分一人で方向性を考えたり、重臣達の意見を調整して判断を下したりするより、上から方針を示してもらいそれを信じて遮二無二実行することが向いているタイプであった。このため、石田三成からこれこそが島津家が生き残る道だと強く説得されると、それを真面目に実行するために邁進していったのであり、結果として兄義久の方針と対立することになる。豊臣政権にとっては御しやすいタイプの武将であり、義久を島津氏当主から引きずりおろしたくなるのも分からないでは無い。

人付き合いするならどちらがいいかといえば、義弘の方だろう。実際、豊臣大名間での義弘の評価は高い。関ヶ原の戦い後の徳川方との和睦《わぼく》交渉では、同じ西軍として戦った立花宗茂、島津勢から銃撃を受けた井伊直政を筆頭に、福島正則、寺沢正成《てらざわまさなり》らが親身になって徳川家康への取りなしに奔走している。その理由は人それぞれだろうが、義弘個人に対する畏敬《いけい》の念から、損得抜きに支援を申し出たものが多い。それは、朝鮮の陣中、そして大坂や伏見における義弘の誠実で生真面目で律儀な言動が、諸大名からの信頼を得ていたからであろう。

それでは、早い段階で義弘が兄義久に代わって家督を継承し、義弘をトップとする豊臣大名となっていれば生き残れていたのかと言えば、それは違うと思う。彼の生真面目な性格からして、関ヶ原の戦いにおいては、立花宗茂や長宗我部盛親のように動員できる最大の兵力で参戦し、西軍の張本人として処分された可能性が高い。島津家にとって関ヶ原の戦いのポイントは、国元の義久・忠恒が西軍に加わらず、義弘の要請を無視して積極的に支援しなかったことにある。義久の慎重すぎる姿勢と独特な政局観が模様眺めに繋《つな》がり、結果として義弘の西軍参加の免罪に繋がったのである。

島津家中は義久と義弘のどちらを「主君」と考えていたのであろうか。現代では島津家の人気投票があると義弘が圧倒的に支持される。しかし当時の家臣たちは、義弘よりも義久を島津氏当主として信頼していた。それは文禄の役において、義弘がわずかな側近しか動員できなかったことからも明らかであろう。いくら義弘が豊臣政権から取り立てられても、義久が積極的に動かない限り島津家中は動かないという実態がある。

しかし、それは決して義弘に人望がなかったことを意味しない。彼ほど前線において部下を大切にし、親身に接していた武将はいない。義弘は若い頃から常に前線で指揮を執っていたせいか、金創術《きんそう》＝刀傷などへの治療法や薬の調合を熱心に研究しており、それを部下達に自ら施している。関ヶ原に従軍し義弘没後に殉死した木脇祐秀《きわきすけひで》は、慶長三年（一五九八）一一月の露梁《ノリャン》海戦において溺《おぼ》れていたところを助けられ、義弘が膝《ひざ》の上で蘇生《そせい》処置をしたことで一命をとりとめている。こういうことができる大名はなかなかいない。

天正一四年（一五八六）八月五日、筑前岩屋城攻めで顔面に被弾した老中上井覚兼が、義久・義弘が駐屯する肥後《ひご》八代《やつしろ》に撤退してきた。この時当主義久は使者を覚兼のもとに派遣して慰労しただけだが、義弘はみずから覚兼の宿所に赴き、傷を見舞って言葉をかけ、覚兼を大いに感激させている。これが幼い頃から島津氏当主として毅然《きぜん》とした振る舞いをするよう教育を受けた義久と、常に前線で将兵とともに戦ってきた義弘との違いである。

ただ、こうした家臣への接し方が大名としてふさわしいかどうかは別の話であろう。徳川家康は「天下の政は重箱を擂粉木《すりこぎ》にて洗ひ候がよろしき」（『本阿弥行状記《ほんあみぎょうじょうき》』）と言ったとされ、トップにたつものは大体の方針を示すだけで、あとは家臣に任せるべきであり、細かなことには目をつぶるというスタンスをとった。これは義久も同じであり、諸政策の実行は老中を通じて間接的に指示して、末端の奉行に直接指示することはほとんどなかった。あえてそれをしなかったのであろう。

一方義弘は、長文の書状からもうかがえるように、家臣たちに細かな指示を与えて彼らのミスを厳しく指摘した。子息忠恒が諸政策を奉行に任せきりなのも気に入らず、何事も「入麁入細何篇直ニ可被仰付専一候」（大きなことでも細かなことでも何でも直接当主自ら命じる事が大事である）と説諭している。部下に親身である上司が、その一方で部下への指示が細かすぎて嫌がられることは、往々にしてある話である。義弘が豊臣政権からの指示に誠実に真面目に取り組もうとすればするほど、家中は迷惑に思っていたのではないだろうか。たびたび義弘が「国のならい」とあきれる〝緩い〟体質に馴染《なじ》んでいた家臣たちは、真面目すぎる義弘よりも、良く言えば大らかな、悪く言うと杜撰《ずさん》な義久の統治方針を支持していたのであろう。

この対照的な二人が「両殿《りょうとの》」として結果的にバランスを取っていたおかげで、島津家は秀吉の九州進攻、文禄・慶長の役、庄内の乱、関ヶ原の戦いという数々の難局をなんとか乗り切れたのである。

参考文献

◇全体に関わるもの

・上里隆史『琉日戦争一六〇九 島津氏の琉球侵攻』(ボーダーインク、二〇〇九年)
・久下沼譲「『御名代』島津義弘の権限と政治的位置」(『戦国史研究』七四、二〇一七年)
・久下沼譲「戦国大名島津氏一門と『脇之惣領』—島津忠将とその子孫を中心に—」(『日本歴史』八五〇、二〇一九年)
・五味克夫『戦国・近世の島津一族と家臣』(戎光祥出版、二〇一八年)
・島津修久『島津義弘の軍功記 増補改訂版』(島津顕彰会、二〇〇〇年)
・中野等『豊臣政権の対外侵略と太閤検地』(校倉書房、一九九六年)
・中野等『立花宗茂』(吉川弘文館、二〇〇一年)
・中野等『石田三成伝』(吉川弘文館、二〇一六年)
・長野ひろ子「島津義久の娘たち」(『日本歴史』四九九、一九八九年)
・新名一仁「中世島津氏『守護代』考」(『宮崎県地域史研究』二八、二〇一三年)
・新名一仁『島津四兄弟の九州統一戦』(星海社新書、二〇一七年)
・藤井譲治編『織豊期主要人物居所集成』(思文閣出版、二〇一一年)
・松迫知広「戦国末期における島津義弘の政治的位置」(『九州史学』一六六、二〇一四年)

・三木靖編『島津義弘のすべて』（新人物往来社、一九八六年）
・水野伍貴『秀吉死後の権力闘争と関ヶ原前夜』（日本史史料研究会企画部、二〇一六年）
・水野伍貴『関ヶ原への道　豊臣秀吉死後の権力闘争』（東京堂出版、二〇二一年）
・村井章介「島津史料からみた泗川の戦い―大名領国の近世化にふれて」（同著『世界史のなかの戦国日本』ちくま学芸文庫、二〇一二年）
・八木直樹『戦国大名大友氏の権力構造』（戎光祥出版、二〇二一年）
・矢部健太郎『敗者の日本史12　関ヶ原合戦と石田三成』（吉川弘文館、二〇一三年）
・山本博文『幕藩制の成立と近世の国制』（校倉書房、一九九〇年）
・山本博文『島津義弘の賭け』（中公文庫、二〇〇一年、初出は一九九七年）

◇第一部

・伊集守道「天正期島津氏の領国拡大と足利義昭の関係」（新名一仁編『中世西国武士の研究1　薩摩島津氏』戎光祥出版、二〇一四年、初出は二〇一〇年）
・尾下成敏「九州停戦命令をめぐる政治過程―豊臣「惣無事令」の再検討―」（『史林』九三―一、二〇一〇年）
・小和田哲男『戦争の日本史15　秀吉の天下統一戦争』（吉川弘文館、二〇〇六年）
・久下沼譲「戦国大名島津氏の『地頭―衆中制』に関する再検討」（『歴史学研究』九九二、二〇二〇年）

・桑波田興「戦国大名島津氏の軍事組織について」（福島金治編『戦国大名論集16 島津氏の研究』吉川弘文館、一九八三年、初出は一九五八年）
・新名一仁『室町期島津氏領国の政治構造』（戎光祥出版、二〇一五年）
・新名一仁『中世武士選書37 島津貴久―戦国大名島津氏の誕生』（戎光祥出版、二〇一七年）
・新名一仁「『上井覚兼日記』にみる戦国島津家の政策決定過程―島津義久と談合衆の関係を中心に―」（『鹿児島地域史研究』九、二〇二一年刊行予定）
・畑山周平「木崎原の戦いに関する基礎的研究―日向伊東氏の〈大敗〉を考えていくために」（黒嶋敏編『戦国合戦〈大敗〉の歴史学』山川出版社、二〇一九年）
・丸島和洋『戦国大名の「外交」』（講談社選書メチエ、二〇一三年）
・水野哲雄「島津氏の自己認識と氏姓」（『九州史学』創刊五〇周年記念論文集 上 境界のアイデンティティ』岩田書院、二〇〇八年）
・山口研一「戦国期島津氏の家督相続と老中制」（新名一仁編『中世西国武士の研究1 薩摩島津氏』戎光祥出版、二〇一四年、初出は一九八六年）

◇**第二部**

・秋澤繁「天正十九年豊臣政権による御前帳徴収について」（三鬼清一郎編『戦国大名論集18 豊臣政権の研究』吉川弘文館、一九八四年、初出は一九七七年）
・稲本紀昭「豊臣政権と島津氏」（福島金治編『戦国大名論集16 島津氏の研究』吉川弘文館、一九八三

年、初出は一九七二年）
・太田秀春・髙田徹「文禄・慶長の役における日本軍の朝鮮城郭利用について―島津氏の事例を中心に―」（『城館史料学』三、二〇〇五年）
・太田秀春「文禄の役における島津義弘の動向と倭城普請」（『鹿児島国際大学地域総合研究』三四―二、二〇〇七年）
・太田秀春「朝鮮出兵における島津氏の異国認識」（新名一仁編『中世島津氏研究の最前線』洋泉社歴史新書y、二〇一八年）
・紙屋敦之『幕藩制国家の琉球支配』（校倉書房、一九九〇年）
・紙屋敦之『梅北一揆の研究』（南方新社、二〇一七年）
・北島万次『壬辰倭乱と秀吉・島津・李舜臣』（校倉書房、二〇〇二年）
・桐野作人「島津氏の朝鮮出兵―滅亡の淵に立たされた〝内憂と外征〟の十年」（『歴史群像』一二八、二〇一四年）
・桐野作人「島津豊久―戦いに明け暮れた〝静たる大将〟の三〇年」（『歴史群像』一五六、二〇一九年）
・黒田基樹『近世初期大名の身分秩序と文書』（戎光祥出版、二〇一六年）
・桑波田興「薩藩の太閤検地に関連して」（福島金治編『戦国大名論集16　島津氏の研究』吉川弘文館、一九八三年、初出は一九七四年）
・小竹文生「豊臣政権の九州国分に関する一考察―羽柴秀長の動向を中心に―」（『駒沢史学』五五、二

〇〇〇年）
・鈴木彰「泗川の戦いにおける奇瑞の演出―島津氏を護る狐のこと―」（『国文学研究』一六九、二〇一三年）
・鈴木彰「泗川の戦いにおける奇瑞演出の背景―島津氏を護る狐と近衛家、幸若舞曲―」（『朱』五八、伏見稲荷大社、二〇一五年）
・髙橋陽介『慶長四年一月三日付島津龍伯起請文をどのようにとらえるか』（私家版、二〇一九年）
・中野等「豊臣政権と国郡制―天正の日向国知行割をめぐって―」（『宮崎県地域史研究』一二・一三、一九九九年）
・中野等『戦争の日本史16　文禄・慶長の役』（吉川弘文館、二〇〇八年）
・中野等『太閤検地』（中公新書、二〇一九年）
・畑山周平「細川幽斎島津領『仕置』の再検討」（『日本歴史』八一五、二〇一六年）
・村松洋介「コラム『鬼島津』の実像」（令和二年度佐賀県立名護屋城博物館企画展図録『「鬼島津」が遺したもの―文禄・慶長の役と島津義弘―』佐賀県立名護屋城博物館、二〇二〇年）

◇第三部
・稲葉継陽「戦国から泰平の世へ」（『日本の中世12　村の戦争と平和』中央公論新社、二〇〇二年）
・岩川拓夫「中近世移行期における島津氏の京都外交―道正庵と南九州―」（新名一仁編『中世西国武士の研究1　薩摩島津氏』戎光祥出版、二〇一四年、初出は二〇〇九年）

・上原兼善『島津氏の琉球侵略―もう一つの慶長の役―』（榕樹書林、二〇〇九年）
・大西泰正『宇喜多秀家―秀吉が認めた可能性』（平凡社、二〇二〇年）
・長節子「朝鮮役における明福建軍門の島津氏工作―『錦渓日記』より」（同著『中世 国境海域の倭と朝鮮』吉川弘文館、二〇〇二年）
・川戸貴史『戦国大名の経済学』（講談社現代新書、二〇二〇年）
・管寧「秀吉の朝鮮侵略と許儀後」（『日本史研究』二九八、一九八七年）
・桐野作人『関ヶ原 島津退き口―敵中突破三〇〇里』（学研新書、二〇一〇年）
・桐野作人「島津氏の奄美・琉球侵攻400年」（同著『さつま人国誌 戦国・近世編』南日本新聞社、二〇一一年）
・桐野作人「伊集院忠真の暗殺と一族の滅亡」（同著『さつま人国誌 戦国・近世編』2、南日本新聞社、二〇一三年）
・桐野作人「亀寿とお江の接点―家久、国松を養子に望む」（同著『さつま人国誌 戦国・近世編』2、南日本新聞社、二〇一三年）
・桐野作人『猫の日本史』（洋泉社歴史新書、二〇一七年）
・桐野作人「島津氏と関ヶ原合戦」（『歴史群像』一五三、二〇一九年）
・黒嶋敏「琉球渡海朱印状を読む―原本調査の所見から―」（黒嶋敏・屋良健一郎編『琉球史料学の船出 いま、歴史情報の海へ』勉誠出版、二〇一七年）
・黒田基樹『羽柴を名乗った人々』（角川選書、二〇一六年）

・清水有子「島津義弘の東南アジア貿易」（『日本歴史』七七五、二〇一三年）
・徳永和喜『海洋国家薩摩』（南方新社、二〇一一年）
・西本誠司「島津義弘の本宗家家督相続について」（新名一仁編『中世西国武士の研究1 薩摩島津氏』戎光祥出版、二〇一四年、初出は一九八六年）
・藤井讓治『徳川家康』（吉川弘文館、二〇二〇年）
・増田勝機『薩摩にいた明国人』（高城書房、一九九九年）
・松尾千歳「史料紹介『鹿児島ニ召置御書物並富隈へ被召上御書物覚帳』」（『尚古集成館紀要』三、一九八九年）
・光成準治『実像に迫る18 九州の関ヶ原』（戎光祥出版、二〇一八年）
・山田貴司「関ヶ原合戦前後における加藤清正の動向」（同編著『織豊大名の研究2 加藤清正』戎光祥出版、二〇一四年、初出は二〇一二年）
・米澤英昭「庄内の乱に見る島津家内部における島津義久の立場―慶長期島津家内部における権力関係についての一考察―」（『都城地域史研究』七、二〇〇一年）
・米澤英昭「十六世紀、島津氏は港津・交易をいかに制御していたのか？」（新名一仁編『中世島津氏研究の最前線』洋泉社歴史新書y、二〇一八年）
・渡辺美季「鳥原宗安の明人送還―徳川家康による対明『初』交渉の実態―」（『ヒストリア』二〇二、二〇〇六年）

新名一仁（にいな・かずひと）
1971年、宮崎県生まれ。鹿児島大学法文学部人文学科卒業。広島大学大学院博士課程後期単位取得退学。博士（文学、東北大学）。みやざき歴史文化館、宮崎市きよたけ歴史館学芸員などを経て、志學館大学非常勤講師。南北朝期から戦国期の島津氏研究を専門としている。著書に『日向国山東河南の攻防』（鉱脈社）、『室町期島津氏領国の政治構造』『島津貴久』（戎光祥出版）、『島津四兄弟の九州統一戦』（星海社）、編著に『現代語訳 上井覚兼日記』（ヒムカ出版）など。

「不屈《ふくつ》の両殿《りょうとの》」島津《しまづ》義久《よしひさ》・義弘《よしひろ》

関ヶ原後《せきがはらご》も生《い》き抜《ぬ》いた才智《さいち》と武勇《ぶゆう》

新名一仁《にいなかずひと》

2021年 8 月 10 日　初版発行
2024年 10 月 20 日　7 版発行

◆◇◇

発行者　山下直久
発　行　株式会社KADOKAWA
〒102-8177　東京都千代田区富士見 2-13-3
電話　0570-002-301（ナビダイヤル）

編集協力　志学社
装 丁 者　緒方修一（ラーフイン・ワークショップ）
ロゴデザイン　good design company
オビデザイン　Zapp!　白金正之
印 刷 所　株式会社KADOKAWA
製 本 所　株式会社KADOKAWA

角川新書

ISBN978-4-04-082341-6 C0221